Tim Schramm
Kathrin Löwenstein

# Unmoralische Helden

*Anstößige Gleichnisse Jesu*

Vandenhoeck & Ruprecht
in Göttingen

*CIP-Kurztitelaufnahme der Deutschen Bibliothek*

*Schramm, Tim:*
Unmoralische Helden: anstößige Gleichnisse
Jesu / Tim Schramm; Kathrin Löwenstein. –
Göttingen: Vandenhoeck und Ruprecht, 1986.
ISBN 3-525-53575-9
NE: Löwenstein, Kathrin:

Schrift: Melior der Firma Berthold
Satz: Dörlemann-Satz, Lemförde
Druck: Gulde-Druck GmbH, Tübingen
Einband: Hubert & Co., Göttingen

# Inhalt

# Vorwort

Die Gleichnisse Jesu sind Kunstwerke; sie wollen, wie alle Kunst, Neues sichtbar machen und, mehr als alle Kunst, dieses Neue auch verwirklichen: sie erzählen und „inszenieren" Gottes Ankunft bei den Menschen, sie bringen seine Liebe unter das Volk. Das ist ihre heilsame Herausforderung. Jesus ruft mit seinen Geschichten aus der selbstzufriedenen Normalität des Gewohnten heraus, und er schenkt – im Gleichnis – Gotteserfahrung.

Auch die in diesem Buch behandelte Gruppe der sog. anstößigen Gleichnisse will nichts anderes; hier verfolgt der Erzähler sein Ziel mit einer gleichsam nochmals verschärften Provokation: seine Hörer (und Leser) sehen sich der Zumutung konfrontiert, Wesenszüge des schlechthin Neuen, das leise Kommen der Herrschaft Gottes in unsere Welt – am unmoralischen Helden wahrzunehmen und von ihm zu lernen. Darin liegt der besondere Reiz dieser ärgerlich-schönen Geschichten und zugleich ihr Problem: fromme Überlieferung hat sie nämlich alsbald moralisierend übermalt oder sogar entstellt. Wir haben Jesu Geschichten mit unmoralischen Helden in einem um Allgemeinverständlichkeit bemühten exegetischen Arbeitsgang aus solcher Übermalung bzw. Entstellung befreit (Kapitel II) und ihr Verständnis, so hoffen wir, durch den Blick auf Parallelen und literarische Verwandte (Kapitel III und IV) weiter erschlossen und vielleicht vertieft. Die schöne Verbindung von Theologie und Literaturwissenschaft, die die neuere Gleichnisforschung prägt, hat sich uns jedenfalls an diesen Texten bewährt. Es ist unser Wunsch, daß sie auch unsere Leser überzeugt und vor allem erfreut.

Dank sagen wir unseren Hamburger Lehrern: die Anglistin Herrn Prof. Dr. Rudolf Haas, der Neutestamentler dem verehrten Kollegen Herrn Prof. Dr. Claus-Hunno Hunzinger, in dessen Gleichnis-Seminar das Thema vor Jahr und Tag seinen Anfang nahm; Dank sagen wir nicht weniger herzlich auch freundlichen Helferinnen und Helfern auf dem Weg vom Manuskript zum Buch: Frau Inge Görig, der treuen Sekretärin, Barbara Bruno, die amerikanische Literatur beschaffte, und dem Verleger mit seinem Haus.

Hamburg, im März 1986                      Kathrin Löwenstein
                                           Tim Schramm

# Erläuterung von Fachausdrücken

| | |
|---|---|
| Apokalyptik | Von der Erwartung des nahen Weltendes bestimmte Bewegung innerhalb des antiken Judentums und des Urchristentums; die Gedanken der jüdischen und christlichen *Apokalyptiker* kreisen um die Geheimnisse des Kosmos, der Weltgeschichte und vor allem der Ereignisse der bevorstehenden Endzeit, vgl. z.B. Mk 13 und Offb Joh |
| Baal-Schem (-Tow) | „Herr des (guten) Namens" = Israel ben Elieser (Baalschem), Begründer des Chassidismus, 1699–1760 |
| Basileia (theou) | Herrschaft (Gottes) = Reich Gottes |
| Chassid | Frommer (plur. Chassidim), hier: Anhänger der chassidischen Bewegung |
| Chassidismus | „Eine Strömung im Judentum, deren Anhänger sich Chassidim nannten"/religiöse Erneuerungsbewegung, um 1740 von Israel Baalschem Tow in der Ukraine und Polen gegründet und unter den Juden Osteuropas im folgenden weit verbreitet |
| Deuterojesaja | „Der zweite Jesaja" (= Jes 40–55)/Heilsprophet in der 2. Hälfte des 6. Jhdts v. Chr. |
| Es'chaton | Die von Gott heraufgeführte Verwandlung der Welt/das Heilsgeschehen der sich „mit Macht" durchsetzenden Herrschaft Gottes (vgl. entsprechend: *Es'chatologie* und *es'chatologisch*) |
| Exorzismus | Austreibung von Dämonen |
| Logion | Einzelspruch (plur. *Logien*) |
| Logienquelle (Q) | bezeichnet in der Evangelienforschung eine hypothetische Sammlung von Jesusworten (Logien), die neben dem Markus-Evangelium als zweite Quelle den Evangelien des Matthäus und Lukas zugrundeliegt |
| Maschal | Sprichwort, Spruch, *Gleichnis* (plur. *Meschalim*) |
| Paränese | Mahnung, ethische Unterweisung |
| Parusie | Wiederkunft Christi |
| Perikope | Textabschnitt, Erzähleinheit |

9

| | |
|---|---|
| Septuaginta | Griechische Übersetzung des AT (ab 3. Jhdt. v. Chr.) |
| Synoptiker | Bezeichnung für die Evangelisten Markus, Matthäus und Lukas, deren Evangelien (= die *synoptischen* Evv) sich in Aufbau und Material weitgehend entsprechen und daher eine Zusammenschau (*synopsis*) nahelegen und erlauben |
| Zaddik | hebr. „Gerechter" (plur. *Zaddikim*)/im Chassidismus als Verkörperung der Tora angesehen/oft Wundertäter/sammelt Schüler um sich, in seinem Haus/Berater aller Ratsuchenden |

# I

# Einleitung

### 1. „Unmoralische Helden"

Statt einer Definition zu Anfang eine schöne Geschichte; sie erzählt, was das ist – ein „unmoralischer Held".

#### Wie den Rabbi von Sasow ein Dieb belehrte[1]

Der Sasower reiste einmal im Lande umher, um Geld zum Freikauf Schuldgefangener zu sammeln, aber es gelang ihm nicht, den nötigen Betrag zu erhalten. Da reute es ihn, so viel Zeit der Lehre und dem Gebet umsonst entzogen zu haben, und er nahm sich vor, fortan zu Hause zu bleiben. Am selben Tag erfuhr er, daß ein Jude, der ein Kleid gestohlen hatte, bei der Tat ertappt und nach reichlicher Prügelstrafe in Gewahrsam genommen worden war. Er verwandte sich beim Richter für den Eingekerkerten und erwirkte dessen Freilassung. Als er ihn aus dem Gefängnis holte, ermahnte ihn der Fromme: „Denk an die Schläge, die du erlitten hast, und hüte dich, dergleichen wieder zu begehen." „Warum denn nicht?", sagte der Dieb, „was einmal nicht geriet, kann das nächste Mal geraten." „Wenn dem so ist", sprach der Sasower zu sich, „so muß auch ich das Meine wieder und wieder versuchen."

Typen wie dieser Dieb – „unmoralische Helden" – in den Gleichnissen des Neuen Testaments? Ja, durchaus! Jesus hat wiederholt moralisch fragwürdige Protagonisten in seinen Geschichten auftreten lassen – und er will, daß wir von ihnen lernen, wie der Rabbi aus Sasow vom Dieb!

### 2. Vertraute Welt mit „ungewöhnlichen Zügen", aber auch: „unmoralische Helden" im „anstößigen Bild"

„Einfach wie sein ganzes Wesen sind auch die Worte Jesu, sind auch seine Gleichnisse." Mit diesem Satz beginnt ein Büchlein über die Gleichnisse Jesu vom Anfang des Jahr-

11

hunderts.[2] Es rühmt, wie andere vor und nach ihm, die „Einfachheit" der Geschichten, die Jesus erzählt hat: aus dem überschaubaren Leben galiläischer Dörfer und Kleinstädte genommen spiegeln sie die Welt ihrer Hörer und geben uns „ein einmalig vollständiges und überzeugendes Bild"[3] davon; Jesu Gleichnisse sind elementar bodenständig-palästinisch:

„Das Haus und seine Bewohner" sind darin abgebildet, „zumal Vater und Sohn; alltägliche Vorgänge wie das Salzen der Speise und das Kneten des Teigs, das Flicken des Kleides und das Füllen des Weins; das Lichtanzünden am Abend und das Suchen nach dem verlorenen Groschen. Ferner das Spiel der Kinder wie das Treiben der Erwachsenen; Saat und Ernte, Viehzucht und Fischfang, Arbeit und Fest, Unternehmungen, Prozesse und Kriege." Die sozialen und politischen Realitäten seiner Welt sind in den Parabeln Jesu wie selbstverständlich gegenwärtig: „Reiche und Arme, Gläubiger und Schuldner, Herren und Sklaven, König und Kaufmann, Richter und Klienten, Pharisäer und Zöllner, Juden und Samariter"; ebenso – in geradezu archetypischer Schlichtheit – die seine Hörer umgebende Natur: „das Wachsen der Saat, das Fruchtbringen des Feigenbaumes, das schwankende Schilfrohr", die Lilien auf dem Felde und die Vögel unter dem Himmel, „Hunde und Füchse, Tauben und Schlangen, der Blitz, der über den Himmel flammt".[4]

Ja, die Gleichnisse Jesu sind aus dem Leben genommen, aber – sie bilden das Leben nicht einfach ab! Mögen sie noch so einfach und bodenständig sein, sie sind darin zugleich immer auch überraschend, provozierend, revolutionär; denn mitten in die „so vertraute Wirklichkeit des Lebens (wird) die gar nicht vertraute und alltägliche Wirklichkeit der Herrschaft Gottes hineingeschrieben".[5] Unter diesem Aspekt erscheinen nicht wenige Gleichnisse Jesu dann unversehens als „grotesk", „extravagant" oder einfach „paradox"[6], – als „eine Umkehrung des Denkens und Seins der Welt wie, nach den Reden der Propheten und neben der Bergpredigt Jesu selbst, nichts sonst."[7]

„Ungewöhnliche Züge"[8] sind es, die bei aller Vertrautheit der Bilder auf diese Fremdheit der Geschichten Jesu aufmerksam machen, z.B. die ungenierte Rücksichtslosigkeit des Nachts um Hilfe bittenden Freundes (Lk 11,5–8) oder die selbstvergessene Brutalität jenes Knechtes, dem eine riesige Schuld erlassen wurde, der aber selber eine winzige Summe grausam eintreiben will (Mt 18,23–35). Ungewöhnlich ist auch das Verhalten des Arbeitgebers im Gleichnis von den Arbeitern im Weinberg (Mt 20,1–15), der sogar eine Stunde vor Feierabend noch einmal neue Arbeiter mietet, bei der Lohnauszahlung dann mit diesen beginnen läßt und ihnen zur Empörung der Ganztags-Arbeiter den gleichen Lohn gibt wie allen anderen.[9] Ebenso ist es kein alltäglicher Vorgang, daß alle Gäste eine Einladung ignorieren und daß der Gastgeber dann die ersten besten an seinen Tisch rufen läßt (Lk 14,16–24 parr). Daß alle den Bräutigam erwartenden Mädchen einschlafen, ist ungewöhnlich; ungewöhnlich ist auch, daß den Zuspätkommenden der Zugang zur Hochzeitsfeier verweigert wird (Mt 25,1–12). Und – um dieses Beispiel noch zu nennen – das „Betragen" des Vaters bei der Rückkehr des verlorenen Sohnes fällt entschieden aus dem Rahmen (Lk 15,11–32).

In den ungewöhnlichen Zügen liegt, wie die Gleichnisforschung erkannt hat, eine Anspielung vor – auf die Sache, um derentwillen das Gleichnis ersonnen und erzählt wurde. Bild und Sache haben hier außerhalb des einen Vergleichspunktes eine zusätzliche Berührung.[10] Darin verdichtet sich dem Hörer die in Jesu Reden und Verhalten liegende Zumutung, – und das kann für ihn ärgerlich oder gar empörend sein, wie die Einwände des älteren Bruders gegen den Vater (Lk 15) oder das Murren der Arbeiter in Mt 20 zeigen, – aber das ist der Anstoß der Verkündigung Jesu überhaupt.

Von den „ungewöhnlichen Zügen" unterscheiden wir die „anstößigen Bilder" – Geschichten Jesu, die eine ganz eigene Art von Provokation des Hörers „inszenieren". Wir finden sie in einigen Gleichnissen des Neuen Testaments, die bedenkliche Gestalten und moralisch verwerfliches Verhalten ins Bild setzen und dabei nicht nur, wie im Gleichnis vom Barmherzigen Samariter, an unterlassene Hilfeleistung denken, sondern sich im Bereich manifester Kriminalität mit Diebstahl, Unterschleif, politischer Gewalt, ja, Mord und Totschlag bewegen. Nun gehört Kriminalität zum Leben und, sofern Jesu Gleichnisse aus dem Leben genommen sind, ist nichts daran auszusetzen, daß auch diese Seite des Lebens in den von ihm gewählten Bildern auftaucht. Die anstößigen Bilder als solche sind es nicht. „Anstößig" werden die einschlägigen Texte erst dadurch, daß sie ihrem Hörer oder Leser zumuten, dem erzählten unmoralischen oder kriminellen Verhalten gleichwohl einen positiven Aspekt abzugewinnen und auf die in Frage stehende Sache zu übertragen. Die „anstößigen Bilder" wollen, daß wir von unmoralischen „Helden" lernen. Sie verlangen damit eine Differenzierungsbereitschaft, die ihnen in der Geschichte ihrer Rezeption fast durchweg verweigert worden ist: wir sollen uns bereitfinden, von der erzählten Unmoral der Protagonisten abzusehen und die auf dem Felde eben dieser Unmoral bewiesene Stärke zu würdigen und zum Vorbild zu nehmen. Das ist im Zusammenhang religiöser Tradition ein hartes Stück, denn wer will, und sei es noch so partiell, ausgerechnet in Sachen Religion von einem Dieb, einem Betrüger oder einem Mörder gar lernen? Gerade das aber ist die anstößige Zumutung der Geschichten mit „unmoralischen Helden", die Jesus erzählt hat. Sie sollen in diesem Buch exegetisch, literaturwissenschaftlich und theologisch erschlossen werden.

# II

# Die Texte

## 1. Der kluge Verwalter (Lk 16,1–13)

(1) Er sagte aber zu den Jüngern: „Es war ein reicher Mann, der hatte einen Haushalter; und dieser wurde bei ihm verklagt, daß er ihm den Besitz verschleudere. (2) Und er ließ ihn rufen und sagte zu ihm: ‚Was höre ich da über dich? Lege Rechenschaft ab über deine Verwaltung! Denn du kannst nicht mehr Haushalter sein.‘ (3) Da sagte der Haushalter bei sich selbst: ‚Was soll ich tun, da mein Herr mir die Verwaltung nimmt? Graben kann ich nicht; zu betteln schäme ich mich. (4) Ich weiß, was ich tun will, damit sie, wenn ich von der Verwaltung abgesetzt bin, mich in ihre Häuser aufnehmen.‘ (5) Und er ließ jeden einzelnen der Schuldner seines Herrn zu sich rufen und sagte zu dem ersten: ‚Wieviel bist du meinem Herrn schuldig?‘ (6) Der antwortete: ‚Hundert Bath Öl.‘ Da sagte er zu ihm: ‚Nimm hier deinen Schuldschein, setz dich schnell hin und schreibe: fünfzig.‘ (7) Danach sagte er zu einem anderen: ‚Du aber, wieviel bist du schuldig?‘ Der antwortete: ‚Hundert Kor Weizen.‘ Er sagte zu ihm: ‚Nimm hier deinen Schuldschein und schreibe: achtzig.‘ (8) Und der Herr lobte den ungerechten Haushalter, daß er klug gehandelt habe. Denn die Söhne dieser Welt sind ihrem Geschlecht gegenüber klüger als die Söhne des Lichts. (9) Und ich sage euch: Macht euch Freunde mit dem ungerechten Mammon, damit sie, wenn er (euch) ausgeht, euch aufnehmen in die ewigen Hütten! (10) Wer im Kleinsten treu ist, der ist auch im Großen treu; und wer im Kleinsten ungerecht ist, der ist auch im Großen ungerecht. (11) Wenn ihr nun mit dem ungerechten Mammon nicht treu waret, wer wird euch das wahre Gut anvertrauen? (12) Und wenn ihr mit dem fremden Gut nicht treu waret, wer wird euch das eure geben? (13) Kein Knecht kann zwei Herren dienen; denn entweder wird er den einen hassen und den anderen lieben, oder er wird dem einen anhangen und den anderen verachten. Ihr könnt nicht Gott dienen und dem Mammon."

Eine befremdliche Geschichte: Ein Verwalter wird der Unterschlagung bezichtigt und daraufhin seines Amtes enthoben; statt sich zu rechtfertigen – sein Schweigen ist wohl ein Eingeständnis seiner Schuld[1] – begeht er einen zweiten Betrug: er veranlaßt die Schuldner seines Herrn zur Urkundenfälschung, genauer: er erläßt ihnen eigenmächtig einen Teil ihrer Schulden.[2] Ein dubioser Charakter, zweifellos, und dennoch: „Der Herr lobte den ungerechten Haushalter, daß er klug gehandelt habe."

Was will die Erzählung? Fordert sie zum Weggeben des Vermögens auf? Mahnt sie zur Treue im Umgang mit Geld? Verurteilt sie Reichtum und Besitzdenken ganz und gar? Die dem Gleichnis folgenden Sprüche lassen solches oder ähnliches vermuten; sie mildern den Anstoß der eigentlichen Erzählung, beseitigen können sie ihn nicht. Es bleibt die Frage: Wie kann ein Mensch positiv gewertet, ja gelobt werden, der sich als völlig verantwortungslos erweist im Umgang mit fremdem Besitz? Diese Frage verschärft und klärt sich, wenn wir die ursprüngliche Gestalt des Gleichnisses Jesu vom Haushalter ermitteln und aus dem jetzigen Kontext herauslösen.

a) Das in V 8a formulierte Lob gehört mit Sicherheit zur ältesten Überlieferung – eben wegen seiner Anstößigkeit; den Tradenten der Verkündigung Jesu ist es nicht zuzutrauen; die sind ja immer wieder darum bemüht, Unebenheiten zu glätten und allzu harte Aussagen zu bändigen. Mit V 8a erweist sich dann aber auch die zielstrebig darauf zulaufende Erzählung insgesamt (V 1b–8a) als jesuanisch. Die Kühnheit ihrer Pointe ist untypisch für das zeitgenössische Judentum ebenso wie für die am Erbaulichen interessierten christlichen Gemeinden des 1. Jahrhunderts.[3]

b) In V 8b begegnet ein erster sekundärer Zuwachs zur Parabel, als sekundär erkennbar daran, daß hier das befremdliche Lob mit einer Einschränkung versehen und so abgemildert wird: Unter ihresgleichen (= ihrem Geschlecht gegenüber) sind „Weltkinder" vom Schlage des Verwalters tatsächlich klüger als die Erwählten, die „Kinder des Lichts", nicht jedoch Gott gegenüber.[4] In dieser Feststellung mag eine leise Warnung an die Christen mit anklingen, sie möchten sich doch „weniger als bisher an Klugheit von den Weltkindern übertreffen lassen".[5] Auf jeden Fall wird durch die Differenzierung „Söhne dieser Welt" und

16

„Söhne des Lichts" erreicht, daß das Verhalten des Verwalters nicht mehr als uneingeschränkt bewundernswert verstanden werden kann. Die Vorstellung einer solchen Trennung unter den Menschen ist aber ebenso wie der Sprachgebrauch ganz unjesuanisch.[6] Kurz: in V 8b spricht die nachösterliche Gemeinde, nicht mehr Jesus selbst.

c) Die folgenden Verse sind untereinander durch das im eigentlichen Gleichnis nicht auftauchende Stichwort „Mammon" verbunden (V 9. 11. 13). Als Brücke fungiert das qualifizierende „ungerecht" (V 8a. 9. 10. 11), das in unterschiedlicher Zuordnung begegnet: Wird zunächst (V 8a, vgl. V 10) noch der Haushalter als ungerecht bezeichnet, so eignet in V 9 und 11 dem Mammon selbst diese Eigenschaft. Schon daran wird deutlich, wie wenig die erzählte Geschichte zu den angefügten Sprüchen paßt; deren sekundärer Charakter enthüllt sich bei genauerem Hinsehen vollends. V 9 – durch das einleitende „Und ich sage euch" Jesus selbst als Deutewort in den Mund gelegt – lehnt sich in der Formulierung eng an V 4 an:

V 4: . . . damit sie, wenn ich abgesetzt bin, mich in ihre Häuser aufnehmen.

V 9: . . . damit sie, wenn er ausgeht, euch aufnehmen in die ewigen Hütten.

V 9 hat mit der Passage aus dem Gleichnis, der er nur „nachgesprochen" ist, inhaltlich wenig gemein; vielmehr, hier formuliert ein urchristlicher Prediger[7] unter Verwendung vorgegebenen Wortlauts seine „Botschaft": Wer, wie angeblich der Haushalter!, den Mammon dieser bösen Welt[8] dazu benutzt, Almosen zu geben, der wird in Gottes ewige Wohnstätten aufgenommen werden.[9] Die Erzählung selbst allerdings läßt keineswegs erkennen, daß der Verwalter ein Vorbild an Freigebigkeit ist. Er gibt keine Almosen, sondern sehr durchsichtige egoistische Motive bestimmen sein Tun; er schmeichelt sich ein, will Vorsorge treffen für die Zeit nach der Entlassung; sein Mittel ist ein massiver Schuldennachlaß, der nicht zu Lasten des eigenen Kontos geht.[10] Also: in V 9 liegt der nicht ganz geglückte Versuch vor, die Geschichte vom Haushalter harmlos zu verstehen und so ihre Ehre zu retten: der Verwalter als Beispiel für Freigebigkeit!

17

d) Die Verse 10–12 setzen einen gänzlich neuen Akzent. Die allgemeine Sentenz über Treue und Untreue V 10, die in V 11 ihre konkrete Anwendung auf den Mammon findet, macht aus dem gelobten Haushalter unversehens ein abschreckendes Beispiel![11] Wenn ihr, so diese Applikation, wie der Verwalter schon im Umgang mit derart geringen Dingen wie dem Mammon keine Treue beweisen könnt, wer wird euch das Wahre (V 11), das euch Gehörige (V 12) anvertrauen? Das „Wahre" meint hier im Zusammenhang wohl die christliche Predigt, das Wort der Wahrheit bzw. das Evangelium.[12] Lk 16,10–12 richtet sich – so verstanden – offensichtlich an urkirchliche Amtsträger, die als „Haushalter Gottes" mit der Verwaltung des Gemeindegutes im materiellen wie im geistlichen Sinn betraut sind. Das Stichwort „Haushalter/Verwalter" ermöglichte eine Verbindung mit der Parabel, wobei diese jetzt natürlich negativ gedeutet wird: Verhaltet euch nicht wie der ungerechte Verwalter, sondern seid zuverlässig und geht sorgsam mit dem euch Anvertrauten um![13]

Das Nebeneinander von V 9 einerseits, V 10–12 andererseits (vgl. auch V 8b und 13) macht zweierlei schön sichtbar: 1. Das Gleichnis vom ungerechten Haushalter hat in der Urkirche „gelebt"; es ist bearbeitet und kommentiert worden; sein Text hat einen Wachstumsprozeß durchlaufen: V 9 repräsentiert dabei ein früheres, V 10–12 ein späteres Stadium dieses Vorgangs. 2. Das Gleichnis war der Überlieferung ein „Stein des Anstoßes": daß ein Ungerechter nicht bestraft, sondern im Gegenteil ausdrücklich gelobt wird, wollte man so nicht stehen lassen. Der Kommentator, der in V 10–12 zu Wort kommt, hat offensichtlich die Korrektur, die V 9 anbringt, nicht konsequent genug gefunden; er wollte eine deutliche Distanzierung vom unmoralischen Helden: von ihm kann man doch nicht direkt, sondern bestenfalls e contrario lernen, nach der Devise:

„Einer, namens Lockmann, wurde gefragt, wo er seine feinen und wohlgefälligen Sitten gelernt habe? Er antwortete: Bei lauter unhöflichen und groben Menschen. Ich habe immer das Gegenteil von demjenigen getan, was mir an ihnen nicht gefallen hat."[14]

Beide Deutungen verfehlen mit Sicherheit den ursprünglichen Sinn. Der Verwalter ist, wie gezeigt, weder caritativ
gesinnt noch ist er ursprünglich als negative Kontrastfigur
gemeint; in der Geschichte selbst wird er gelobt, nicht kritisiert (V 8a)!

e) Eine vierte Erweiterung schließlich hat das Gleichnis
Jesu im Laufe seiner Überlieferung erfahren, das Wort von
der Unmöglichkeit des Doppeldienstes, hier gedeutet auf
die Unvereinbarkeit von Gottes- und Mammonsdienst. Daß
auch dieser Spruch nicht zur frühesten Gestalt der Parabel
gehört haben kann, beweist außer der inhaltlichen Spannung – wo polemisiert die Geschichte gegen den Umgang
mit Geld? – die Tatsache, daß dasselbe Wort als sog. Wan-
derlogion Mt 6,24 in anderem Zusammenhang begegnet
und eine Variante dazu im Thomas-Evangelium (Logion
47) aufbewahrt ist, und zwar da ohne die Deutung auf den
Gottes- bzw. Mammonsdienst; diese erweist sich also ihrerseits als sekundäre Interpretation eines ursprünglich
isoliert umlaufenden Bildwortes. Mit der Parabel hat das
eine wie das andere von Haus aus nichts zu tun.

Zu erwähnen bleibt noch, daß die das Gleichnis einleitende Situationsangabe „Er sagte aber zu den Jüngern"
natürlich der Redaktion zuzuschreiben ist; eine solche
Rahmennotiz wird nötig, als Lukas die Geschichte einschließlich ihrer Kommentierungen in den Kontext seines
Evangeliums einfügt. Über die ursprünglichen Adressaten
des Gleichnisses ist mit dieser Rahmennotiz noch nicht
entschieden. Als Zwischenergebnis läßt sich hier festhalten, daß Jesu Parabel vom ungerechten Haushalter ursprünglich folgende – anstößige – Gestalt hatte.

(1) Es war ein reicher Mann, der hatte einen Haushalter; und
dieser wurde bei ihm verklagt, daß er ihm den Besitz verschleudere. (2) Und er ließ ihn rufen und sagte zu ihm: „Was höre ich da
über dich? Lege Rechenschaft ab über deine Verwaltung! Denn du
kannst nicht mehr Haushalter sein." (3) Da sagte der Haushalter
bei sich selbst: „Was soll ich tun, da mein Herr mir die Verwaltung
nimmt? Graben kann ich nicht; zu betteln schäme ich mich. (4) Ich
weiß, was ich tun will, damit sie, wenn ich von der Verwaltung
abgesetzt bin, mich in ihre Häuser aufnehmen." (5) Und er ließ
jeden einzelnen der Schuldner seines Herrn zu sich rufen und

sagte zu dem ersten: „Wieviel bist du meinem Herrn schuldig?" (6) Der antwortete: „Hundert Bath Öl." Da sagte er zu ihm: „Nimm hier deinen Schuldschein, setz dich schnell hin und schreibe: fünfzig." (7) Danach sagte er zu einem anderen: „Du aber, wieviel bist du schuldig?" Der antwortete: „Hundert Kor Weizen." Er sagte zu ihm: „Nimm hier deinen Schuldschein und schreibe: achtzig." (8a) Und der Herr[15] lobte den ungerechten Haushalter, daß er klug gehandelt habe.

Was ist der Sinn dieser Erzählung? Das Lob, das dem Haushalter zuteil wird, ist kein Lob seiner Ungerechtigkeit. Unmoral bleibt Unmoral. Und dennoch – der Mann verdient Bewunderung. Lobenswert sind seine Bereitschaft und Fähigkeit, einer bedrohlichen Situation mit Entschlossenheit und Klugheit zu begegnen. „Dieser Mann war ... (klug) V 8a, d. h. er hat die kritische Situation erfaßt. Er hat die Dinge nicht laufen lassen, er hat gehandelt in letzter Minute, ehe das drohende Unheil über ihn hereinbrach, – gewiß skrupellos betrügerisch ..., Jesus beschönigt das nicht, aber darauf kommt es hier nicht an – er hat kühn, entschlossen und klug gehandelt, sich eine neue Existenz gebaut. Klug sein, das ist die Forderung der Stunde auch für euch! Alles steht auf dem Spiele!"[16]

Das Gleichnis und seine Botschaft muß im Kontext der Verkündigung Jesu insgesamt gesehen werden. Klugheit ist notwendig im Blick auf die gegenwärtige Situation, so wie Jesus sie sieht und darstellt: Die endgültige Aufrichtung der Gottesherrschaft steht nahe bevor; jetzt gilt es, sich entschlossen und klug darauf einzustellen. Wie der Haushalter seine Lage erkennt und handelt, so sollen auch die Hörer Jesu ihre Lage angesichts der sich realisierenden Herrschaft Gottes begreifen und handeln, d. h. umkehren. In diesem Punkte können sie wahrlich vom unmoralischen Helden lernen!

Damit ist deutlich: Nur in einem Punkt will das Gleichnis übertragen werden; weder die materiellen Güter, mit denen der Haushalter umgeht, noch seine betrügerischen Transaktionen sind von Interesse; die Unmoral des Helden gehört ganz und gar auf die Seite des erzählten Bildes (Bildhälfte), in die Anwendung (Sachhälfte) soll und will

20

nur die – am unmoralischen Bild aufgewiesene – Klugheit übernommen werden. „Klug sein, das ist die Forderung der Stunde auch für euch!"

Für das Gleichnis vom ungerechten Haushalter wie für die anstößigen Gleichnisse auch sonst (s. u.) gilt, was A. Jülicher für die Gleichnisauslegung überhaupt postuliert hat: zwischen der Bildhälfte der Gleichnisse Jesu und ihrer Sachhälfte, d. h. der intendierten Sachaussage, um derentwillen das Bild ersonnen wurde, gibt es nur *eine* Berührungsstelle, *einen* Vergleichspunkt, *ein* tertium comparationis.[17] Die Forschung nach Jülicher hat diesen Ansatz als unangemessen in Zweifel gezogen; sie rechnet zunehmend mit der Möglichkeit mehrerer Bezugspunkte zwischen Bild und Sache und „verwischt" die strikte Trennung von Gleichnis und Allegorie, die Jülichers Anliegen war.[18] Es geht hier nicht darum, solche Auffassungen nun ihrerseits prinzipiell in Frage zu stellen; es soll lediglich betont sein, daß Jülichers Einsicht von dem *einen* Vergleichspunkt für die anstößigen Gleichnisse in jedem Fall ihre Gültigkeit behält.[19] Lk 16,1–8a ist ein wirkliches Gleichnis im Sinne Jülichers, genauer, da es sich ja um einen interessierenden Einzelfall handelt, nicht um einen alltäglich beobachtbaren Vorgang wie etwa Mk 4,30–32 geschildert, eine stilgerechte Parabel.[20] Wenn die Unmoral dabei streng der Bildhälfte zuzurechnen ist und in der Sachhälfte nicht mehr aufgenommen werden darf, so ist damit entschieden keine Geringschätzung des Bildes verbunden.[21] Daß das Bildmaterial dieses wie der anderen, im folgenden besprochenen Gleichnisse weder unwichtig noch zufällig ist, wird noch zu zeigen sein.

Ein abschließendes Wort zu Lk 16,1 ff: Die Exegese hat gezeigt, wie die Parabel im Laufe ihrer Überlieferung durch sekundäre Zusätze erweitert wurde. Die Untersuchungen von J. Jeremias machen deutlich, daß Art und Weise solcher Ausgestaltung bestimmten „Gesetzen" unterworfen war, eben weil die Überlieferung in der nachösterlichen Gemeinde nicht archivarisch konserviert, sondern in Predigt und Unterricht benutzt wurde. Die Arbeit an Lk 16,1 ff, seine schrittweise Ergänzung um die V 8b–13, steht im Dienste der Paränese (= Ermahnung), d. h. hier waltet das „Gesetz" der Paränetisierung: das Gleichnis wird zur innergemeindlichen Ermahnung benutzt! Sein eschatologischer Klang im Zusammenhang der Ansage der nahen Gottesherrschaft durch den historischen Jesus ist ins Ethisch-Praktische umgebogen worden.[22] Lk 16,1–8a wird dabei im Zuge seiner paränetischen „Verwertung" zu einer Beispielgeschichte umfunktioniert. Die Anwendungen V 9 und V 10–12 unterscheiden nicht mehr zwischen Bild- und Sachebene; für die urkirchlichen Kommentatoren ist bereits im Bild (Lk 16,1–7) direkt von der Sache, d. h. vom Umgang mit Geld, die Rede; sie lesen die Parabel Jesu nicht mehr als Gleichnis, sondern als positives oder negatives Beispiel, als ins Bild gesetzte Ethik (wie Lk 10, 30–37) oder Anti-Ethik (wie Lk 12,16–21).

## 2. Die entschlossenen Pächter
### (Mk 12,1–12; Mt 21,33–46; Lk 20,9–19; Th 65.66)

(1) Und er fing an, in Gleichnissen zu ihnen zu reden: „Ein Mensch pflanzte einen Weinberg und zog einen Zaun darum und grub eine Kelter und baute einen Turm und verpachtete ihn an Weingärtner und zog außer Landes. (2) Und als die Zeit da war, sandte er zu den Weingärtnern einen Knecht, um bei den Weingärtnern von den Früchten des Weinbergs (seinen Anteil) in Empfang zu nehmen. (3) Und sie ergriffen ihn, schlugen ihn und schickten ihn mit leeren Händen fort. (4) Und er sandte wieder einen anderen Knecht zu ihnen, den schlugen sie auf den Kopf und mißhandelten ihn. (5) Und er sandte einen andern, den töteten sie, und viele andere, die einen schlugen sie, die andern töteten sie. (6) Noch einen hatte er, einen geliebten Sohn; den sandte er zuletzt zu ihnen, indem er sagte: ,Sie werden sich vor meinem Sohne scheuen.' (7) Jene Weingärtner aber sagten zueinander: ,Dies ist der Erbe; kommt, laßt uns ihn töten, so wird das Erbe unser sein.' (8) Und sie ergriffen ihn, töteten ihn und warfen ihn zum Weinberg hinaus. (9) Was wird der Herr des Weinbergs tun? Er wird kommen und die Weingärtner umbringen und den Weinberg andern geben. (10) Habt ihr (denn) auch gar nicht dieses Schriftwort gelesen:
,Der Stein, den die Bauleute verworfen haben, der ist zum Eckstein geworden; (11) durch den Herrn ist dieser es geworden, und er ist wunderbar in unseren Augen'?"
(12) Da suchten sie ihn festzunehmen und fürchteten doch das Volk; denn sie merkten, daß er das Gleichnis gegen sie gesagt hatte. Und sie verließen ihn und gingen hinweg.[23]

Ein Weinbergbesitzer sendet zur Erntezeit Knechte auf sein Land, um von seinen dort beschäftigten Pächtern den fälligen Pachtzins zu erheben – in der für damalige Verhältnisse üblichen Weise will er sich diesen in Naturalien auszahlen lassen.[24] Doch jene zeigen sich unwillig, reagieren mit brutaler Gewalt – und behalten den gesamten Ertrag für sich. Und damit nicht genug: um vollends in den Besitz der Anlage zu gelangen, töten sie schließlich den Sohn des Besitzers und Erben des Weinbergs. Furchtbar das darauf über sie ergehende Strafgericht ihres Herrn. Ihr Weinberg wird neu vergeben, sie selbst erleiden den Tod. Denn die Schrift weiß: die Verwerfung Jesu Christi, den Gott im Auferstehungsgeschehen auf wunderbare Weise erhöht hat, geschieht nicht ungestraft.

Der Begründer der modernen Gleichnisauslegung, Adolf Jülicher, konnte den Gedanken, diese absonderliche Geschichte stamme von Jesus selbst, nur energisch zurückweisen: „als ob Tizian selber Tintenkleckse auf seine farbentiefen Bilder geworfen haben würde."[25] Insbesondere zwei Argumente führt er gegen die Echtheit der Erzählung an, Argumente, die bis in die neuere Forschung wiederholt werden und die Diskussion über die „Bösen Winzer" bis heute anregen. Das eine bezieht sich auf den Wirklichkeitsgehalt des dargestellten Geschehens: Ist es vorstellbar, daß ein Mann noch seinen eigenen Sohn mit der Fruchteinholung beauftragt, nachdem ein Bote nach dem anderen zerschunden und unverrichteter Dinge zurückgekehrt ist? Und wie steht es mit der Spekulation der Weinbergpächter, sich durch einen Mord den Erbbesitz zu sichern? Nach Jülicher wirkt der Handlungsablauf völlig konstruiert: „diese Erzählung ist irrationell, verunglückt durch und durch, außer wenn man von Anfang an ihre Worte geistlich, d.h. allegorisch deutet."[26] Für ihn ist die Geschichte also nichts als eine schlechte bildnerische Umsetzung einer Sachaussage, auf die sie Zug um Zug übertragen werden will und von der allein her sie verständlich und schlüssig wird – kurz: ein künstliches Gebilde, das von der frischen Lebensnähe jesuanischer Parabeln weit entfernt ist.

Das zweite Argument gegen die Authentizität ist von dem ersten nicht zu trennen, bildet gewissermaßen dessen sachliche Ausgestaltung. Das Sachanliegen, das man dem Bild wie eine Schablone anlegen muß, um es sinnvoll werden zu lassen, lautet: antijudaistische Polemik. Gott verwirft die Juden, die ursprünglichen „Pächter" seiner Heilszuwendung, weil sie seinen geliebten, einzigen Sohn ans Kreuz geschlagen haben, und das Erbe der Verheißung treten die Christen an. Die Geschichte scheint somit geschaffen von einem Christusgläubigen „der ersten Generation", der „hier zur religiösen Rechtfertigung von Jesu Tod ihn einreihte in die Linie der Heilsbotschaften Gottes an ein verstocktes Geschlecht."[27]

Jülichers Meinung fand und findet neben Zustimmung auch Kritik. Insbesondere seit den Arbeiten von C. H. Dodd und Joachim Jeremias[28] mehren sich die Stimmen, die bei Mk 12,1 ff dennoch für ein echtes Jesuswort plädieren. In der Tat kann das Argument der mangelnden Realitätsnähe inzwischen als erledigt gelten: Zeit- und rechtsgeschichtliche Untersuchungen[29] haben gezeigt, daß das Bildmaterial durchaus aus dem Leben der Menschen im damaligen Palästina gegriffen worden sein kann. Die geschilderten Handlungsweisen (von den sekundären Zusätzen natürlich abgesehen, vgl. dazu unten) müssen dem einstigen Hörer keineswegs so wenig glaubhaft erschienen sein wie vielleicht dem heutigen Leser; sie finden ihren einleuchtenden Hintergrund in den sozialen Spannungen und zelotisch-aufrührerischen Tendenzen während der griechisch-römischen Fremdherrschaft:

„Der ‚Hellenismus' war für die unterworfenen Völker einschließlich der Juden nicht nur ein geistig-religiöses, sondern – primär – ein wirtschaftlich-soziales Problem. Mit dem Erwachen des orientalischen Selbstbewußtseins gegenüber den fremden Eroberern im 2. Jh. v. Chr. wuchs auch der autochthone Widerstand gegen das drückende Feudalsystem, das von der stärker hellenisierten eigenen Oberschicht unterstützt wurde: Der Makkabäeraufstand und die Erhebungen gegen die Herodäer und Römer hatten zugleich eine starke wirtschaftliche und soziale Komponente. Gerade im 1. Jh. n. Chr. waren dann soziale Spannungen zwischen den Großgrundbesitzern und den bedrängten Kleinbauern an der Tagesordnung. Hier zeichnet sich jene Entwicklung ab, die schließlich in den Sieg des Zelotismus und die Erhebung gegen Rom ausmündete".[30]

Die meist nicht am Ort ihrer Besitztümer ansässigen Großgrundbesitzer hatten also Widerstand und Unabhängigkeitsbestrebungen seitens ihrer gedungenen Pächter stets zu befürchten. Von einem solchen Fall erzählt Mk 12,1 ff. Da die Winzer die Boten erfolgreich abweisen und somit die Besitzansprüche des abwesenden Herrn nicht geltend gemacht werden können, mögen die Bauern auf das Inkrafttreten des sog. „Ersitzungsrechtes" für herrenloses Land spekulieren.[31] Der Verzicht des Besitzers auf rechtliche Maßnahmen findet seinen Grund in der Unzuverlässigkeit vieler palästinischer Behörden dieser Zeit (vgl. Lk 18, 2 ff).[32] Die Sendung des Sohnes schließlich ist weder Ausdruck unfaßbarer Langmut noch ist sie reiner Verzweiflungsakt, sondern geschieht aus der nüchternen Überlegung heraus, daß der zum Erbe eingesetzte Sohn als autorisierter Stellvertreter des Eigentümers selbst zu gelten hat. Er repräsentiert damit unvergleichlich mehr als die einfachen Knechte, die Sklaven des Weinbergbesitzers.[33] Die Pächter freilich nutzen gerade diesen Tatbestand für sich und gegen den Herrn aus.

Das erste Argument gegen die Authentizität der Parabel (mangelnde Realitätsnähe) ist also nicht zu halten; wie aber steht es mit dem zweiten? Wenn der Sinn der Geschichte tatsächlich jene oben angeführte antijudaistische Polemik sein sollte, so ist sie allerdings im Munde Jesu undenkbar. Es drängt sich jedoch die Frage auf, ob es sich hierbei wirklich um den ursprünglichen Sinn handelt; wenn das Bild einmal als nicht realitätsfern erkannt ist, so braucht es ja auch nicht mehr als ein schlechtes, von der Sachaussage „Antijudaismus" künstlich abhängiges Gebilde betrachtet zu werden. Um dies jedoch mit Sicherheit behaupten zu können, gilt es zunächst, den ursprünglichen Bestand des Gleichnisses zurückzugewinnen.

Die Ausgangslage ist dabei erheblich komplexer als bei Lk 16,1 ff; das Gleichnis von den bösen Weingärtnern liegt uns nämlich in vierfacher Variation vor; es findet sich sowohl bei den ersten drei Evangelisten (Mt 21,33 ff/Mk 12,1 ff/Lk 20,9 ff) als auch im Thomasevangelium (Th 65.66), einer koptischen, offensichtlich in gnostischen Kreisen überarbeiteten Sammlung von Jesussprüchen, die erst 1945 bei Nag Hammadi in Zentralägypten gefunden wurde. Das Thomasevangelium (Th) enthält u. a. Gleichnisse, die nicht in den biblischen Evangelien enthalten sind sowie einige interessante Varianten zu den kanonischen Gleichnissen, welche oft ursprünglicher anmuten.[34] Aus diesem Grunde stellt es eine wichtige Quelle für die Gleichnisforschung dar.

Der Übersichtlichkeit halber sei das Ergebnis der folgenden exegetischen Untersuchung vorangestellt: Lukas hat über die Markus-Fassung des Gleichnisses hinaus Zugang zu einer älteren Überlieferungsvariante, die sich in entscheidenden Punkten mit der Thomas-Version berührt; d. h. Lukas kombiniert das markinische Gleichnis in gebundener Arbeitsweise mit einer Th-ähnlichen Nebenüberlieferung. Für die Rekonstruktion des ursprünglichen Wortlauts und Sinnes sind also besonders Lk und Th interessant; Mk kennt diese Zweitüberlieferung offensichtlich nicht, Mt wird nur gelegentlich von ihr berührt.[35] Die Rekonstruktion zeigt dabei: Das ursprüngliche Gleichnis war erheblich kürzer als die vorliegenden Fassungen in den synoptischen Evangelien – es schloß pointiert mit der Ermordung des Sohnes (Mk 12,8)!

*Exegetische Analyse im einzelnen,*

die ein an Detailinformationen zur Rekonstruktion des ursprünglichen Textes weniger interessierter Leser überspringen mag. Das Ergebnis dieses Arbeitsganges findet sich unten S. 33.

### 1. Die Anlage des Weinbergs

Bei Mk beginnt das Gleichnis, und Mt folgt ihm darin, mit einer genauen Beschreibung der Anlage des Weinbergs – im Anschluß an das sog. Weinberglied aus Jes 5, wo es heißt: „Mein Freund hatte einen Weinberg auf fetter Bergeshöhe. Den grub er um und säuberte ihn von Steinen und bepflanzte ihn mit edeln Reben. Er baute einen Turm in seiner Mitte, auch eine Kelter hob er darin aus." (V 1b.2) Nun fällt auf, daß das Weinberglied Jesajas im zitierten, d. h. vom ursprünglichen hebräischen Text her übersetzten Wortlaut vom „Umgraben" spricht, während die mk/mt Gleichnisfassungen die „Umzäunung" des Weinbergs beschreiben. Dies

Motiv stammt aus der griechischen Übersetzung des Alten Testaments (Septuaginta), die Jesus natürlich nicht kannte, womit deutlich wird, daß bereits der erste Vers der Winzergeschichte sekundäre Bearbeitung aufweist.[36] Überdies ist wiederholt beobachtet und betont worden, daß die Ausmalung der Weinberganlage „für die Fortsetzung ohne Bedeutung" ist;[37] Mk 12,1ff handelt im Unterschied zu Jes 5,1ff ja nicht vom Beschaffensein des Weinbergs selbst, sondern vom Verhalten der (in Jes 5,1ff nicht auftretenden) Pächter.[38] Die in Mk 12,1ff geschilderte Auseinandersetzung spielt sich zwischen dem Landbesitzer und seinen Pächtern ab; am Weinberg selbst haftet (zumindest bis V 9) kein Interesse. Aus diesem Grunde läßt sich auch die allegorische Deutung Jes 5,7: „Denn der Weinberg des Herrn der Heerscharen ist das Haus Israel, und die Männer Judas sind seine Lieblingspflanzung" nicht auf das Winzergleichnis übertragen – wer sollte denn mit den arbeitenden Männern auf dem Berg gemeint sein? Bestenfalls die Pächter könnten Israel verkörpern, von V 9 aus wäre der Weinberg eher mit „Heil", „Verheißung" zu interpretieren. Angesichts einer solchen Bildverschiebung wird man sich fragen, ob die Anspielung auf die alttestamentliche Prophetenstelle nicht erst nachträglich interpoliert wurde – das Stichwort „Weinberg" mag dazu angeregt haben. Auffallend ist, daß weder Lk noch Th in irgendeiner Weise auf das Weinberglied Jesajas Bezug nehmen (Lk 20,9: „Ein Mensch pflanzte einen Weinberg und verpachtete ihn an Weingärtner ..."; Th: „Ein gütiger Mann besaß einen Weinberg. Er gab ihn Bauern, damit sie ihn bearbeiteten ..."). Beide beginnen also das Gleichnis mit einer ganz gebräuchlichen Umschreibung der Anlage eines Weinbergs bzw. des Besitzes desselben und machen damit deutlich, daß es eine Tradition ohne irgendeinen Anklang an Jes 5 gegeben hat. Sie folgen offensichtlich einer Nebenüberlieferung, die ursprünglicheren, weil schlüssigeren Charakter hat.[39] Der Einfluß einer Traditionsvariante, von der Mt nur berührt wird, an die sich Lk im folgenden aber eng anschließt, erscheint durch ein sog. „minor agreement" (eine Übereinstimmung zwischen Lk und Mt gegen Mk) in Mt 21,33b/Lk 20,9b nur um so plausibler. Mt und Lk stellen nämlich das Subjekt „ein Mensch" voran, Mk dagegen beginnt mit dem Objekt „einen Weinberg" (aus den deutschen Übersetzungen wird dies in der Regel nicht ersichtlich). Gerade die sachliche Belanglosigkeit der Abweichung, die damit aber auch jeglichen Motivs entbehrt, verbietet es, vorschnell anzunehmen, Mt und Lk seien unabhängig von sich aus zu dieser Änderung gekommen. Offensichtlich hat also auch Mt Zugang zu einer Überlieferungsvariante, die sich zumindest in einigen Punkten mit der lukanischen deckt; er verarbeitet sie aber in weit geringerem Ausmaße als Lk. Ansonsten nimmt er eine stark sekundäre Bearbeitung der Mk-Fassung vor. Aus dem griechischen Originalwortlaut geht hervor, daß er die mk Jesajaanklänge noch stärker an die Septuaginta angleicht;[40] außerdem nennt er den Besitzer „Hausherr", womit er in der für ihn typischen Weise auf den Hausvater-Gott hin verdeutlicht (vgl. Mt 20,1).

## 2. Die Sendung der Boten

Erhebliche Unterschiede kennzeichnen die drei synoptischen Fassungen bei den Botensendungen; auch Lk und Th stimmen nicht vollständig überein, ähneln sich aber sehr. Mk berichtet, daß der Herr des Weinbergs zunächst drei Knechte einzeln zu den Winzern sendet[41], wobei der dritte getötet wird; danach – in V 5b – erfolgt eine Vielzahl von Botensendungen, auf die mit gleicher Brutalität reagiert wird. Dieser zweite Halbvers entpuppt sich bei genauerem Blick auf den griechischen Urtext als eindeutig sekundärer Zusatz: das „viele andere, die einen schlugen sie, die anderen töteten sie" ist im Griechischen Partizipialkonstruktion und damit vom Hauptverbum in V 5a („den töteten sie") abhängig; das Hauptverbum „töten" kann sinngemäß aber nicht V 5b regieren, wenn dort „die einen" geschlagen und nur „die anderen" getötet werden.[42] Hier ist offensichtlich bis zur absoluten Unwahrscheinlichkeit (wenn viele bereits getötet worden wären, könnte der Besitzer nicht mehr darauf hoffen, daß der Sohn plötzlich respektiert würde) gesteigert im Sinne der Deutung, die in dem „Sohn" Jesus sehen will und in den „vielen anderen" die Propheten. Die drei einzeln geschickten Knechte legen eine allegorische Deutung auf die Propheten kaum nahe, daher die Erweiterung. Aber auch schon die Tötung des dritten Einzelboten (V 5a) überrascht, weil nun für den zuletzt gesandten Sohn keine stärkere Geschickaussage mehr getroffen werden kann. Wiederum sind es Lk und Th, deren Schilderungen ursprünglichere Züge tragen: Weder Lk noch Th wissen etwas von einer gleichzeitigen Aussendung mehrerer Boten; beide sprechen nur von der Ermordung des Sohnes; die Knechte werden alle lediglich mißhandelt und unverrichteter Dinge zurückgeschickt. Eine solche Darstellung bleibt durchaus im Rahmen des Vorstellbaren; für die Tötung des Sohnes ist im Text das Motiv selbst vorgegeben, welches vor dem Hintergrund des Ersitzungsrechtes (s. o.) sich auch nicht als absurd erweist; die Ermordung der Boten dagegen entbehrte jeglichen Motivs. Im Unterschied zu Lk spricht Th nicht von drei, sondern nur von zwei vor dem Sohn gesandten Knechten; damit wird deutlich, daß die außermarkinische Vorlage des Lk der des Th nicht ganz kongruent, wohl aber ähnlich gewesen ist. Immerhin gibt es sogar sprachliche Konvergenzen: Lk 20,10b macht die Landarbeiter zum Subjekt („damit sie ihm von der Frucht des Weinbergs geben sollten" gegen Mk (wörtl.): „damit er (der Knecht) bei den Bauern von den Früchten nähme"); aus den Rückübersetzungen des koptischen Thomas ins Griechische wird ersichtlich, daß Th hier wie Lk formuliert haben muß. Auch fällt auf, daß beide von der „Frucht" des Weinbergs – Mk: „von den Früchten" – sprechen.[43] Auch ohne Blick auf Th ist die Existenz einer Nebenquelle bei Lk in diesem Abschnitt übrigens sehr deutlich, allerdings wieder nur aus dem griechischen Original ersichtlich: Bei den ersten Botensendungen gibt es zwei minor agreements: Lk 20,10a und Mt 21,34a stellen gegen Mk die Angabe des Zeitpunktes an den Anfang. Bei Mk heißt es wörtlich: „Und er sandte zur rechten Zeit einen Knecht ...", bei Lk: „Und zur rechten Zeit sandte er einen Knecht", Mt formuliert „theologisch geladen" (vgl. Mt 3,2), aber immerhin mit der betonten Voranstellung wie Lk: „Als aber die Zeit der Früchte herankam, sandte er seine Knechte ..."; und beide – Mt wie Lk – nennen ausdrücklich das Subjekt („die Bauern") bei der Schilderung der ersten aufsässigen Reaktion (Lk 20,10c/Mt 21,35a gegen Mk 12,3, wo das Subjekt nur im Verb enthalten ist). Darüberhinaus gebraucht Lk in V 11.12 einen Semitismus, der auf eine aramäische Urform zurückweist[44] – auch das ein sicheres Indiz dafür, daß Lk nicht nur Mk überarbeitet.

Die Mt-Darstellung des Erzählabschnitts von den Botensendungen weist wiederum stark sekundäre Züge auf. Mt nutzt die durch die Nebenüberlieferung vorgegebene Voranstellung der Zeitangabe für endzeitliche Anspielungen: „Als aber die Zeit der Früchte herangekommen war" (Mt 21,34a) erinnert an Stellen wie Mt 3,2; 4,17; 10,7, wo vom „Herankommen" des „Reiches der Himmel", also der Gottesherrschaft gesprochen wird, so daß deutlich wird, daß „die Zeit der Früchte" metaphorischer Ausdruck für die eschatologische Erfüllungszeit ist, in der nach den „Früchten", d.h. den Werken der Menschheit gefragt wird.[45]

Des weiteren hat Mt die Mk-Vorlage gestrafft, indem er von zwei jeweils pluralisch formulierten Botensendungen spricht (V 34.36) und das Tötungsmotiv unter sprachlicher Anlehnung an Mk 12, 5b bereits für die erste Gruppe eingeführt. Damit hebt Mt die schon bei Mk implizierte Deutung der Knechte auf die Propheten hervor, insbesondere, weil er in V 35 noch das Motiv der Steinigung hinzufügt, welches in Mt 23,37 im Zusammenhang mit den abgewiesenen Propheten wieder auftaucht. Die inhaltliche Klarheit bei Mt führt allerdings zu einem Verlust an Plausibilität. Schon die zweite Botensendung ist nach der mörderischen Behandlung der ersten Gruppe mehr als unwahrscheinlich, so daß für die mt Geschichte nun wirklich gilt, was E. Hirsch schon für Mk 12,6–8 behauptet: „der Herr des Weinbergs ... handelt ... schlechthin wie ein Verrückter."[46]

Den zuletzt geschickten Boten, den Sohn des Besitzers, hat wahrscheinlich erst Mk mit dem Attribut „geliebt" bedacht und damit eine christologische Akzentsetzung vorgenommen. Auf dem Hintergrund von Mk 1,11 und 9,7 wird verständlich, wer nach Auffassung des zweiten Evangelisten gemeint ist: nicht irgendein Sohn irgendeines Besitzers, sondern der Gottessohn, wie es später der Hauptmann unter dem Kreuz direkt und öffentlich aussprechen wird (Mk 15,39). Überraschenderweise läßt Mt diese Verdeutlichung fort und spricht – wie Th – einfach vom „Sohn"; folgt er hier einer Nebenüberlieferung? Lk dagegen übernimmt die Akzentuierung aus Mk (Lk 20,13) und führt darüberhinaus bereits hier die auf Gott zielende Bezeichnung „Herr des Weinbergs" für die Besitzerfigur ein (bei Mk erst V 9a). Diese auffallend starke Allegorisierung ist aber gerade kein Argument gegen die Existenz einer älteren Gleichnisform bei Lk, sondern beweist umgekehrt, daß die ursprünglich anmutenden Züge der Lk-Erzählung nicht auf bewußter Entallegorisierung durch den Evangelisten beruhen. Lk selbst deutet offensichtlich wie Mk allegorisch. Daß sich aber auch hier wieder Nebenquelleneinfluß bemerkbar macht, zeigt das Lk und Th gemeinsame „vielleicht" („vielleicht werden sie sich vor diesem scheuen" [Lk 20,13] bzw. Th: „vielleicht werden sie sich scheuen vor ihm, meinem Sohn.") Überhaupt weist das bei Lk angeführte Selbstgespräch des Besitzers auf eine besondere Tradition. Während Mk nämlich Überlegung und Entschluß des Weinbergbesitzers als Bericht formuliert (V 6: „Noch einen hatte er, einen geliebten Sohn; den sandte er zuletzt zu ihnen") und erst die Motivierung dieser Entscheidung in direkter Rede anfügt („indem er sagte: ‚Sie werden sich vor meinem Sohn scheuen'."), ist bei Lk alles als Selbstgespräch wiedergegeben (Lk 20,13: „Da sprach der Herr des Weinbergs: ‚Was soll ich tun? Ich will meinen geliebten Sohn senden; vielleicht werden sie sich vor diesem scheuen'.") Bei der Vorliebe des Lk für die indirekte Rede ist es unwahrscheinlich, daß dieser selbst die Änderung vorgenommen hat, vielmehr handelt es sich bei dem Selbstgespräch um ein für die Gleichnisse des Lukas-Sondergutes typisches Stilmittel.[47]

Die Hoffnung des Besitzers auf Respekt geht nicht in Erfüllung: Mk 12,7.8 erzählt vom Tötungs-Entschluß der Winzer und von der Durchführung desselben. Wiederum weisen hier zwei minor agreements die Existenz einer Nebenquelle auf: wenn Lk und Mt nur Mk gekannt hätten, wären folgende Übereinstimmungen zwischen ihnen kaum zu erklären: Beide – Mt wie Lk – fügen das sachlich belanglose (und damit kaum redaktionell motivierte) Motiv des Sehens hinzu[48] (Lk 20,14: „Als ihn jedoch die Weingärtner sahen, überlegten sie miteinander und sagten ...", vgl. Mt 21,38: „Als jedoch die Weingärtner den Sohn sahen, sagten sie untereinander ..." gegen Mk 12,7: „Jene Weingärtner aber sagten zueinander ..."). Außerdem nehmen beide eine auffällige Umstellung gegenüber Mk vor: Während bei Mk der Sohn erst getötet, dann aus dem Weinberg hinausgestoßen wird, stellt sich der Vorgang in Lk 20,15/Mt 21,39 in umgekehrter Reihenfolge dar – der Sohn wird erst hinausgeworfen, dann getötet. Die bei Mt und Lk hier nachweisbare Überlieferungsvariante nimmt Bezug auf die Hinrichtung Jesu außerhalb der Stadt (vgl. Joh 19,17.20; Hebr 13, 12).[49] Eine solche Allegorisierung findet sich bei Th noch nicht (ein weiterer Hinweis dafür, daß die hinter Lk (bzw. Mt) aufweisbare Tradition der des Th nur ähnelt, nicht vollständig entspricht. Th schreibt schlicht: „Jene Bauern, da sie wußten, daß er der Erbe des Weinbergs sei, ergriffen sie ihn, erschlugen ihn." Damit bricht die Erzählung bei Th ab; es folgt lediglich der mit Sicherheit sekundär angefügte gnostische Weckruf „Wer Ohren hat, möge hören" (vgl. u.a. Th 21).

### 3. Das Strafgericht des Kyrios

Zwischen Mk 12,8 und 12,9 liegt eine gewisse Zäsur; die im Präteritum gehaltene Erzählung schließt in V 8; V 9 gibt dann den Standpunkt des Erzählers. Mit der Frage „Was wird der Herr des Weinbergs tun?" ändert sich die Perspektive; von dem bereits Geschehenen wendet sich der Blick auf das, was sich erst ereignen wird. Außerdem ist deutlich, daß diese Frage wiederum auf das Weinberglied Jesajas anspielt, das sich ja bereits in V 1 als sekundäre Interpolation ausgewiesen hatte: „Nun, so will ich euch kundtun, was ich meinem Weinberg tun will" (Jes 5,5).[50] V 9b („Er wird kommen und die Weingärtner umbringen und den Weinberg andern geben") bildet die sachliche Parallele zum Urteilsspruch Jes 5,5f und hebt sich überdies durch die eschatologische Assoziationen weckende Begrifflichkeit[51] vom irdisch konkreten Erzählgeschehen der Geschichte ab. Auch aus inhaltlichen Gründen mutet die plötzliche Strafexpedition des Herrn merkwürdig an; wenn ihm solche Gewalt zur Verfügung steht, wirken seine wiederholten vorsichtigen Versuche um das Eintreiben der Frucht rückblickend geradezu lächerlich.[52] Als wirklichkeitsnah für das damalige Palästina hat gerade der umgekehrte Fall zu gelten; ein ortsfremder Besitzer konnte durchaus Schwierigkeiten haben, sich gegenüber seinen aufbegehrenden Pächtern wirksam zur Wehr zu setzen. V 9 ist daher stark von der (sekundären) Deutung her gedacht, die in dem Besitzer Gott sieht, der das frevelhafte Treiben seines Volkes ahndet. Das ausschlaggebende Argument für den Abschluß des ursprünglichen Gleichnisses in V 8 liefern aber die Lk- und Th-Fassung: Th, der überhaupt nichts von einem Gericht weiß, und Lk, der sich bei Frage und Urteilsspruch des Herrn fast wörtlich an Mk anschließt, was doch so viel heißt wie: die von ihm verarbeitete Nebenüberlieferung hat – wie Th – diesen drohenden Parabelschluß noch nicht gekannt.[53] Erst die bei Mk ausweisbare Tradition weiß von der Vernichtung der Ungehorsam-Ungläubigen und zeigt damit Züge einer antijudaistischen Überformung und Verzerrung des ursprünglichen Gleichnistextes.

Mt hat diesen polemischen Zug noch stärker herausgearbeitet. Dem aus Mk übernommenen Urteilsspruch fügt er ein deutendes Wort hinzu, welches unmißverständlich über Israel das Gericht ausspricht: „Das Reich Gottes (= die Gottesherrschaft) wird von euch genommen werden und einem Volk gegeben werden, das dessen Früchte trägt" (Mt 21,43). An der Härte dieser Aussage kann auch die Mahnung zum „Früchtetragen" (vgl. auch V 41) nichts ändern, die dem „anderen Volk", den Christen, gilt; auch sie dürfen sich im typisch mt Sinne keiner Heilsgewißheit rühmen, sondern müssen sich erst würdig erweisen. Israel aber, so Mt, hat dem Bußruf angesichts der Gottesherrschaft (vgl. Mt 3,2; 4,17)[54] bereits nicht entsprochen und ist damit aller endzeitlichen Heilshoffnung beraubt. Mt bietet damit die deutlichste und radikalste Fassung im Sinne einer antijudaistischen Überarbeitung.

### 4. Das Steinwort

In Mk 12,10.11 („Der Stein, den die Bauleute verworfen haben, der ist zum Eckstein geworden; durch den Herrn ist dieser es geworden, und er ist wunderbar in unsern Augen") liegt ein zweiter, mit Sicherheit sekundär angefügter Parabelschluß vor.[55] Es handelt sich um zwei wörtlich nach der Septuaginta zitierte Psalmverse (Ps 117,22.23 bzw. 118,22.23), welche den Auferstehungsgedanken nachtragen: Der Messias ist von den Menschen verworfen, aber durch Gottes wunderbares Werk zum „Eckstein" der Kirche erhöht worden. Die urkirchliche Tradition, die die Tötung des Sohnes allegorisch mit der Kreuzigung Jesu gleichsetzte, konnte das Gleichnis nicht ohne diesen siegreichen Gedanken enden lassen. Nicht nur der Wechsel der Metaphorik (V 1–9:

Weinberg, V 10 f: Bau) und der Umstand, daß ein solcher Gedanke von der Erhöhung keineswegs vorbereitet wird, sprechen im übrigen für eine nachträglich vorgenommene Verknüpfung. In erster Linie ist hier anzuführen, daß christologisch gedeutete Steinworte zum festen Gut der urchristlichen Schriftbeweisführung gehörten.[56] Die Verwendung von beispielsweise Ps 117,22 (118,22) findet sich außerdem noch in Apg 4,11; 1. Petr 2,7 und Barn 6,4, was deutlich macht, daß es sich bei diesen AT-Zitaten um Einzellogien handelt, die bei Bedarf in das Überlieferungsgut eingefügt wurden. Überdies kennt Th die Verbindung von Gleichnis und Zitat offensichtlich noch nicht; beide stehen als Logion 65 und 66 isoliert nebeneinander. Th repräsentiert damit ein vorsynoptisches Stadium, aus dem die synoptischen Fassungen leicht entstanden sein können.[57] Im übrigen stellt die Tatsache, daß das Steinwort offensichtlich sekundär angehängt wurde, ein wichtiges Argument für die Authentizität der Kurzfassung des Gleichnisses dar: bei nachösterlicher Entstehung wäre der Auferstehungsgedanke nicht angefügt, sondern in die Geschichte selbst hineingebracht worden.

Als *Ergebnis* unserer exegetischen Analyse kann jetzt festgestellt werden: Das Winzergleichnis ist im Laufe seiner Überlieferung bearbeitet und einschneidend verändert worden, seine Aussage hat sich dabei polemisch verschoben. Weder die genaue Beschreibung der Anlage des Weinbergs (Mk 12,1b) noch die Bemerkung über eine Vielzahl getöteter Boten (V 5b) gehören zum ursprünglichen Bestand der Geschichte; auch weiß die Urform nichts von einem über die Winzer ergehenden Gericht (V 9) oder von einem in Stein-Metaphorik gekleideten Hinweis auf die Auferstehung (V 10 f). Das sogen. Gleichnis von den bösen Winzern handelt ursprünglich von einem Mann, der seinen Weinberg verpachtet, dem es aber nicht gelingt, die Pacht einzutreiben; seine Pächter schicken unter Schlägen die damit beauftragten Boten zurück und töten zuletzt sogar den Erben. Die Thomasfassung kommt in ihrer jetzigen Gestalt dem rekonstruierten Wortlaut am nächsten; so oder ähnlich muß das Original ausgesehen haben:

„Ein (gütiger) Mann besaß einen Weinberg. Er gab ihn Bauern, damit sie ihn bearbeiteten und er seine Frucht bekomme von ihnen. Er sandte seinen Knecht, damit die Bauern ihm die Frucht des Weinbergs gäben. Sie ergriffen seinen Knecht, sie schlugen ihn; beinahe hätten sie ihn getötet. Der Knecht kam; er sagte es seinem Herrn. Sein Herr sagte: „Vielleicht haben sie ihn nicht erkannt?" Er sandte einen anderen Knecht. Die Bauern schlugen auch den anderen. Da sandte der Herr seinen Sohn; er sagte: „Vielleicht werden sie sich scheuen vor ihm, meinem Sohn!" Jene Bauern, da sie wußten, daß er der Erbe des Weinbergs war, ergriffen (sie) ihn und erschlugen ihn." (Th 65)

Alle unrealistischen Züge, wie etwa die Tötung vieler Knechte vor der Sendung des Sohnes, erwiesen sich als nachträgliche Erweiterungen; das übrige Geschehen ist im damaligen Palästina durchaus vorstellbar (vgl. oben). Wenn Plastizität, lebendiger Realismus, voraussetzungslose „Weltlichkeit" die Gleichnisse Jesu auszeichnet[58], so gibt es zumindest von diesem Kriterium her keinen Grund, Jesus die Geschichte abzusprechen und ihre Entstehung in der Urgemeinde zu vermuten.

Für Echtheit spricht auch, daß sich die wichtigsten Formgesetze volkstümlicher Erzählweise, denen die Rede in Gleichnissen ja unterliegt, aufzeigen lassen. Die ursprüngliche Fassung von Mk 12,1 ff ist eine stilechte Parabel. Im Präteritum wird ein interessanter Einzelfall erzählt; auch mit der Tötung des Sohnes wird entschieden kein unvorstellbares, aber doch immerhin ein Geschehen geschildert, das eher einmaligen als typischen Charakter hat.[59] Die Wirklichkeit wird nicht nur abgebildet, sondern dramatisiert, so daß es zu einer „Wechselwirkung von Fiktion und Faktum" kommt, zur „faction", wie der Engländer sagen würde.

Zu den einzelnen Formgesetzen:[60] Es begegnet sowohl die regel-de-tri, indem von drei Personen bzw. Personengruppen die Rede ist (Winzer, Boten, Herr), als auch das Prinzip der sich steigernden Wiederholung: die ersten Boten werden mißhandelt und zurückgeschickt, der letzte dann getötet. Die szenische Zweiheit ist durchgehalten; d.h. die drei Personengruppen treten niemals gleichzeitig, sondern immer nur in Zweierkonstellationen auf. Dabei ist trotz der ständig wechselnden Perspektive die Erzählung gradlinig angelegt, insofern sich die einzelnen Szenen nicht überschneiden, sondern sich entsprechend ihrer zeitlichen Aufeinanderfolge ablösen.

Das typisch volkstümliche Mittel der *direkten Rede* bzw. des *Selbstgesprächs* kommt auch zur Geltung. Trotz dieser Verlebendigung waltet „die weise *Ökonomie* der volkstümlichen Erzählweise"[61], die Nebensächliches nur knapp anreißt: Die einzelnen Knechte bleiben schemenhaft. Auch das Fehlen eines Hinweises auf die politisch-soziale Motivation der Winzer findet so seine Erklärung.[62] Zum einen soll der Blick nicht abschweifen auf das, was nicht Zielpunkt, sondern nur Voraussetzung des Erzählten ist, zum anderen erhält der Hörer die Möglichkeit, seine Phantasie zu betätigen und seine Erfahrungen in die Geschichte einzutragen.

Die Rekonstruktion des ursprünglichen Wortlauts befreit das Gleichnis auch von seinen antijudaistischen Zügen, am deutlichsten erkennbar daran, daß sich die Gerichtsaussage Mk 12,9 über Israel als sekundäre Ergänzung herausgestellt hat. Ein Grund mehr, Bedenken gegen die Authentizität der Geschichte fallen zu lassen: dieses Gleichnis ist nicht in der hellenistischen Gemeinde entstanden, sondern: die hellenistische Gemeinde hat es in der Jesus-Überlieferung vorgefunden und israel-polemisch ausgestaltet, antijudaistisch umgeprägt.

Wie ist die rekonstruierte Kurzfassung zu deuten? Die Forschung tut sich damit schwer – angesichts des außerordentlich harten Bildes, das Jesus hier wählt, kein Wunder! Das Gleichnis vom ungerechten Haushalter wirkt beinah harmlos im Vergleich zu dieser Mordgeschichte! Nun fällt auf, daß die Ruchlosigkeit der Bauern im Laufe der Tradition immer stärker betont wird. Nach der markinischen Fassung wird der Sohn getötet, dann vor den Weinberg geworfen; damit begehen die Pächter auch noch Leichenfrevel: „Das ist das non plus ultra von Schändung einer Respektsperson, daß man ihn totschlägt und selbst seinem Leichnam noch die einfachsten Ehren versagt, ihn draußen den Geiern zuwirft..."[63]

Bei Th fehlt dieser Zug noch. Er spricht nur von der Tötung des Sohnes als solcher und unterstreicht die Schlechtigkeit der Winzer nicht durch ein weiteres Motiv – ein möglicher Fingerzeig dafür, daß in der ursprünglichen Gleichnisversion das Interesse nicht primär an dem Frevelhaften der Tat haftete. Und in der Tat: eine konsequente und in sich schlüssige Deutung des rekonstruierten Wortlauts der Winzerparabel ergibt sich nur, wenn sie analog Lk 16,1 ff verstanden wird: Die Pächter, deren Verhalten ansonsten ebensowenig wie das des ungerechten Haushalters beschönigt oder entschuldigt wird, sind in einem Punkte vorbildlich – sie erfassen die Bedeutsamkeit der Situation, sie sehen ihre Chance und reagieren entschlossen: sie bringen das Erbe an sich (Mk 12,7). D. h. Entschlossenheit ist es, zu der das Gleichnis aufruft, eine Entschlossenheit, die hier wie Lk 16 an einem moralisch höchst verwerflichen Verhalten illustriert wird. Haushalter wie Winzer verstehen es, ihr Geschick positiv zu beeinflussen und zum Guten zu wenden; sie gewinnen ihre Zukunft. Dabei zielt die Sachaussage des Gleichnisses auf das Thema Gottesherrschaft. Es gilt, die Gegenwart zu erkennen als eine Zeit, die durch das herannahende Reich Gottes bestimmt ist; jetzt muß und soll man sich entschlossen darauf einstellen, „bedenkenlos entschlossen" – wie die Pächter im Gleichnis. Mk 12 erweist sich damit, ähnlich wie Lk 16, als eine am gewagten Bild gewonnene zudringliche Variation des Umkehrrufs Jesu: „Die Zeit ist erfüllt, und das Reich Gottes ist genaht; tut Buße (= kehrt um) und glaubt an das Evangelium!" (Mk 1,15)[64]

*Nachbemerkung zu Mk 12: Von Jesu Gleichnis zur urchristlichen Allegorie, oder: Wie aus „entschlossenen Pächtern" „böse Winzer" wurden...*

Schon früh ist das Gleichnis Jesu nicht mehr in seinem ursprünglichen Sinn verstanden worden. Das ist auf Grund seiner Anstößigkeit auch nicht verwunderlich. Die Entschlossenheit der mörderischen Pächter wurde als Vorbild nicht „angenommen", sondern Mk 12 wurde in theologisch höchst bedenklicher Weise umgeprägt. Die Motive der Geschichte boten sich für eine Deutung an, die aus religiös motiviertem polemisch-antijüdischem Denken stammt. Wie konnte es zu so harten Aussagen kommen? Bloßer bösartiger Diffamierungswille ist hier schwerlich am Werk. Vielmehr, die Polemik des Urchristentums hat ihren aktuellen und geschichtlichen Hintergrund in der sich ständig zuspitzenden Auseinandersetzung mit dem Judentum, das die

Lehren der jungen Christenheit abweist und sich ihrer Ausbreitung widersetzt (vgl. Mt 23,34; 2. Kor 11,23 ff; Gal 1,13; Phil 3,6 u. ö.). D. h.: die antijudaistische Polemik des Urchristentums ist historisch verständlich, sie ist deswegen aber nicht zu entschuldigen oder gar theologisch zu rechtfertigen.[65] Nach urchristlich-synoptischem Verständnis erhebt das Gleichnis von den bösen Winzern – das ist die angemessene Überschrift im Sinne der Evangelisten – Anklage gegen das Judentum, eine Anklage, die bereits Ähnlichkeiten aufweist mit dem, was Melito von Sardes ein gutes Jahrhundert später explizit formulieren wird:

> „Hört es, alle Geschlechter der Völker, und seht es: ein nie gewesener Mord geschah in Jerusalem, in der Stadt des Gesetzes, in der hebräischen Stadt, in der Stadt der Propheten, in der Stadt, die als gerecht angesehen wurde! ... Der, welcher die Erde aufgehängt hat, ist selbst aufgehängt worden; der, der die Himmel anheftete, ist angeheftet worden; der, der das All festgemacht hat, ist am Holz festgemacht worden! ... *Gott ist getötet*, der König Israels ist durch Israels Rechte beseitigt worden!"[66]

Freilich setzt eine solche Aussage schon ein gewisses Maß an christologischer Reflexion über die Göttlichkeit Jesu voraus, doch deutet gerade die „Sohn-Gottes"-Prädikation in Mk 12,6 (nach dem Verständnis der Evangelisten) schon eine ähnliche Linie an. Somit wird das Winzergleichnis zu einem der frühesten Texte, auf denen die verhängnisvolle Vorstellung vom „gottesmordenden Judenvolk" beruht. Auch andere neutestamentliche Stellen zeigen, daß man sehr früh begann, den Tod Jesu pauschal dem Judentum als solchem anzulasten, ja, daß man das Skandalon des Kreuzes mit der Halsstarrigkeit Israels begründete und deutete. Ein solches Verständnis des Geschicks Jesu ist weit entfernt von der vor allem bei Paulus entwickelten Sühnetodvorstellung; die Polemik deutet das Kreuz nicht als „Heilsereignis, sondern (als) Frevel der Juden."[67] Dabei bedient sie sich des folgenden Schemas: Israel hat von jeher die von Gott gesandten Propheten abgewiesen, ja sogar getötet. Ebenso ist es mit seinem Messias verfahren, doch mit dieser letzten Tat hat es bereits das göttliche Vernichtungsurteil über sich heraufbeschworen.

Außer bei der sekundären Überarbeitung von Mk 12,1 ff begegnet dieses Schema am Schluß der sog. Stephanusrede Apg 7,52; in dem sicher vorpaulinischen Traditionsstück 1. Thess 2,14–16, im Urteilsspruch der Sophia Lk 11,49 ffpar und im Drohwort über Jerusalem Lk 13,34 fpar.[68] Die Polemik und Drohung gegenüber Israel kennt dabei keine Grenzen; offenbar selbstverständlich wird von „den Juden" gesprochen, „die Gott nicht zu gefallen suchen und gegen alle Menschen feindselig sind" (1. Thess 2,15); zur Strafe wird Gott den Tempel und damit die heilige Stadt Jerusalem überhaupt preisgeben (Lk 13,35a); Israel hat das Blut der Propheten vergossen und deswegen wird diese Blutschuld nun von ihm eingefordert werden (Lk 11,50f).

Die Beschuldigung, das ganze Israel sei für den Tod Jesu verantwortlich, ist natürlich historisch völlig haltlos. Wir sahen oben, daß der Hintergrund der antijudaistischen Polemik die Auseinandersetzung zwischen Synagoge und Kirche ist. Wie aber ist die offenbar festgefügte Motivik (Verfolgung und Tötung der Propheten, Strafgericht Gottes) zu erklären? Wie kommt es, daß sich die genannten Stücke bis in die Wortwahl hinein ähneln?

Noch befremdlicher erscheint der Befund, wenn man Aussagen der rabbinischen Tradition mitberücksichtigt: „Welcher Prophet wäre ihnen erstanden, den sie nicht zu töten versucht hätten?", ist ein Satz der Haggada[69], der große Ähnlichkeit mit Apg 7,52 aufweist. Der Vorwurf begegnet offensichtlich auch innerhalb der jüdischen Tradition! Aber auch hier bleibt er erstaunlich, denn außer Uria ben Schemaja (vgl. Jer 26, 20ff) und Sacharja ben Jojada (vgl. 2. Chron 24,20ff) gibt es keinen alttestamentlichen Propheten, von dem die Schrift ein gewaltsames Ende berichten könnte. O. H. Steck hat sich in seiner Studie „Israel und das gewaltsame Geschick der Propheten" mit dieser eigenartigen Vorstellung befaßt und ist zu dem Ergebnis gekommen, daß es sich nicht um eine historische, sondern um „eine theologische Aussage im Gewande einer geschichtlichen"[70] handelt. Ihrem Ursprung nach gehört sie in die deuteronomistische Geschichtsdeutung: Die Katastrophen Israels 722 und 587 v. Chr. werden rückblickend als Gottesgericht gedeutet und mit dem Abfall des Volkes von Jahwe begründet. Dieser Gedanke von der versagten rechtzeitigen Umkehrbereitschaft Israels findet mit der Zeit einen gewissermaßen metaphorischen Ausdruck: Israel habe die von Gott gesandten prophetischen Umkehrprediger abgewiesen, d.h. die Aussage wird personifiziert. Die Rolle dieser Prediger rückt dabei immer stärker in den Vordergrund. So werden in 2. Kön 17,13 ff noch nicht die Propheten, sondern die Gebote und Satzungen, die Gott durch sie zu Gehör bringt, abgelehnt; 2. Chron 36,14 ff berichtet dann, daß die Propheten persönlich Spott erleiden, also selbst auf Widerstand treffen. In Neh 9,26 ist die Vorstellung schließlich soweit entwickelt, daß die Abweisung als Tötung der göttlichen Boten beschrieben wird. Die deuteronomistische Prophetenmord-Anklage wird zum festen Bestandteil theologischer Geschichtsdeutung und erhält ständige Aktualisierung: Auch spätere, über das jüdische Volk hereinbrechende Ereignisse, wie etwa die syrische Religionsverfolgung des zweiten vorchristlichen Jahrhunderts, können in diesem Sinne verstanden werden. Dabei bleibt das Interesse bald nicht mehr allein an dem ergangenen und andauernden Gericht sowie der Schuld Israels haften; der Blick weitet sich ins Zukünftig-Eschatologische und verlagert so den Schwerpunkt auf das definitive Endgericht. So kann jetzt auch andersherum von mangelnder Bußbereitschaft auf bevorstehendes Unheil geschlossen werden.

Die von O. H. Steck nachgewiesene theologische Geschichtsaussage zeichnet sich durch einen relativ festen Grundbestand in Wortfeld und Formulierung aus. So wird stets der generelle Plural "die Propheten" verwendet, oft vom „Senden" dieser Männer durch Gott gesprochen sowie seit Neh 9,26 stereotyp von ihrer „Tötung". Das Motiv der „Verfolgung" prägt sich auf Grund der Bedrängnis durch Antiochus IV. Epiphanes neu aus und wird nun seinerseits traditionell. Außerdem gehört natürlich die ausdrückliche Nennung des göttlichen Gerichtsurteils zur Struktur der Aussage.

Die oben angeführten neutestamentlichen Belege erweisen sich als eindeutig durch diese ursprünglich deuteronomistische Geschichtskonzeption geprägt. Sie sind lediglich erweitert worden: um den von Gott gesandten Jesus Christus, der ans Kreuz geschlagen wurde. Jetzt wird ersichtlich, warum Mk 12,1ff so leicht entsprechend umgedeutet werden konnte: das Gleichnis bietet sich mit seinen Formulierungen für eine derartige Bearbeitung geradezu an: vgl. „senden" Mk 12,2.4.5.6; „töten" Mk 12,8; „Knecht" Mk 12,2.4 als Metapher für „Prophet" (z. B. Jer 7,25). Im übrigen ergibt sich hier ein weiteres Argument für die Authentizität des Winzergleichnisses: Wäre es, wie Steck u.a. wollen, die Bildung eines von der Prophetengeschick-Aussage bestimmten Traditionskreises der nachösterlichen Gemeinde, so sollte man erwarten, daß es von Anfang an in generellem Plural[71] von mehreren Knechten gesprochen hätte. Das ist aber nicht der Fall. Erst im Zuge hier nicht gerade gelungener Bearbeitung wird das Motiv nachgetragen (Mk 12,5b), wobei zugleich das typische Stichwort „töten" mit auftaucht. Auch die sekundär angefügte Gerichtsankündigung Mk 12,9, die neben dem Motiv „Bestrafung des Unmoralischen" (vgl. Kap. IV) hier eine zweite sachliche Begründung erhält, fügt sich glatt in die deuteronomistische Prophetentradition ein. Daß ein ursprüngliches Gleichnis auf diese Weise überformt wird, ist überdies kein singulärer Vorgang; in der Mt-Fassung des Gleichnisses vom großen Mahl (Mt 22,1ff vgl. mit Lk 14,16ff) liegt ein analoger Fall vor. Was nun den in das Winzergleichnis eingetragenen Gerichtsgedanken angeht, so birgt er in den vormarkinischen Überlieferungsstufen noch keine historischen Implikationen, sondern er wird dem Aussagegefälle der Prophetengeschick-Aussage entsprechend erschlossen. Erst später, auf alle Fälle bei Mt, stellt man die Verbindung zu den Ereignissen des Jahres 70 n. Chr. her.[72] Polemisch ist beides: das dem Gegner angedrohte definitive Gericht ebenso wie der Hinweis auf die eingetretene Katastrophe.

Kurz: das Urchristentum bedient sich bei seiner Bearbeitung des Winzergleichnisses und nicht nur da einer Vorstellung, die ursprünglich innerjüdische Selbstkritik darstellte. Was ursprünglich in den eigenen Reihen Israels formuliert wurde von Männern, die sich den Handlungen und dem Geschick eben dieses Israel zugehörig fühlten, das wird jetzt von außen gegen Israel gewendet, und zwar

durch Menschen, die sich der vermeintlichen Abfallsge-
schichte dieses Volkes enthoben wähnen, weil sie den letzten Gottesboten nicht abgelehnt haben, sondern durch ihre
Verkündigung ständig neu bezeugen. Unheilvolles kündigt
sich hier an, vor allem, weil die für die Urkirche selbstverständliche Deutung der Propheten als Vorausverkündiger
des Messias Jesus den Eindruck entstehen läßt, als habe
Israel schon immer seit Beginn der prophetischen Botschaft indirekt auf die Tötung Jesu hingearbeitet. So jedenfalls formuliert ja schon Apg 7,52 ausdrücklich: „Sie
töteten, die vorausverkündeten vom Kommen des Gerechten."[73]
Am stärksten ist das Winzergleichnis bei Mt nach polemischen Gesichtspunkten redigiert. Dies wird nicht nur
durch die Eingriffe in den Wortlaut der überkommenen
Gleichnisfassung deutlich, es zeigt sich darüberhinaus
durch den Zusammenhang, in den Mt seine „Bösen Winzer" stellt. Mt bildet nämlich eigenständig „einen neuen
kleinen Zyklus von drei Parabeln, die sich gegenseitig erläutern" (Mt 21,28–22,14).[74] Das verbindende Stichwort dieser Trias ist die „Basileia", die Gottesherrschaft (Mt 21,31.43;
22,2), inhaltlich geht es hier in immer definitiver werden-
der Terminologie darum, daß eben diese Basileia denen
entzogen wird, die ursprünglich angesprochen (Mt 21,28ff),
in den Dienst genommen (Mt 21,33ff), geladen waren (Mt
22,1ff) – so jedenfalls das mt Verständnis dieser Gleichnisse. Dabei wird in den ersten beiden Worten das Gericht
noch als ein Zukünftiges angedroht[75], während es in 22,7
unter Anspielung auf den Jerusalemer Tempelbrand 70 n.
Chr. im Vergangenheitstempus geschildert ist, was rück-
wirkend die Ankündigung 21,31.(41).43 als bereits historisch wirksames Geschehen interpretiert, ohne daß freilich
die eschatologische Perspektive preisgegeben wäre.
Das Gleichnis vom ungerechten Verwalter (Lk 16,1ff)
wurde von der Urkirche in der Paränese benutzt und entsprechend im Laufe seiner urkirchlichen Überlieferung
paränetisierend bearbeitet (vgl. oben); an Mk 12,1ff ist ein
anderes vielfach belegtes Umformungsgesetz wirksam geworden, die sogen. Allegorisierung.[76] Dieses Gleichnis ist
sekundär ausgestaltet und damit für eine Zug-um-Zug-

41

Übertragung aufbereitet worden; Einzelzüge des Bildes/ der Geschichte werden mit Einzelzügen der Sachaussage parallelisiert, so daß ein Netz von Querverbindungen entsteht (die Pächter stehen für das Volk Israel, die Boten für die Propheten, der Besitzer für Gott, der Sohn für Jesus ...).

Ziel solcher Allegorisierung ist nicht selten die Deutung der (Heils-) Geschichte: auch das Gleichnis Jesu von den entschlossenen Pächtern hat urchristlicher Theologie als Material für eine heilsgeschichtliche Allegorie gedient, für die Allegorie von den bösen Winzern – mit gefährlich antijudaistischer Tendenz!

### 3. Der listige Finder/
### Das Gleichnis vom Schatz im fremden Acker (Mt 13,44)

(44) Das Reich der Himmel ist gleich einem im Acker verborgenen Schatz, den ein Mensch fand und (wieder) verbarg. Und in seiner Freude geht er hin und verkauft alles, was er hat, und kauft jenen Acker.

Im Vergleich zu den beiden bisher besprochenen Texten erscheint diese kleine Parabel auf den ersten Blick als unproblematisch, ja harmlos. Ist sie überhaupt anstößig? Der Mann, von dem hier erzählt wird, ist doch wohl „aus anderem Holz geschnitzt" als der wirtschaftskriminelle Haushalter, dessen Klugheit uns Vorbild sein soll, oder die rebellischen Pächter, die vor einem Mord nicht zurückschrecken und darin eine nachahmenswerte Entschlossenheit beweisen? Bevor diese Frage eine Antwort findet, wollen zwei exegetische Vorbemerkungen den Zugang zu Jesu Gleichnis vom Schatzfinder erleichtern.

a) Die eigenartige Einleitungsformel des Schatzgleichnisses will kurz erklärt sein: Es handelt sich dabei um einen sog. Dativanfang, d.h. das Verglichene – hier der Schatz – ist im Griechischen und entsprechend im Hebräischen/Aramäischen ein Dativ; damit soll aber nicht ausgedrückt werden, daß Gottesherrschaft (Mt sagt: „Reich der Himmel") und Schatz einander entsprechen, sondern die Wendung des Dativanfangs ist eine Breviloquenz und bedeutet soviel wie: „Mit der Gottesherrschaft verhält es sich wie mit der folgenden Geschichte von einem Schatz ...". D.h. der Vergleich bezieht sich auf das dargestellte Geschehen in seiner Gesamtheit, nicht auf ein einzelnes Detail.[77] Das bei Mt folgende Gleichnis von der Perle, ebenfalls mit Dativanfang, kann den Sachverhalt weiter veranschaulichen: hier wird das Himmelreich nicht – wie man in Analogie zum Schatz erwarten sollte – der Perle, sondern dem Perlenkaufmann verglichen: „Das Reich der Himmel ist gleich einem Kaufmann, der wertvolle Perlen suchte ...", was wieder meint: „Mit der Gottesherrschaft verhält es sich wie mit der folgenden Geschichte von einem Kaufmann ...". Oder, wenn wir den Dativanfang auflösen und die Geschichte mit Nominativanfang beginnen lassen: „Höre die folgende Geschichte – sie sagt dir etwas über die Gottesherrschaft!"/„So geht es zu bei der Königsherrschaft Gottes":[78]

Ein Mann fand einen in einem Acker verborgenen Schatz und verbarg ihn wieder (und sagte niemandem etwas davon).[79] Und in seiner Freude geht er hin und verkauft alles, was er hat, und kauft jenen Acker.

Oder in freier Paraphrase:

Es war einmal ein Mann, der arbeitete als Lohnarbeiter[80] auf dem Felde; da stieß er auf einen im Acker verborgenen Schatz – den verbarg er schnell wieder und niemand erfuhr davon. Und in seiner Freude geht er hin und verkauft alles, was er hat, und kauft jenen Acker.

b) Das Gleichnis vom Schatz gehört zum sog. Sondergut des Matthäus-Evangeliums; nur Mt hat es überliefert;[81] es begegnet zusammen mit dem ähnlich ausgerichteten Gleichnis von der Perle Mt 13,45 f – ebenfalls Mt-Sondergut – als Doppelgleichnis; solche Verbindung zu einem Gleichnispaar, die wir in den Evangelien wiederholt beobachten können, ist hier, wie auch sonst oft, mit Sicherheit sekundär, Arbeit der die Tradition sammelnden Gemeinde[82]; dafür spricht in unserem Falle der Tempuswechsel von Mt 13,44 zu 13,45 f und vor allem die Tatsache, daß das Th-Ev beide Gleichnisse, nicht aber ihre Verbindung kennt – vgl. Th Logion 109 und 76.[83] Beide Texte gehören also „eng zusammen, werden aber bei verschiedener Gelegenheit gesprochen worden sein"[84]; sie sind ungleiche „Geschwister" – wie Felix Krull und Thomas Buddenbrook, der Schatzfinder pfiffig, schlau und am Rande der Legalität, der Kaufmann bürgerlich-korrekt und konventionell. Und vielleicht verdankt das – unmoralische – Gleichnis vom Schatz seinen Platz im Evangelium überhaupt nur der Tatsache, daß es zuvor zum Paargenossen der – moralischen – Geschichte vom Kaufmann geworden war.[85]

Mit dem zuletzt Gesagten sind wir wieder bei der oben formulierten Frage – und die Antwort kann nur lauten: Nein, auch der Schatzfinder ist ein unmoralischer Held. Er bringt seinen Fund listig, um nicht zu sagen: arglistig an sich; der Besitzer bleibt über den wahren Wert seines Akkers im Unklaren; er muß sich nach vollzogenem Verkauf als getäuscht, ja, dupiert vorkommen, – selbst wenn es bei der Transaktion formalrechtlich korrekt zugegangen sein sollte.[86] Das „Verfahren" des Finders, sagt z.B. Joh. Weiß richtig, „ist nicht einwandfrei"; er hätte doch wohl „dem Besitzer des Ackers Mitteilung machen müssen? Wir beobachten hier, wie auch sonst in den Gleichnissen Jesu ..., daß die als Vorbilder hingestellten Personen durchaus nicht fehlerlos sind."[87] Und J. Schniewind kommentiert: „... noch Einer, der unrecht handelt, kann euch lehren, wie es um die Gottesherrschaft bestellt ist."[88] Schließlich: J. D. Crossans großangelegte Untersuchung zum Schatzgleichnis macht durch den Vergleich mit einer Fülle von Parallelen aus aller Welt und durch eine genaue Motivanalyse das besondere Profil der Parabel Jesu als einer bewußt gestalteten Geschichte mit unmoralischem Helden deutlich.[89] Zugegeben, die Unmoral wird in dem kurzen Text erzählerisch nicht so entfaltet wie in Lk 16 und Mk 12, aber sie ist ganz offensichtlich kein beiläufiger Zug. Es wäre ja nicht schwer gewesen, die Weichen innerhalb der story an verschiedenen Stellen anders zu stellen, insbesondere das Motiv vom bedingungslosen Einsatz des Finders hätte sich auch moralisch „realisieren" lassen, wie Crossan mit zwei „Variationen" demonstriert: Mit der Gottesherrschaft verhält es sich wie mit der folgenden Geschichte von einem Schatz.

Es war einmal ein Mann, der wußte von einem Schatz in einem weit entfernten Land und in seiner Freude ging er hin und verkaufte alles, was er hatte, reiste in jenes Land und fand den Schatz.

Es war einmal ein Mann, der wußte von einem Schatz, der sehr tief in der Erde verborgen war, und in seiner Freude ging er hin, verkaufte alles, was er hatte, um sich Werkzeug zu erwerben, womit er den Schatz heben konnte – und gewann den Schatz.[90]

Die Anstößigkeit von Jesu Gleichnis mag man auch daran erkennen, daß es zunächst in der Alten Kirche nicht vollständig zitiert wird; Anspielungen bei Aristides, Tatian, Irenaeus und Clemens von Alexandrien ignorieren das „Verfahren" des Finders und lassen nicht sichtbar werden, wo der Schatz entdeckt und wie er gesichert wurde.[91] Endlich: man braucht nur einschlägige Rechtsbestimmungen (a) und einige andere Schatz-Finder-Geschichten (b) neben Mt 13,44 zu stellen, um deutlich zu sehen, daß der von Jesus erfundene Finder ein unmoralischer Held ist.

a) Die Aneignung von vergrabenen Schätzen ist nach Plato, Nomoi Buch XI 913a–b, strikt verboten: „Einen Schatz, . . ., welchen jemand, der nicht zu meinen Voreltern gehörte, als ein kostbares Besitztum für sich und die Seinigen vergrub, diesen zu finden, möge ich nimmer von den Göttern erflehen, noch, fand ich ihn, daran mich vergreifen, noch mit den sogenannten Hellsehern darüber mich besprechen, die mir wohl raten dürften, des der Erde Anvertrauten irgendwie mich zu bemächtigen. Denn bemächtigte ich mich desselben, würde mir das hinsichtlich des Geldgewinnes nicht von solchem Vorteil sein, als ich, täte ich es nicht, an Kraft der Seele in bezug auf Tugend und Gerechtigkeit zunehmen würde, indem ich statt des einen Besitztums ein anderes, besseres an besserer Stelle dadurch mir zueignete, daß ich das in der Seele einheimische Rechtsgefühl dem Reichtum in meinem Besitztum vorzöge; denn das für viele Fälle mit Fug ausgesprochene Verbot, an dem Unangreifbaren sich nicht zu vergreifen, dürfte auch dafür als etwas dahin Gehöriges gelten."[92]

Das Römische Recht gesteht dem Verkäufer eines Stück Landes, in dem ein Schatz gefunden wird, von dem er nicht wußte, zu, daß der Preis nachgebessert bzw. der Schatz zwischen Verkäufer und Käufer geteilt werden muß.[93]

Im jüdischen Recht wird die „Frage nach dem Eigentumsrecht an dem im Acker gefundenen Schatz" im Zusammenhang der „zivilrechtlichen Bestimmungen über den Verkauf von Liegenschaften" geregelt. Danach sind Mobilien beim Kauf von Immobilien nicht automatisch, sondern nur bei einer entsprechenden Vereinbarung („das Feld und alles, was darin ist") mit verkauft.[94]

b) Die jüdischen Schatzgeschichten sind durchweg didaktisch-erbaulich orientiert und von streng moralischem Zuschnitt. Hier mag es genügen, an Abba Judan zu erinnern, dessen Wohltätigkeit bei eigener Armut durch einen Schatzfund überschwenglich belohnt wird, – was ihn zu neuer Wohltätigkeit führt.[95]

Eindrucksvoll ist auch die Alexander-Episode, die neben der Kritik am habsüchtig-verbrecherischen Großkönig das scheue Rechtsempfinden angesichts eines unwissend miterworbenen Schatzes formuliert: Alexander besucht den König von Kaspia, um kennen zu lernen, „wie ihr verkauft und richtet. Während er so mit ihm verhandelte, kam ein Mensch, der mit einem andren eine Rechtssache hatte. Der letztere hatte nämlich von ihm ein Feldstück gekauft, und als er es umgrub, fand er darin einen Schatz von Denaren. Der Käufer nun sagte: Den Unrat (auf dem Felde) habe ich mitgekauft, aber den Schatz habe ich nicht gekauft. Der Verkäufer sagte: Den Unrat und alles, was sich darin befindet, habe ich verkauft. Während sie so miteinander verhandelten, sprach der König zu dem einen von ihnen: Hast du einen Sohn? Er antwortete: Ja! Darauf sprach er zu dem andren: Hast du eine Tochter? Er antwortete: Ja! Da sprach der König: So verheiratet sie miteinander und der Schatz gehöre ihnen beiden! – Alexander begann zu lachen. Der König sprach: Warum lachst du? Habe ich nicht schön entschieden? Wenn nun diese Rechtssache bei euch vorgelegen hätte, wie würdet ihr entschieden haben? Alexander antwortete: Man hätte diesen und jenen getötet, und der Schatz wäre dem König zugefallen.“[96]

Interessant ist auch die folgende Anekdote aus der Vita des Apollonius von Tyana: Apollonius hilft dem König als Ratgeber bei der Entscheidung des folgenden Rechtsstreits: „Es verkaufte nämlich jemand einen Acker, in welchem ein bis dahin unbekannter Schatz verborgen lag. Später fand sich in der Erde der Schatz von Geld, von dem nun der Verkäufer sagt, er komme ihm zu, denn er würde das Land nicht verkauft haben, wenn er gewußt hätte, daß er daran seinen Lebensunterhalt hätte haben können; der Käufer aber behauptet, alles erworben zu haben, was sich etwa sonst in seinem Grundstücke finde. Beider Behauptung ist richtig, ich würde aber töricht erscheinen, wollte ich entscheiden, daß beide sich in das Geld teilen sollen, denn so könnte auch ein altes Weib Recht sprechen.“[97]

Hier begehrt der – in Jesu Gleichnis stumm bleibende – Verkäufer auf; er fühlt sich übervorteilt, obwohl der Schatz im Unterschied zu Mt 13,44 bei der Transaktion des Feldes noch unentdeckt war. Der Rechtsstreit und das Problem finden eine „moralische" Lösung, denn es stellt sich mit Hilfe des Apollonius heraus, daß der Verkäufer gottlos, der Käufer aber ein gewissenhafter Diener der Götter war – und deshalb von diesen mit seinem Fund belohnt wurde: in dem juristisch als fragwürdig erkennbaren Fall entscheidet also göttliche Providenz, nicht menschliches Recht – das hätte sogar hier, obwohl auch der Käufer nichts vom Schatz im Acker wußte, den Verkäufer beteiligt und nicht leer ausgehen lassen. Näher noch bei Mt 13,44 liegt die zweite Schatzgeschichte aus der Vita Apollonii: Apollonius hilft dem frommen Vater von vier Töchtern durch den Ankauf eines „Ackers mit Schatz" zu der nötigen „vierfachen Mitgift"; der – hier wieder moralisch suspekte – Verkäufer wird dabei über den wahren Wert seines Stück Landes nicht aufgeklärt: Apollonius erweist sich also als listiger Finder eines Schatzes, den er – als Philosoph selber an materiellen Gütern natürlich nicht interessiert – selbstlos dem überläßt, der seine Hilfe erbeten hat – ein altruistischer Geschenk-Wunder-Täter!

Apollonius „begab sich nach der Vorstadt, als gedenke er dort Früchte einzukaufen. Hier besah er ein Grundstück, reich mit Ölbäumen bestanden, darunter eine Zahl schon stattlich herangewachsener Bäume, welche seinen vollen Beifall fanden. Gleichsam als wolle er etwas näher besichtigen, trat er in das zum Grundstück gehörige, mit Bienenstöcken besetzte Blumengärtchen, betete hier zur Pandora und ging nach der Stadt zurück. Hier begab er sich zum Besitzer des Grundstücks, einem durch schmähliche Angeberei des Vermögens der phönizischen Mitbürger reich gewordenen Manne" und kaufte diesem das von ihm vor Jahresfrist für 15 000 Drachmen erworbene Land zum Preise von 20 000 Drachmen ab, „so daß ihm also ein Gewinn von 5000 Drachmen bliebe." 20 000 Drachmen sind das gesamte Barvermögen des Vaters der vier Töchter – und dieser begreift den Sinn der von Apollonius für ihn vorgenommenen Transaktion nicht sogleich, „meinte vielmehr", das Besitztum „sei den Kaufpreis nicht wert, zumal er mit seinen 20 000 Drachmen ja frei schalten könne, während das Grundstück dem Frost, Hagel und allen Unfällen, die Frucht also dem Verderben ausgesetzt bliebe. Als er aber später in der Nähe der Bienenstöcke eine Urne mit 3000 Dareiken (= das 6fache des Wertes von 20 000 Drachmen) fand, die Ölbäume reichlicheren Ertrag brachten als sonst, im Lande ferner die Ernte schlecht geriet, da sang er Loblieder auf Apollonius und – der Freier fanden sich zur Genüge, die sich um seine Gunst bewarben."[98]

Streng moralisch geht es auch in R. Schimon b. Jochais Gleichnis vom Schatz im Acker zu, ein Gleichnis, das den Text Hoheslied 4,12 (... ein verschlossener Garten ... ein versiegelter Born) erschließen will:

„Es verhält sich damit wie mit einem Mann, der als Erbe einen Ort voller Unrat erbte. Der Erbe war faul und verkaufte ihn für eine lächerliche Kleinigkeit. Der Käufer grub ihn mit großem Eifer um und fand in ihm einen Schatz. Er baute davon einen großen Palast und zog durch den Basar mit einem Gefolge von Sklaven, die er von jenem Schatz gekauft hatte. Als der Verkäufer das sah, hätte er sich am liebsten erwürgt (vor Ärger)."[99]

Abschließend zitiere ich hier die Geschichte vom Kauf, den Simeon ben Schettach tätigte – ein Kontrasttext par excellence zu Jesu Gleichnis vom listig-entschlossenen Schatzfinder.

„Es geschah einmal, daß Rabbi Simeon ben Schettach von einem Araber einen Esel kaufte. Da kamen seine Jünger und fanden, daß ein Edelstein vom Halse des Esels hing.
Sie sprachen zu ihrem Lehrer: Meister, hier bewährt sich doch Sprüche Salomos 10,22: Der Segen des Herrn macht reich.
Er antwortete: Den Esel habe ich gekauft. Den Edelstein habe ich nicht gekauft.
Er ging dann und gab dem Araber den Edelstein zurück. Der Araber aber rief aus: Gelobt sei der Herr, der Gott von Simeon ben Schettach!"[100]

Der edle Simeon ben Schettach und Jesu Schatzfinder – das Gegenüber zeigt die besondere Eigenart von Mt 13,44 – eine Geschichte mit unmoralischem Protagonisten, entschlossen und clever, ein outlaw, der um des Schatzes willen einen Coup nicht scheut!
Wie ist Jesu Gleichnis vom Schatz im Acker/vom listigen Schatzfinder zu deuten? Ähnlich wie in Lk 16 und Mk 12 wird auch hier vom entschlossenen Zupacken gesprochen;

dem Hörer wird ein bewundernswerter „Einsatz auf der ganzen Linie" vor Augen geführt. Ältere Auslegungen haben dem Gleichnis vom Schatz im Acker häufig eine Aufforderung zu uneingeschränkter Opferbereitschaft entnommen: es rufe dazu auf, klug zu sein wie dieser Mann und für eine große Sache alles hinzugeben.[101] Doch eine solche Deutung verfehlt den Text; von Opfern kann hier gar keine Rede sein – schließlich löst sich der Schatzfinder deshalb von seinem ganzen Besitz, weil er weiß, daß er viel mehr bekommt, als er hingibt: „Wer von der Freude über solch einen Schatz bewegt ist, braucht sich nicht mehr zu entscheiden. Die Entscheidung ist schon gefallen. Der Fund hat sie dem Finder abgenommen. Was der Finder tut, ist kein Opfer, sondern selbstverständlich, sowenig selbstverständlich es war, daß er diesen Schatz fand."[102]

Der entschlossene Einsatz, von dem in Lk 16,1 ff und Mk 12,1 ff die Rede war und der auch in diesem Gleichnis sicher nicht fehlt, wird hier um das Motiv der Freude bereichert; „in seiner Freude geht er hin" sind die Schlüsselworte des Gleichnisses, insofern sie die Entschlossenheit des Mannes begründen und entscheidend qualifizieren. Neben dem „Daß" des Handelns erlangt hier das „Wie" bedeutsamen sprachlichen Ausdruck. Der Ruf zur Entscheidung für die Sache des Gottesreiches ist im Sinne Jesu ein Aufruf zur Freude, eine Einladung zum Fest (vgl. Kap. V). Das Bild lebt also von seinen Einzelzügen – die positive Konnotation, die in dem Motiv des Schatzfinders impliziert ist, darf bei der Übertragung auf die Sachhälfte keinesfalls vergessen werden, und doch ist auch dieses Gleichnis auf einen einzigen Vergleichspunkt hin angelegt. Schließlich ist am Verhalten des Mannes, der den Acker für den Normalpreis erwirbt, obwohl er von dem unermeßlichen verborgenen Wert weiß, nur hinsichtlich Klugheit und Entschlußfreudigkeit etwas zu lernen. So ist gewissermaßen ein Ausstrahlen des „tertium comparationis" zu beobachten, ohne daß deswegen eine punktuelle Identifizierung einzelner Bildbestandteile mit Elementen der Sachhälfte gegeben wäre.

## 4. Der Meisterdieb/Das Gleichnis vom erfolgreichen Dieb
### (Lk 12,39; Mt 24,43f; Th 21.103)

Lk 12: (39) Das aber merket: Wenn der Hausherr wüßte, zu welcher Stunde der Dieb kommt, würde er nicht in sein Haus einbrechen lassen. (40) Auch ihr sollt bereit sein; denn der Sohn des Menschen kommt zu einer Stunde, wo ihr es nicht meint.

Mt 24: (42) Darum wachet! Denn ihr wißt nicht, an welchem Tag euer Herr kommt. (43) Das aber merket: Wenn der Hausherr wüßte, in welcher Nachtwache der Dieb kommt, würde er wachen und ihn nicht in sein Haus einbrechen lassen. (44) Deshalb sollt auch ihr bereit sein! Denn der Sohn des Menschen kommt zu einer Stunde, wo ihr es nicht meint.

Th 21: Darum sage ich: Wenn der Hausherr weiß, daß er kommt, der Dieb, wird er wachen, bevor er kommt, und ihn nicht eindringen lassen in das Haus seines Reiches, damit er seine Sachen wegtrage. Ihr aber wachet vor der Welt.

Da es sich beim Gleichnis vom Dieb um ein kurzes Wort handelt, können die verschiedenen Fassungen hier einmal in vollem Wortlaut gegenübergestellt werden; die vierte Version Th 103, soll allerdings nicht berücksichtigt werden, da sie nur noch eine entfernte Reminiszenz an das Gleichnis vom Dieb enthält.[103] Die Forschung geht allgemein davon aus, daß bei Lk die ursprüngliche Fassung aufbewahrt worden ist.[104] Allerdings gehört die dem Bild angefügte Deutung auf die ungewisse Stunde des wiederkehrenden Menschensohnes, für die man allezeit bereit sein soll (Lk 12,40; vgl. Mt 24,44), auf keinen Fall zum ursprünglichen Bestand.[105] Dies geht nicht nur daraus hervor, daß „Menschensohn" ein Hoheitstitel erst der Urgemeinde für Jesus ist und Th 21 eine entsprechende Deutung nicht kennt, sondern vor allem daraus, daß das Menschensohnwort auch inhaltlich nur sehr bedingt zum Bild paßt. Dies tritt allerdings erst dann offen zutage, wenn man den „plusquamperfektischen Ton"[106] des Gleichnisses berücksichtigt; im Unterschied zur abgedruckten Übersetzung muß es genauer heißen: „Wenn der Hausherr gewußt hätte ..., hätte er nicht ..." Während das deutende Wort V 40 zum Bereitsein auffordert und eine solche Haltung als möglich voraussetzt, erzählt das Gleichnis von einem irrealen Fall: Es war für den Hausherrn natürlich unmöglich, die Stunde des Einbruchs zu wissen (Diebe pflegen sich nicht anzukündigen), also konnte er den Einbruch nicht verhindern.[107] Die Anwendung wurde – mehr oder weniger passend – nachträglich in urkirchlichen Kreisen angefügt, um die Gemeinde, insbesondere wohl ihre Führer, zu ermahnen, auch angesichts der Verzögerung der Wiederkunft Christi nicht zu erschlaffen.[108] Nach wie vor soll gelten, daß das Weltgericht unmittelbar bevorsteht und daß es jederzeit unversehens hereinbrechen kann – da heißt es, ständig auf dieses Ereignis vorbereitet zu sein. Hier macht sich wie in Lk 16,1ff die paränetische Umprägung der Gleichnistradition geltend; die Urgemeinde „arbeitet" mit den ihr überkommenen Texten, adaptiert sie für ihre Situation.

In der Mt-Fassung ist der Gedanke von der Wachsamkeit angesichts der Wiederkunft Christi durch die vorgeschaltete Mahnung „Darum wachet! Denn ihr wißt nicht, an welchem Tag euer Herr kommt" (V 42) und das in den Gleichnistext eingefügte „würde er wachen" (V 43) noch stärker herausgearbeitet.[109] Damit erweist sie sich gegenüber Lk als eindeutig sekundär. Auch Th 21 weist starke Bearbeitung auf. Der beigefügte Imperativ „Ihr aber wachet vor der Welt", zeigt deutlich, daß Th das Gleichnis im gnostischen Sinne verstanden wissen will: Der Dieb wird allegorisch mit der verderbten Materie gleichgesetzt, vor der sich der Gnostiker in acht nehmen muß; die gefährdete Habe ist das hohe Gut der „Gnosis", der Erkenntnis der Göttlichkeit des eigenen Selbst, welche nur der erlangt, der allem Materiellen abschwört, „vor der Welt wacht."[110] Die ursprüngliche Form des Gleichnisses vom Dieb ist also hinter Lk 12,39 zu suchen und lautete:

„Wenn der Hausherr gewußt hätte, zu welcher Stunde der Dieb kommt, hätte er ihn nicht in sein Haus einbrechen lassen",

aber, so könnte man fortfahren, er wußte es nicht, und deswegen war der Dieb so erfolgreich.

Das Gleichnis blickt also auf einen geglückten Einbruch zurück, nicht, wie die urgemeindliche Anwendung später will, auf eine bevorstehende Krise voraus; es ängstigt nicht, sondern es triumphiert. Die Perspektive ist die des Diebes, nicht die des Hausherrn. So verstanden, kann das Gleichnis eigentlich nur Bezug nehmen auf die bereits erfolgte Aufrichtung der Gottesherrschaft: Mit der Herrschaft Gottes verhält es sich wie mit einem Einbruch, der nicht zu verhindern war; ebensowenig wie der Hausherr Vorsorge treffen konnte gegen den Dieb, war irgendwer in der Lage, den Beginn des Reiches Gottes zu hindern, den Jesus u.a. in seiner Wundertätigkeit ausgedrückt sieht: „Wenn ich durch den Finger Gottes die Dämonen austreibe, so ist das Reich Gottes zu euch gekommen." (Lk 11,20)[111]

Auch hier wieder ein provozierender Vergleich, ein höchst anstößiges Bild: was hat die Gottesherrschaft mit einem Dieb gemein? Der Vergleichspunkt ist denn auch nicht auf den unmoralischen Aspekt auszuweiten; er bezieht sich allein auf die Unabänderlichkeit beider Geschehen.

Daß aber die Sache Gottes in einem so anstößigen Bild vorgestellt wird, macht deutlich, daß nur Jesus der Sprecher dieses Gleichnisses gewesen sein kann. Die Einschätzung von Diebstahl und Dieben ist ansonsten in Israel und seiner Umwelt kraß negativ. Der auf frischer Tat ertappte Dieb war gleichsam vogelfrei; wurde er getötet, so durfte keine Blutrache genommen werden. Jes 7,9 stellt Diebstahl neben Mord, Ehebruch und Meineid. Der Dieb hat so viel Abscheu auf sich gezogen, daß das ansonsten in seinen Anthropomorphismen ja nicht gerade zimperliche Alte Testament das Werk Jahwes nie mit dem eines Diebes vergleicht. Wo das Bild vom Dieb im Alten Testament begegnet, hat es negativen Klang: Jer 2,26; 48,27 vergleicht die Beschämung Israels angesichts der Erfolglosigkeit seines Götzendienstes mit der Beschämung eines ertappten Diebes; Joel 2,9 vergleicht die durch die Fenster eindringenden Heuschrecken mit Dieben. Das Neue Testament bestätigt das alttestamentliche Verbot des Diebstahls und teilt auch die Abscheu davor (Mk 10,19; Röm 13,9; 1. Kor 6,10; Eph 4,28; 1. Petr 4,15). Auffallend ist allerdings, daß an einigen Stellen das Bild auch in halbwegs positivem Sinn verwendet wird („halbwegs", weil ein stark drohender Ton mitschwingt): Nach 1. Thess 5,2.4; 2. Petr 3,10; Offb 3,3; 16,15 wird die Wiederkunft Christi ähnlich wie Lk 12,40 mit dem unerwarteten Kommen eines Diebes verglichen, bedrohlich für den Nicht-Bereiten, für den Gerüsteten dagegen das lang erhoffte Heils-Ereignis. Daß das Bild vom Dieb bei aller Abscheu vor Diebstahl auch auf eine solche Weise verwendet werden konnte, erklärt sich am einleuchtendsten damit, daß Jesus sich selbst nicht gescheut hat, ein Diebsgleichnis im anstößig-positiven Sinn zu prägen.

### 5. Das todsichere Attentat/
### Das Gleichnis vom Attentäter (Th 98)

Jesus sprach: Das Königreich des Vaters gleicht einem Mann, der einen Mächtigen töten wollte. Bei sich zu Hause zog er das Schwert aus der Scheide und durchbohrte die Wand, um zu erkennen, ob seine Hand stark genug sein werde. Dann tötete er den Mächtigen.

Dies Gleichnis ist nur im Th-Evangelium erhalten geblieben; das Neue Testament weiß nichts davon. Kein Wunder – hier wird das Reich Gottes, die Gottesherrschaft mit einem Mörder, einem Attentäter verglichen! Anders als bei der vom Bildmaterial ähnlichen Geschichte von den rebellischen Winzern ist der Vergleich mit der Königsherrschaft Gottes in der Einleitung ausdrücklich vollzogen. Das Fehlen einer dezidierten Festlegung dieser Art mag es begünstigt haben, daß die Winzergeschichte (wie auch die Verwalterparabel) umgeprägt und damit rezipierbar wurde. Wie in den anderen besprochenen Gleichnissen wird das Reich Gottes in Th 98 in einem außerordentlich harten Bild dargestellt, was auch hier auf Authentizität schließen läßt:

„Der Vergleich der Königsherrschaft Gottes mit dem Handeln eines Mörders – oder sagen wir besser, da offensichtlich an einen politischen Mord gedacht ist, eines Attentäters – mußte der überliefernden Gemeinde äußerst anstößig und in der Praxis schwer verwendbar sein. So ist ohne weiteres begreiflich, warum dieses Gleichnis in die synoptischen Evangelien keine Aufnahme gefunden hat; umgekehrt ist eine sekundäre Bildung dieses Gleichnisses durch die Gemeinde kaum vorstellbar. Die Kühnheit dieses Wortes ist eigentlich nur Jesus selbst zuzutrauen, der ja auch sonst nicht davor zurückschreckt, moralisch bedenkliche Gestalten zum Gegenstand eines Gleichnisses zu machen."[112]

Diese schwierige Geschichte ist verschiedentlich gedeutet worden; überzeugend ist der Lösungsvorschlag Hunzingers, der in Th 98 ein Zuversicht vermittelndes Wort Jesu sieht. Wie auf der einen Seite das Vorgehen des Attentäters mit Sicherheit auf die Tötung seines Gegners hinausläuft, so ist auf der anderen Seite mit Gewißheit die erfolgreiche, endgültige Durchsetzung der Gottesherrschaft zu erwarten. Der Duktus des Bildes macht deutlich, daß es keinen anderen Ausgang geben kann: Der Attentäter vergewissert sich zunächst seiner Stärke, und da sie groß genug ist, wird das Vorhaben in Angriff genommen – ein Scheitern ist ausgeschlossen. Das Gleichnis will also sagen:

„Selbst dieser Attentäter geht nicht ans Werk, ohne sich darüber Klarheit verschafft zu haben, ob seine Hand auch stark genug sein wird. Sollte Gott etwas in Gang gesetzt haben, was durchzuführen seine Hand nicht stark genug wäre? Undenkbar! Gott weiß, was er tut, und wird sein Vorhaben durchsetzen."[113]

Mit dem Wort versucht Jesus, seinen Hörern die Zweifel an dem bereits erfolgten „Einbruch" der Gottesherrschaft und ihrer bevorstehenden endgültigen Aufrichtung zu nehmen, ähnlich wie er im Gleichnis vom Senfkorn, das zur riesigen Staude heranwächst, für Hoffnung und Zuversicht plädieren will: das Ziel des göttlichen Handelns wird erreicht werden, mag der Anfang auch noch so unscheinbar wirken.[114]

Es wird deutlich, daß auch Th 98 nur von einem einzigen Vergleichspunkt her strukturiert ist: eine allegorische Gleichsetzung von Attentäter und Gott wäre deshalb natürlich verfehlt. Nur in einem Punkt will das Gleichnis parallelisieren: ebensowenig wie dieser Attentäter hat Gott sein Werk unbedacht in Gang gesetzt – sein Erfolg ist unbezweifelbar sicher!

Im übrigen zeigt sich: Das Gleichnis von den rebellischen Winzern steht innerhalb der Jesusverkündigung darin nicht allein, daß es den Bereich politischer Gewalt als Bildmaterial aufgreift. Neben dem politischen Attentat hat Jesus, wie Mk 3,27 belegt, auch den erfolgreichen Raubüberfall im Blick, wenn er sein Werk illustrieren will. „Es kann aber auch keiner in das Haus eines starken Mannes einbrechen und ihm den Hausrat rauben, wenn er den Mann nicht zuvor gefesselt hat; erst dann kann er sein Haus plündern." Hierher gehört auch der ebenso schwierige wie aufregende sog. Stürmerspruch: „Von den Tagen Johannes des Täufers an bis jetzt geschieht der Gottesherrschaft Gewalt, und Gewalttätige reißen sie an sich" (Mt 11,12; vgl. Lk 16,16). Der Zelotismus zur Zeit Jesu bot reichlich Anschauung und Anlaß zu solchen Bildern.

Kurz: Wie die rebellischen Winzer so ist auch der Attentäter ein unmoralischer Held. Die Hörer Jesu sollen ihn nicht nachahmen, aber sie können an seinem Vorgehen etwas lernen: er tut, was er tut, wohlüberlegt – und erreicht, was er sich vorgenommen hat. Ebenso geht es zu – beim Kommen der Herrschaft Gottes!

### 6. Der Richter – zur „Revision" bereit (Lk 18,1–8)

Lk 18: (1) Er sagte ihnen aber ein Gleichnis, um ihnen zu zeigen, daß sie allezeit beten und nicht müde werden sollten, (2) und sprach: Es war ein Richter in einer Stadt, der Gott nicht fürchtete und sich vor keinem Menschen scheute. (3) Und eine Witwe war in jener Stadt, die kam (immer wieder) zu ihm und sagte: „Schaffe mir Recht gegenüber meinem Gegner!" (4) Und er wollte eine Zeitlang nicht; doch nachher sagte er bei sich selbst: „Wenn ich auch Gott nicht fürchte und mich vor keinem Menschen scheue, (5) so will ich doch, weil mir diese Witwe Mühe macht, ihr Recht schaffen, damit sie nicht schließlich kommt und mich ins Gesicht schlägt." (6) Weiter sprach der Herr: Höret, was der ungerechte Richter sagt! (7) Gott aber sollte seinen Auserwählten, die Tag und Nacht zu ihm rufen, ihr Recht nicht schaffen, sondern zögern?[115] (8) Ich aber sage euch: Er wird ihnen ihr Recht schaffen in Bälde. Wird jedoch der Sohn des Menschen, wenn er kommt, auf der Erde noch Glauben finden?

Auch hier steht eine recht bedenkliche Gestalt im Mittelpunkt der Erzählung, nicht gerade vom Schlage der Weinbauern oder des Attentäters, aber doch anstößig genug: ein ungerechter Richter von haarsträubender Gewissenlosigkeit! Die verzweifelten Bitten der mittellosen Witwe um Rechtsbeistand lassen ihn zunächst kalt. Erst nach geraumer Zeit wird er aktiv – aber nicht, weil er dies angesichts des unbezweifelbaren Rechts der Witwe endlich als seine Aufgabe erkennt, sondern weil ihm die Frau mit ihrer Beharrlichkeit lästig wird. Das merkwürdig anmutende „damit sie nicht schließlich kommt und mich ins Gesicht schlägt" (V 5) ist wohl im übertragenen Sinn zu verstehen: „damit sie mich nicht durch ihre Quengelei total fertig macht."[116]

In der folgenden Anwendung V 6–8a wird eine ausdrückliche Parallele zwischen dem Verhalten dieses Richters und demjenigen Gottes gezogen: Jesus fordert seine Hörer auf, das Selbstgespräch des ungerechten Richters wirklich zu hören – und in einem Schluß vom Geringeren auf das Größere zu begreifen: wenn schon dieser verruchte Richter schließlich tut, was seines Amtes ist, und Recht schafft, wie viel mehr wird Gott vollenden, was er begonnen? Damit wird wieder ein durchaus zweifelhafter Charakter partiell in ein positives Licht gerückt, weswegen die Annahme einer sekundären Prägung des Gleichnisses durch die Urgemeinde wohl auszuschließen ist.[117] Das enthebt uns allerdings nicht der Frage nach seinem ursprünglichen Umfang und nach seiner ursprünglichen Bedeutung. Denn daß die vorliegende Gestalt der Überlieferung Lk 18, 1–8 nicht aus einem Guß ist, wird man schwerlich bestreiten: Weder die Einleitung, in welcher zu unablässigem Gebet aufgefordert wird (V 1) noch das als Frage formulierte Menschensohnwort am Schluß (V 8b) gehören zum ältesten Bestand.[118] Die beiden Verse drängen nämlich die Figur des Richters an die Peripherie; im Unterschied zu dem in V 2–5 beschriebenen Geschehen ist hier die bittende Witwe als zentraler Charakter gedacht und damit die Parabel als Aufforderung zum rechten, unablässigen Beten interpretiert (V 1), das Zeichen des wahren Glaubens ist (V 8b). Darin liegt eine Verschiebung: im Bild ist ohne Zweifel der Richter die Hauptperson. Während man von der Witwe nur erfährt, daß sie ihn wegen einer Rechtssache immer wieder bedrängt, wird er selbst und sein Verhalten plastisch vorgestellt: Er ist gottlos, pfeift darauf, was man ihm nachsagt (= scheut sich vor keinem Menschen)[119], geht seinen Aufgaben nicht nach, erfüllt seine Pflicht gegenüber den Armen nur, wenn man ihn durch Beharrlichkeit unter Druck setzt, während die Reichen ihn – so dürfen wir ergänzen – mit Bestechungsgeschenken für sich gewinnen. Auch in der Anwendung V 6–8a bleibt der Richter deutlich der Zentralcharakter. Die Aufmerksamkeit des Hörers wird also gerade nicht auf die Witwe, sondern auf den Richter gelenkt, – und das heißt: die Parabel will nicht, wie V 1 und V 8b sekundär nahelegen, zu gläubigem Gebet auffordern, sondern zeigen, daß selbst skrupellose Pflichtvergessenheit sich eines Besseren besinnen kann.

Freilich, die Authentizität der V 6–8 ist ebenso wie die der Rahmentexte (V 1 und 8b) umstritten, jedenfalls nicht mit gleicher Sicherheit angenommen wie für das eigentliche Gleichnis V 2–5.[120] Gegen die Echtheit sprechen vor allem drei Gesichtspunkte: a) Jesus hat schwerlich von „Auserwählten" gesprochen.[121] b) In dem ähnlich ausgerichteten Gleichnis vom bittenden Freund Lk 11,5–8 begegnet eine analoge Anwendung nicht.[122] c) Das betonte „Gott wird in Kürze handeln" in der Sachhälfte paßt nicht zu dem entsprechenden Zug der Bildhälfte; es steht in Spannung zu der erst sehr spät einsetzenden Aktivität des Richters. Hier spricht doch wohl spätnachösterliche Theologie und versucht eine Antwort auf die Ungeduld der Gemeinde angesichts der Verzögerung der erhofften Wiederkunft Christi.[123] Der V 6 ist von den unter a)–c) genannten Bedenken nicht betroffen; aber er stellt mit dem „Weiter sprach der Herr (= Jesus)" einen markanten literarischen Einschnitt dar. Die Parabel endet also offensichtlich mit V5 – und V6 verweist wie Lk 16, 8a in der Geschichte vom ungerechten Haushalter auf eine abschließende Bemerkung des Erzählers Jesus, der auf diese Weise gleichsam den Finger auf den entscheidenden Punkt legt und ein die Pointe unterstreichendes „Merke!" formuliert: „Höret, was der ungerechte Richter sagt!"[124] Als ursprüngliche Gestalt des Gleichnisses vom ungerechten Richter ergibt sich uns damit:

Es war ein Richter in einer Stadt, der Gott nicht fürchtete und sich vor keinem Menschen scheute. Und eine Witwe war in jener Stadt, die kam immer wieder zu ihm und sagte: „Schaffe mir Recht gegenüber meinem Gegner!" Und er wollte eine Zeitlang nicht; doch nachher sagte er bei sich selbst: „Wenn ich auch Gott nicht fürchte und mich vor keinem Menschen scheue, so will ich doch, weil mir diese Witwe lästig wird, ihr Recht schaffen, damit sie nicht schließlich kommt und mich ins Gesicht schlägt."

Weiter sprach der Herr (Jesus): „Höret, was der ungerechte Richter sagt!"

Wie ist dieser Text zu deuten? Das ist eine offene und umstrittene Frage – offen und umstritten, weil wir im Unterschied zu Jesu Hörern Anlaß und Situation des Textes nicht kennen, sondern erschließen müssen. Der „Erste historische Ort"[125] nicht nur dieses Wortes Jesu ist uns ja leider nicht bekannt. Wüßten wir, wann und wo, wem und wozu Jesus die Geschichte vom ungerechten Richter erzählt hat, so brauchten wir (wohl) nach ihrer Bedeutung und Absicht, auch nach ihrem Vergleichspunkt nicht zu fragen – die Situation hätte uns, sofern wir hören wollten, vor allem Fragen schon Antwort gegeben, – so wahr die Gleichnisse Jesu, ein Mittel der Kommunikation, an ihrem Ursprungsort Verständigung wollten und bewirkten!

Noch einmal also: Welche Deutung ist für Lk 18,2–5 und 6 zu erschließen? Bedenkt man das innere Gefälle der Parabel – der Richter ist der zentrale Charakter – und die darin waltende Regie des Erzählers (V 6!), so bieten sich m.M.n. zwei Möglichkeiten der Deutung: in beiden Fällen gilt es, vom ungerechten Richter angesichts des Kommens der Gottesherrschaft zu lernen, einmal im Blick auf Gott (a), zum anderen im Blick auf uns selbst (b).

a) Die Geschichte vom skrupellosen Richter zieht auf ihre Weise am gleichen Strang wie das Gleichnis vom Attentäter: hier wie da tritt Jesus dem Zweifel an Gottes endgültigem Handeln entgegen. Der Hörer soll eine Einsicht gewinnen und gleichsam zum Glauben „verführt" werden: Wenn schon dieser Menschenverächter schließlich doch dazu gebracht wird, seines Amtes zu walten, um wieviel mehr gilt das für Gott![126] An der Durchsetzung seines herrschaftlichen Willens, an der endgültigen Aufrichtung der Gottesherrschaft kann es keinen Zweifel geben. Gott wird mit Sicherheit eingreifen, – so sicher, wie in der erzählten Welt der Parabel der Richter, sogar der, von seinen skrupellosen Praktiken abrücken mußte. In diesem (einen!) Punkt werden Gott und Richter verglichen, wahrlich ein anstößiger Vergleich – und der Richter darin ein unmoralischer Held!

b) Sollen wir von dem skrupellosen Richter im Blick auf unser Verhalten lernen, so ist Lk 16,1–8a oder auch Mt 5,25f par als Paralleltext zu betrachten. Die Parabel Lk 18, 2ff ist ja, wie wir gesehen haben, „primär ... an der Selbstbesinnung und Entscheidung des Richters interessiert"[127], der nicht eigentlich kapituliert, sondern „angesichts einer kritischen Situation" umdenkt. Die Witwe wird ihm „lästig und sogar gefährlich", deshalb „geht er von seinen Maßstäben ab" und sagt sinngemäß zu sich selbst (V 4b.5): „Ich fühle mich zwar weder an göttliches noch menschliches Recht gebunden, aber ehe diese Frau mir ins Gesicht springt, will ich *meine* Grundsätze aufgeben und ihr zu ihrem Recht verhelfen." Er kommt zu dieser Einsicht, – „nicht aus einer Neigung zu Höherem, sondern weil er erkannt hat, daß ,seine' Prinzipien ihn in eine unfruchtbare Konfrontation hineinführen" – hier liegt die Pointe der Parabel. „Wer sie überhören sollte, wird durch V 6 ausdrücklich darauf hingewiesen: Achtet darauf, was der ungerechte Richter sagt! Und dieser Hinweis wird zur Frage an die Hörer ...: Wollt *ihr* angesichts der eschatologischen Krise eures Lebens bei euern Grundsätzen und Positionen bleiben?"[128] Also: Aufmerksame Wahrnehmung der sich zuspitzenden Situation und die Bereitschaft zur Revision bisher praktizierter Grundsätze – das kann man vom ungerechten Richter lernen: in diesem (einen!) Punkt ist er vorbildlich[129], ansonsten entschieden nicht – ein unmoralischer Held![130]

### 7. Der Prozeßgegner (Lk 12,57–59 par)

Die Reihe der anstößigen Gleichnisse Jesu haben wir in diesem Kapitel mit dem geradezu „klassischen" Text Lk 16,1–8a begonnen; am Schluß soll ein Hinweis auf das kleine Gleichnis vom Prozeßgegner (Lk 12,57–59 par Mt 5,25f) stehen, das dem vom Verwalter eng verwandt ist.

„Wenn du mit deinem Gegner vor Gericht gehst, bemühe dich noch auf dem Wege, dich mit ihm zu einigen. Sonst wird er dich

vor den Richter schleppen und der Richter wird dich dem Gerichtsdiener übergeben, und der Gerichtsdiener wird dich ins
Gefängnis werfen. Ich sage dir: Du kommst von dort nicht heraus,
bis du auch den letzten Pfennig bezahlt hast."

Auch hier ist die Pointe: Krise und Zeitdruck, auch hier
steht, ganz entsprechend zu Lk 16, die Hauptperson im
Zwielicht. Völlig selbstverständlich ist vorausgesetzt, daß
der Gegner den Prozeß gewinnt. Wie der schuldige Schuldner seine Krise meistert, ist (leider) nicht erzählt. Die
Schwierigkeit seiner Situation wird durch den Imperativ
„Bemühe dich noch auf dem Wege!" signalisiert; sein „Entrinnen" hätte auch anstößig-provozierend entfaltet werden
können – wie beim ungerechten Haushalter; in der Exposi-
tion sind die Weichen dazu gleichsam schon gestellt! Wer
mehr wissen möchte, als Jesus sagt, der lese J. P. Hebels
Kalendergeschichte „Die Probe": sie erzählt und malt aus,
was das Gleichnis vom Prozeßgegner zwischen den Zeilen
andeutet und unserer Phantasie überläßt.

Ein „bejahrter Mann in bürgerlicher Kleidung" fiel im „Wirts-
häuslein" einem in cognito anwesenden Polizisten (Hatschier)
auf; jener saß mit diesem am gleichen Tisch beim Glase Wein und
„fing an zu hadern und sich zu vermessen über die Zeit und über
die Abgaben und über die Obrigkeit, wie es sich nicht geziemt",
und trotz wiederholter Warnung schimpfte er „über die Obrigkeit
nur noch ärger", worauf der verkleidete Hatschier sich zu erkennen gab und ihn verhaftete.
    „Da stellte sich der Mann, als er an dem Rock den Hatschier
erkannte, auf einmal wie umgewandt. „Guter Freund", sagte er,
„Ihr werdet doch meinen Spaß nicht für Ernst angesehen haben
und nicht erst heute auf die Welt gekommen sein. Ich sehe schon",
sagte er, „wir müssen eine Bouteille miteinander trinken, daß Ihr
mich besser kennenlernt", und er forderte noch eine Bouteille und
winkte der Wirtin: „Vom Guten".
    Allein der Hatschier sagte: „Ich habe keinen Wein mit Euch zu
trinken", und faßte ihn wohl oben am Arm, und fort ging's, zur Tür
hinaus.
    Unterwegs fuhr der Arrestant fort zu reden: „Ihr meint zum
Beispiel, ich sei ein Feind von Abgaben, weil ich über die Abgaben
geschimpft habe? Aber nein, ich will Euch das Gegenteil beweisen, denn Ihr seid auch eine obrigkeitliche Person, und ich habe

60

vor Euresgleichen Respekt." So zog er einen Kronentaler aus der Tasche und wollte sich damit loskaufen. Aber der Hatschier sagte: „Ihr habt mir keine Abgaben zu bezahlen."

Eine Gasse weiter fuhr der Arrestant fort: „Was gilt's, Ihr seid noch nicht verheiratet und habt für keine Frau noch Kinder zu sorgen, weil Ihr keine Abgabe von mir braucht. Ich will Euch zu einem schönen Weibsbild führen." Der Hatschier erwiderte: „Ihr habt mich zu keinem Weibsbild zu führen, aber ich Euch zu einem Mannsbild."

Weiter brauchen wir die Geschichte nicht zu erzählen – dieser „Prozeßgegner" hat sich nicht „bestechen oder breitschlagen lassen, weder mit Wein noch mit Geld, noch mit Weibsleuten".[131] J. P. Hebel erzählt ja auch nicht aus der Perspektive des unmoralischen Helden, sondern „wie es sich geziemt". Für Jesu Gleichnis dürfen wir uns aber – im Kontext der übrigen anstößigen Geschichten erfolgreiches „Bestechen und Breitschlagen" vorstellen – vielleicht mit ähnlichen Vorschlägen, wie sie die Kalendergeschichte berichtet. Und dann könnte auch diese Parabel einmünden in ein „Jesus lobte den bestecherischen Delinquenten, daß er klug gehandelt hatte"! Im letzten Moment hat er den Kopf aus der Schlinge gezogen – nehmt euch nicht seine „Lösung", aber sehr wohl die darin erkennbare Klugheit und Entschlossenheit zum Vorbild – er ist unmoralisch, aber dennoch – partiell – ein Held!

Die sechs in diesem Kapitel behandelten Gleichnisse haben eines gemeinsam: ihr Bildmaterial ist unkonventionell und hart – es entspricht entschieden nicht dem, was man im allgemeinen zu Religion und Frömmigkeit assoziiert. Alle sechs Geschichten muten dem Hörer einiges zu: unmoralische Helden muten sie uns zu – in einem Punkt können und sollen wir von diesen zweifelhaften Typen lernen. Was hier jeweils zu lernen ist, das haben wir mit der Frage nach dem ursprünglichen Sinn dieser Gleichnisse erkannt. Aber: lernen von Mördern, von einem Attentäter, einem Betrüger, einem Dieb, einem suspekten Käufer, von einem Richter, der das Recht mit Füßen tritt? Wollen wir das? Wollten und konnten das die Hörer Jesu, als diese anstößigen Geschichten zum ersten Mal erzählt und gleich-

61

sam uraufgeführt wurden? Nach der Rekonstruktion der Texte bleibt diese Frage: warum und wem hat Jesus diese Geschichten mit unmoralischen Helden erzählt? Wo konnte er es mit Aussicht auf Erfolg? Bevor wir dazu in Kapitel V und VI eine Antwort versuchen, wollen wir zunächst noch ein wenig beim Bildmaterial verweilen und anstößigen Geschichten außerhalb der Jesusüberlieferung nachspüren, denn nicht nur Jesus kannte unmoralische Helden und fand Gefallen daran.

# III

# Parallelen

Jesus hat eine Reihe „anstößiger Gleichnisse" geprägt. Mindestens sechs davon sind uns erhalten. Angesichts der Widerstände, mit denen diese Texte in der Überlieferung zu kämpfen hatten, ist gut und gern damit zu rechnen, daß es weitere Geschichten mit unmoralischen Helden gegeben hat. Deshalb hier jetzt die Frage: Ist die vermutlich gar nicht so seltene Wahl anstößiger Bilder durch die Eigenart von Botschaft und Situation Jesu veranlaßt und daran als eine unabdingbare Voraussetzung gebunden? Oder lassen sich, was Motivwahl und Aufnahme der Motive betrifft, Parallelen zu den anstößigen Gleichnissen Jesu nachweisen?

## 1. Altes Testament und rabbinisches Judentum

Die Frage erübrigt sich im Blick auf Traditionshinterland und Kontext der Jesusüberlieferung, wenn man mit J. Jeremias davon ausgeht, daß wir "in der ganzen intertestamentarischen Literatur des antiken Judentums, in den essenischen Schriften, bei Paulus, in der rabbinischen Literatur" nichts finden, „was den Gleichnissen Jesu an die Seite gestellt werden könnte"; „mit der Meisterschaft ihrer knappen Schilderung, mit dem Ernst ihres Gewissensappells, mit ihrem liebevollen Verständnis für die religiös Deklassierten stehen sie analogielos da"[1], ja, sie sind „etwas völlig Neues".[2] Vergleichbares findet sich nach Jeremias allenfalls in der Nathanparabel, im Weinberglied oder dem Vater-Sohn-Vergleich von Hos 11, d.h. weit zurück, auf den „Höhepunkten der prophetischen Verkündigung", aber auch da gibt es nur „wenige und verstreute Belege".[3] Bei dieser Einschätzung mischen sich inhaltliche und formale Kriterien; zweifellos sind ‚Interessen' im Spiel; die Frage ist, mit Klaus Berger formuliert, „noch immer stark von apologetischen Rücksichten bestimmt".[4] Wenig stichhaltig ist insbesondere das Chronologie-Argument: der Hinweis darauf, daß uns aus der Zeit vor Jesus „in der gesamten rabbinischen Literatur kein einziges Gleichnis überliefert" ist, und erst recht die von J. Jeremias im Anschluß an Jülicher wiederholte Hypothese, wonach Jesu Vorbild maßgeblich an der Entstehung der Literaturgattung der rabbinischen Gleichnisse beteiligt gewesen sei[5], suggerieren ein falsches Bild. P. Fiebig benennt eine „Fülle rabbinischer Gleichnisse, die schon um 70 n. Chr., ja schon zur Zeit Jesu in der Schule Hillels und Schammai's, als ganz selbstverständlich und in der mannigfachsten Anwendung vorliegen".[6] Nimmt man hinzu, daß die rabbinischen Gleichnisse einerseits, die Gleichnisse Jesu andererseits sehr unterschiedlichen soziologischen Orten und Verwendungssituationen zuzuordnen sind, – hier schriftgelehrter Schulbetrieb, Exegese im Hörsaal, wenn man so will, dort Unterredung im Volk, Erzählen auf dem Markt oder am Brunnen – so sollte bei allen unbestreitbaren Unterschieden die Verwandtschaft der beiden Größen eigentlich mehr ins Auge fallen als ihre Differenz. Wie neu die Gleichnisse Jesu nach Form und Wahl ihrer Bilder wirklich sind, ließe sich sachgemäß erst beurteilen, wenn wir volkstümliche Rede, Erzählung und Kleinliteratur aus der Umwelt Jesu zum Vergleich heranziehen könnten, denn die aus den synoptischen Evangelien eruierbare Verkündigung Jesu ist einfache *Rede*, – und damit fundamental unterschieden von allen *Texten*, um deren Verständnis sich Alt- und Neutestamentler bemühen, seien es kanonische oder nicht, seien es apokalyptische, rabbinische oder auch synoptische Texte.

Auch J. Jeremias sieht natürlich, daß Jesus in seinen Gleichnissen ausgiebig „die üblichen, meist dem Alten Testament entstammenden und damals jedermann geläufigen Metaphern" benutzt[7]; und im Gefälle dieser Einsicht wird denn auch im Gleichnisbuch immer wieder auf rabbinische Geschichten, Parallelen und Analogien zurückgegriffen. Die exegetische Praxis sieht gleichsam davon ab, daß die Gleichnisse Jesu „etwas völlig Neues" sind; sie geht auch über das zugestandene Faktum gemeinsamer Grundmethapern weit hinaus und beherzigt die schon von P. Fiebig u. a. formulierte Differenzierung, wonach die „Originalität der Gleichnisse Jesu . . . nicht in der Form, sondern in dem Inhalt" liegt.[8] Um die sachgemäße Kennzeichnung des Inhalts der Gleichnisse Jesu ist die Forschung insbesondere seit Jülicher bemüht; mit den Stichworten ‚eschatologisch' und ‚implizit christologisch' ist eine Präzisierung erreicht, die das spezifisch Jesuanische, das Analogielose und Neue bei traditioneller Form und Motivik in den Blick bringt. Jesus steht wie das zeitgenössische Judentum in der langen alttestamentlich-jüdischen Tradition bildlicher Rede. Im Sinne der oben formulierten Frage, deren methodisches Recht mir erwiesen scheint, werden im folgenden alttestamentliche und rabbinische Gleichnisse in Auswahl gemustert. Tauchen da „anstößige" Bilder auf? Wie werden sie aufgenommen und verwendet?

Nach G. Fohrer[9] begegnen im Alten Testament 5 Gleichniserzählungen bzw. Parabeln, neben 1. Kön 20,39–43; Jes 5,1–7; 28,23–29 2. Sam 12 und 14. (Die formgeschichtliche Zuordnung im einzelnen ist problematisch; Jes 28,23–29 z. B. wäre als ein zweistrophiges Weisheitsgedicht zu kennzeichnen, das freilich im Kontext Parabelfunktion übernimmt.) Für unseren Zusammenhang von besonderem Interesse sind die beiden Texte aus dem 2. Samuelisbuch; in beiden geht es um schuldhafte Verstrickung und um höchst anstößige Tatbestände: die Nathanparabel erzählt das skandalöse Vergehen eines reichen Mannes, der das einzige Schaf eines Armen widerrechtlich an sich bringt, schlachtet und dem Gaste zubereitet, der zu ihm gekommen ist (2. Sam 12,1–4). In der Geschichte, mit der das alte Weib von Thekoa David zur Begnadigung Absaloms zu bewegen sucht, ist Brudermord und Blutrache (womöglich aus Besitzgier: „um den Erben auszutilgen" 2. Sam 14,7) das Thema. Beide Parabeln sind ganz offensichtlich Chiffrierungen; sie bilden das Geschehen, in das David verstrickt ist, genau ab und überschreiten dabei die Grenze zur Allegorie: in der allzugroßen Zärtlichkeit des Armen gegen sein einziges Schaf z. B. schlägt die Deutung ins Bild; auf die tatsächlich geschehene Geschichte wird unmißverständlich angespielt.[10] Dennoch erreichen die Texte ihr Ziel: der König wird auf neutrales Gelände gelockt, zu einem unbefangenen Urteil ‚verführt' und bei diesem Urteil behaftet. D. h. nun aber: David kann und soll nicht vom bzw. am Verhalten des willkürlichen Reichen lernen, sondern er muß sich selbst als dieser Reiche und Räuber erkennen; ebenso gibt es keinen Zug in der Brudermord- und Blutrache-Geschichte, den ihr Adressat positiv übertragen könnte, sondern die ganze Geschichte ist seine Geschichte, er soll nicht an einem Punkt eine Einsicht gewinnen, sondern begreifen, daß er auf dem besten Wege ist, selbst zum ‚Bluträcher' zu werden, – beide Geschichten erzwingen eine ungewollte Identifikation! Also nicht „nimm dir den Räuber, nimm dir den besitzgierigen Bluträcher in dem und dem Punkt zum Vorbild", sondern: „du bist der Mann!" (2. Sam 12,7). Ergebnis: wohl anstößige Bilder, aber keine anstößigen Gleichnisse, denn dem kriminellen Geschehen wird kein Aspekt abgewonnen, der dann positiv als Tertium in der Sachhälfte zum Zuge kommen soll, wie das für die o.g. neutestamentlichen Beispiele typisch ist. Entsprechendes gilt für die rabbinischen Gleichnisse, oder vorsichtiger: scheint für die ungeheure Masse rabbinischer Gleichnisse zu gelten. Dieses ‚Urteil' stützt sich auf eine beträchtliche, aber natürlich unvollständige Auswahl. Unter den von Paul Billerbeck[11], Ignaz Ziegler[12] und Paul Fiebig[13] nachgewiesenen Gleichnissen habe ich ‚anstößige' vergeblich gesucht; auch in der Literatur zu den Gleichnissen des Neuen Testaments insgesamt und insbesondere zu den ‚anstößigen' Gleichnissen Jesu werden wirkliche Parallelen im hier erfragten Sinn nicht benannt. Die folgenden Beispiele sollen daher lediglich einen Eindruck davon vermitteln, daß und wie politische Gewalttat und kriminelles Verhalten in den Bildern rabbinischer Gleichnisse Verwendung finden konnten.

Ein Verwalter, der in Verdacht gerät, den Besitz seines Herrn zu veruntreuen (Fiebig, AG Nr. 9), begegnet da ebenso wie ein aufsässiger Wächter (Nr. 15); andere, der blinde und der lahme Wächter (Nr. 10), mißachten das Verbot ihres Herrn und versuchen diesen dann – ohne Erfolg – zu überlisten. Es ist von Räubern die Rede, die den Palast des Königs überfallen und das Hausgesinde töten (Nr. 22) oder von einem einzelnen Räuber, der den Sohn des Königs ermorden will (Nr. 20). Der Leser rabbinischer Gleichnisse trifft natürlich auch auf wort- und vertragsbrüchige Pächter (z.B. Bill. I,865) oder auf räuberische Kolonen (I,874), oder im großen – auf die aufständische Provinz.

Gleich einer Provinz, die dem König Steuerreste schuldete. Der König sandte den Schatzmeister. Was taten die Bewohner der Provinz? Sie machten sich auf und erhängten und brandschatzten jenen. (Bill. I,875)

Aber – solchem Verhalten wird kein positiver Aspekt abgewonnen, sondern die Geschichte nimmt ihren Lauf:

Ein König von Fleisch und Blut, gegen den sich eine Provinz empört hat, – sie erhoben sich, schmähten den König oder seine Abgesandten, zehn oder zwanzig – was tut er? Er schickt seine Legion hin, verhängt Strafe über sie und tötet Gute wie Schlechte, weil er nicht weiß, wer sich empört hat, wer nicht, wer den König geehrt, wer ihn gelästert hat. (Ziegler 86 ff Nr. LVIII ff)

Der Steuerverweigerung einer ganzen Provinz korrespondiert die Steuerhinterziehung eines einzelnen; davon spricht das *Gleichnis vom Steuerhinterzieher*:

Gleich einem, der den Zoll hinterzog; als er dabei ertappt wurde, sagte man zu ihm: Gib den Zoll! Er sprach: Nehmt euch, was ich bei mir habe. Sie antworteten ihm: Meinst du etwa, daß wir den Zoll bloß für dieses Mal haben wollen? Wir wollen ihn für alle die Male haben, die du gewohnt warst, den Zoll zu hinterziehen.

Dieses Gleichnis steht, wie die rabbinischen Gleichnisse durchweg[14], im Dienste der Schrifterklärung; es will Koh 11,9 erläutern: „Freu dich, junger Mann, in deiner Jugend, sei vergnügt in deinen frühen Jahren! ... aber sei dir bewußt, daß Gott dich für all das vor Gericht ziehen wird." Der Text, den das Gleichnis illustrieren will, schreibt diesem selbst sein Gefälle vor; am Steuerhinterzieher bleibt nichts und ist nichts, wovon positiv zu lernen wäre. Kühn und hart sind auch die Gleichnisse vom Brautführer, der einmal erpresserisch, einmal zugleich dreist und verschmitzt gegen den königlichen Brautvater bzw. Ehemann vorgeht und dabei erfolgreich ist. *Das Gleichnis vom erpresserischen Brautführer* erläutert Num 16,28 f: „... Daran sollt ihr erkennen, daß der Herr mich gesandt hat ... Wenn diese Leute sterben, wie jeder Mensch stirbt, und wenn sie nur wie jeder andere Mensch Rechenschaft ablegen müssen, dann hat der Herr mich nicht gesandt. Wenn aber der Herr etwas ganz Ungewöhnliches tut ..." Es geht im Zusammenhang um das Gericht an Korach, Datan und Abiram:

Womit läßt sich das vergleichen? Mit dem Brautführer einer Königstochter, deren Jungfräulichkeitsbeweise sich in seiner Hand befanden. Da trat einer von den zu Tische liegenden wider ihn auf und schmähte den Brautführer und sprach zu ihm: Die Tochter des Königs hat die Jungfräulichkeit nicht besessen! Da trat der Brautführer vor den König und sprach zu ihm: Wenn du diesen nicht abführen läßt, daß man ihn vor allen Gästen tötet, siehe, so werde ich selber sagen, daß sich in der Tat die Jungfräulichkeitszeichen bei der Tochter des Königs nicht vorgefunden haben. Sofort sprach der König: es ist besser für mich, daß ich jenen töten lasse, als daß der Brautführer ein übles Gerücht über meine Tochter ausbringt. (Bill. I,501)

Das *Gleichnis vom dreisten Brautführer* (ich nenne es so!) knüpft an Ex 32,11 an; nach der Anbetung des goldenen Kalbs versucht Mose, „den Herrn, seinen Gott zu besänftigen . . .“:

Gleich einem König, der sein Weib sah, wie es einen Verschnittenen küßte. Er sprach zu ihrem Brautführer: Ich entlasse sie, ich verstoße sie, sie mag in das Haus ihres Vaters gehen! – Er sprach zu ihm: Warum? – Weil ich sie betroffen habe, wie sie einen Verschnittenen küßte. – Er sprach zu ihm: Nun wird sie dir schöne und starke Söhne (von dem Verschnittenen) stellen, die mit dir in den Krieg ziehen! – Er antwortete: Von dem ist nichts zu erwarten, der erzeugt sich nichts. – Und wegen einer solchen Sache, sprach der Brautführer, von der es keinen Gewinn gibt, zürnst du?

Die Erzähler dieser Gleichnisse kennen bei der Wahl ihrer Bilder, es geht um Jahwegleichnisse, keine Schranken dogmatischer, ethischer oder ästhetischer Art. An Kühnheit stehen sie den ‚Jahwegleichnissen der israelitischen Propheten‘[15], nicht nach. Auch da begegnen uns ja neben milden Bildern – Jahwe der Arzt (Jer 30,17; Hos 6,1), der Hirte, der für die schwachen Tiere, die Lämmer und die säugenden Mutterschafe, besonders sorgt und den verirrten nachgeht (Jes 40,11; Ez 34,12; vgl. auch Jer 31,10) – fremdartig-schockierende: z.B. *Hos 5,12:* „eine Motte bin ich für Ephraim, Wurmfraß für Judas Haus“ oder *Hos 7,12* (vgl. auch Ez 12,13; 17,20; 32,3): Jahwe als Vogelsteller, der mit dem Netz . . . und dem Garn auszieht, seine Beute zu fangen, oder gar *Jes 7,20:* „An jenem Tag wird der Herr mit dem Messer, das er jenseits des Eufrat gekauft hat, euch den Kopf kahlscheren und die Schamhaare abrasieren; auch den Bart schneidet er ab." Jahwe als Barbier! Stellt man die große Scheu Israels vor aller Entblößung in Rechnung (vgl. Gen 2,25; Ex 20,26; 2. Sam 6,20; 1. Chr 19,4), so kann man die Härte dieses Vergleichs ermessen. Jahwes Handeln wird mit einer Tätigkeit verglichen, die „schwerlich zu den ‚ehrlichen' Gewerben gehört hat".[16] Jahwe, der erpreßte Vater einer nicht mehr jungfräulichen Braut bzw. der geprellte Ehemann – die Bilder der rabbinischen Gleichnisse stehen denen der prophetischen Tradition wirklich nicht nach: hier wie da sehen wir eine souveräne Freiheit in der Gestaltung der Vergleiche.

Genannt seien in dieser Aufzählung noch das *Gleichnis vom Gastgeber mit Mordabsichten* und einige Texte, die das Bild vom Dieb aufnehmen.

R. Levi erläutert Gen 33,10 (im Zusammenhang der Versöhnung von Jakob und Esau:) ... „Jakob sprach: ... ich habe dein Angesicht zu sehen bekommen, wie man Gottes Angesicht sieht, und du bist mir gnädig gewesen." Womit läßt sich das vergleichen?

Mit einem Menschen, der einen andren eingeladen hatte; dieser aber hatte erfahren, daß ihn jener töten wolle. Der Geladene sagte zu ihm: Der Geschmack dieser Speise, die ich koste, gleicht der Speise, die ich im Hause des Königs gekostet habe. Da sprach jener (bei sich): ‚Den kennt der König!', fürchtete sich und tötete ihn nicht. (Bill. I,389)

Das Gleichnis lehnt sich eng an das alttestamentliche Muster an; es gestaltet die da vorgegebene ‚Anstößigkeit' auf einem anderen Gebiet gleichsam nur nach. Ähnlich steht es bei den folgenden Bildworten vom Dieb.

Prov 29,24: „Wer da teilt mit dem Dieb, der hasset sein Leben; er hört die Verfluchung, doch er macht keine Anzeige" wird Anlaß für ein Maschal des Rabbi Schim'on ben Jochai: Wem gleicht die Sache? Einem, der aus dem Hause seines Nächsten herausging, mit Geräten beladen. Da traf ihn sein Gefährte und sagte zu ihm: Was machst du da? Er sagte zu ihm: Nimm deinen Anteil und sage es niemanden. Nach einiger Zeit kam der, dem das Gestohlene gehörte, und sagte zu ihm: Schwöre mir, daß du niemanden, mit

Geräten belastet, hast herausgehen sehen aus meinem Hause. Jener sagte zu ihm: Ich schwöre, daß ich nicht weiß, was du sagst. (Fiebig, AG Nr. 29)

Rabbi Levi hat gesagt: wer einen geraubten Feststrauß nimmt, womit läßt sich der vergleichen? Mit einem, der einen Befehlshaber mit einer Schüssel ehrte; es ergab sich aber, daß sie zu dem Besitz dieses gehörte. (Bill. II,784)

Eine positive Aufnahme des Bildes vom Dieb, gleichsam eine metaphorische ‚Läuterung' liegt vor im Vergleich des Mose mit einem Dieb (Bill. II,19). Ein Gleichnis des R. Asi (um 300):

Die Rabbinen sagten: Als Mose zur Höhe emporstieg, hörte er, wie die Engel des Dienstes zu Gott sagten: gepriesen sei der Name seines herrlichen Reiches immer und ewig! Das hat er den Israeliten herabgebracht. Warum sagen es die Israeliten nicht mit lauter Stimme?

R. Asi (um 300) hat gesagt: Womit läßt sich das vergleichen? Mit einem, der aus dem königlichen Palast einen Schmuckgegenstand gestohlen hat; er gab ihn einer Frau und sprach zu ihr: Schmücke dich nicht damit öffentlich, sondern in deinem Hause.

Aber am Versöhnungstage, wenn die Israeliten rein wie die Engel des Dienstes sind, sagen sie mit freier lauter Stimme: gepriesen sei der Name seines herrlichen Reiches immer und ewig!

Vgl. auch R. Levi zu Gen 25,21: Isaak flehte zu Jahwe ... und Jahwe ließ sich von ihm erflehen: Gleich einem Königssohn, der bei seinem Vater einbrach, um eine Litra Gold wegzunehmen; da hat der eine (der Vater) von innen die Wand durchbohrt, und der andere (der Sohn) von außen (= beide begegneten sich in ihren Wünschen). (Bill. I,967)


Die angeführten Beispiele zeigen: ebensowenig wie die Gleichnisse Jesu sparen die rabbinischen Gleichnisse anstößige Bilder aus; bei ihrer Gestaltung gibt es keine einengenden Grenzen; Menschlich-Allzumenschliches, auch der Bereich der Kriminalität ist hier wie da einbezogen. Diese Gemeinsamkeit in der Wahl der Motive verdeckt aber einen tiefgreifenden Unterschied nicht:

a) Die rabbinischen Texte sind durch eine enge Bindung an Aussagen oder Sachverhalte des AT geprägt; alle zitierten Meschalim stehen im Dienst der Exegese, gemäß der Aufforderung der Rabbinen: „Nicht sei das Gleichnis etwas Geringes in deinen Augen, denn durch ein Gleichnis kann der Mensch zum Verständnis der Worte der Tora gelangen.

Gleich einem König, der ein Goldstück in seinem Hause oder eine kostbare Perle verloren hat; kann er sie nicht durch einen Docht im Werte eines Asses wiederfinden?" (Bill. I,654). Solche exegetische Abzweckung[17] bringt es mit sich, daß die Gleichnisse oft lediglich ins Bild setzen bzw. variieren, was die sie veranlassende Schriftstelle sagt; die anstößigen Bilder sind gleichsam vorgegeben oder vermittelt; nur selten gehen sie über die Anstößigkeit der alttestamentlichen Aussagen hinaus, deren Erläuterung sie dienen.

b) Die rabbinischen Gleichnisse sehen davon ab, moralisch verwerflichem und kriminellem Verhalten bestimmte positive Aspekte abzugewinnen: vom untreuen Verwalter, vom vertragsbrüchigen Pächter, vom Attentäter gar oder Mörder wird hier nicht gelernt. Also: Anstößige Bilder wie bei Jesus auch hier, (im Sinne unserer Definition) anstößige Gleichnisse nicht; unmoralisches Verhalten durchaus, „unmoralische Helden" entschieden nicht!

## 2. Erzählungen der Chassidim

Die eindrücklichsten Parallelen zu den anstößigen Gleichnissen Jesu habe ich in der chassidischen Tradition[18] gefunden. Hier begegnet uns – als Lehre formuliert oder in anekdotischer Erzählung – jene für die neutestamentlichen Geschichten mit unmoralischen Helden typische Pointe. Und das ist, nimmt man die Theologie des Chassidismus[19] in den Blick, nicht überraschend; denn deren grundlegende Einsicht besagt, daß Gott in der Welt Wohnung genommen hat und daß es daher nichts gibt, worin Gott nicht ist. Der Baalschemtow und seine Anhänger sind davon durchdrungen, daß in allen Wesen und Dingen einschließlich aller Werke der Menschen, auch der bösen, heilige Funken verborgen sind, die emporgehoben und erlöst sein wollen. Solcher Glaube befreit, wie das Leben vieler Zaddikim belegt, zu einer ungeteilten Weltverbundenheit, zu Freundlichkeit gegenüber Tieren[20], Pflanzen[21], auch gegenüber der unbelebten Natur[22] und natürlich gegenüber allen Menschen, auch den bösen, auch den Feinden.[23] Im

Horizont der Lehre von den göttlichen Funken als Gestalt des Exils Gottes in der Welt wird die Trennungsmauer zwischen Frommen und Sündern ebenso beseitigt wie die zwischen Heilig und Profan, und auch die definitive Unterscheidung von Gut und Böse ist „aufgehoben": Das Böse „ist die unterste Stufe des vollkommenen Guten", sein „Thronsitz", „ja, sogar in der Sünde, die ein Mensch tut, wohnen Funken der Herrlichkeit Gottes", nämlich die Umkehr. „Die Umkehr steckt in der Sünde wie das Öl in der Olive."[24] Das sagt eine Theologie, die ein hohes Maß an Freiheit und Unbefangenheit ausstrahlt und bewirkt – und die deswegen unmoralische Helden kennt.

### Von allen lernen[25]

Man fragte Rabbi Michal: „Es heißt in den Vätersprüchen: Wer ist ein Weiser? Der von allen Menschen lernt, wie geschrieben steht: Von all meinen Lehrern habe ich Einsicht erlangt. Warum heißt es dann nicht: Der von jedem Lehrer lernt?" – Rabbi Michal erklärte: „Es ist dem Meister, der diesen Spruch gesprochen hat, darum zu tun, daß deutlich werde: nicht von denen allein ist zu lernen, die als Lehrer wirken, sondern von jedem Menschen. Auch von dem Unwissenden, *ja auch von dem Bösen, kannst du eine Einsicht erlangen, wie du dein Leben zu führen hast.*"

Der „große Maggid" hat mit seinen „zehn Grundsätzen des Dienstes" die gleiche Auffassung vertreten wie Rabbi Michal – und auch erklärt, woran gedacht ist bei dem „Unwissenden" und dem „Bösen", von dem wir eine Einsicht erlangen können. „Zu einem kleinen Kind und zu einem Dieb" soll der Schüler in die Lehre gehen.

### Die zehn Grundsätze[26]

Der Maggid sprach zu seinem Schüler Rabbi Sußja: „Die zehn Grundsätze des Dienstes kann ich dich nicht lehren. Aber du magst zu einem kleinen Kind und zu einem Dieb in die Lehre gehen. Drei Dinge wirst du von dem Kinde lernen:
es ist fröhlich, ohne eines Antriebs zu bedürfen;
keinen Augenblick verweilt es müßig;
und woran es Mangel hat, weiß es kräftig zu begehren.

In sieben Dingen wird der Dieb dich unterweisen:
er tut seinen Dienst in den Nächten;
erlangt er's nicht in einer Nacht, so wendet er die kommende dran;
er und seine Werkgenossen lieben einander;
er wagt sein Leben um ein Geringes;
was er erbeutet hat, gilt ihm so wenig, daß er es um die schlechteste Münze hingibt;
er läßt Schläge und Plagen über sich ergehen, und es ficht ihn nicht an;
sein Handwerk gefällt ihm wohl, und er tauscht es für kein anderes ein."

Der Dieb, den der Maggid unter siebenfachem Aspekt als Vorbild beschreibt, ist ein unmoralischer Held. Sein Stehlen wird nicht beschönigt oder bagatellisiert, und dennoch: an seinem unmoralischen Tun zeigen sich vorbildliche Fähigkeiten; er ist „ungerecht" wie der Haushalter im Gleichnis Jesu und zugleich wie jener zu loben. Eine seiner Qualitäten ist seine Unermüdlichkeit, vielleicht dürfen wir sogar sagen: seine Zuversicht, sein Glaube; Rückschläge fechten ihn jedenfalls nicht an, Kleinglauben kennt er nicht, er gibt nicht auf, denn „sein Handwerk gefällt ihm wohl, und er tauscht es für kein anderes ein". Das u.a. ist vom Dieb zu lernen, wie Mosche Löb von Sasow erfahren hat.

### Wie den Sasower ein Dieb belehrte[27]

Der Sawoser reiste einmal im Lande umher, um Geld zum Freikauf Schuldgefangener zu sammeln, aber es gelang ihm nicht, den nötigen Betrag zu erhalten. Da reute es ihn, so viel Zeit der Lehre und dem Gebet umsonst entzogen zu haben, und er nahm sich vor, fortan zu Hause zu bleiben. Am selben Tage erfuhr er, daß ein Jude, der ein Kleid gestohlen hatte, bei der Tat betroffen und nach reichlicher Prügelstrafe in Gewahrsam genommen worden war. Er verwandte sich beim Richter für den Eingekerkerten und erwirkte dessen Freilassung. Als er ihn aus dem Gefängnis holte, ermahnte ihn der Zaddik: „Denk an die Schläge, die du erlitten hast, und hüte dich, dergleichen wieder zu begehen." „Warum denn nicht?" sagte der Dieb, „was einmal nicht geriet, kann das nächste Mal geraten." „Wenn dem so ist", sprach der Sasower zu sich, „so muß auch ich das Meine wieder und wieder versuchen."

Der Sasower hat seine Lektion gelernt, wie besonders eindrucksvoll die von ihm berichtete Befreiung des gefangenen Schankpächters und die Auslösung aller Seelen aus der Hölle belegen.[28] Seine Theologie erlaubt ihm, sogar dem Gottesleugner noch ein „Positivum" zu bescheinigen: dessen atheistische Radikalität weist den Menschen unausweichlich ein in tätige Nächstenliebe.

### Die gute Gottesleugnung[29]

Rabbi Mosche Löb sprach: „Es gibt keine Eigenschaft und keine Kraft am Menschen, die umsonst geschaffen wäre. Und auch alle niedern und verworfenen Eigenschaften haben eine Erhebung zum Dienste Gottes. So etwa der Hochmut: wenn er erhoben wird, wandelt er sich zu einem hohen Mut in den Wegen Gottes. Aber wozu mag wohl die Gottesleugnung geschaffen sein? Auch sie hat ihre Erhebung in der hilfreichen Tat. Denn wenn einer zu dir kommt und von dir Hilfe fordert, dann ist es nicht an dir, ihm mit frommem Munde zu empfehlen: „Habe Vertrauen und wirf deine Not auf Gott", sondern dann sollst du handeln, als wäre da kein Gott, sondern auf der ganzen Welt nur einer, der diesem Menschen helfen kann, du allein."

Auch die Anekdote „Der fröhliche Sünder"[30] erzählt von einem unmoralischen Helden – seine Freude ist vorbildlich, sie überwältigt das Herz.

„In Lublin lebte ein großer Sünder. Sooft er mit dem Rabbi zu sprechen begehrte, war der ihm zu Willen und unterredete sich mit ihm wie mit einem vertrauten und erprobten Mann. Viele Chassidim ärgerten sich daran, und einer sagte zum andern: „Wie kann es sein, daß der Rabbi, der jedem zum erstenmal Erblickten sein Leben bis zu diesem Tag, ja die Herkunft seiner Seele von der Stirn abliest, nicht sehen sollte, daß dieser ein Sünder ist? Und wenn er es sieht, wie kann es sein, daß er ihn des Verkehrs und des Gesprächs würdigt?" Endlich faßten sie sich den Mut, vor den Rabbi zu treten und ihn zu fragen. Er antwortete ihnen: ,Wohl weiß ich davon wie ihr. Aber es ist euch ja bekannt, wie sehr ich die Freude liebe und die Schwermut hasse. Und dieser Mann ist ein so großer Sünder – andere bereuen doch im Augenblick, nachdem sie gesündigt haben, grämen sich einen Augenblick lang und kehren dann erst zu ihrer Torheit zurück, er aber kennt keinen

Gram und kein verdrießliches Besinnen, *sondern wohnt in seiner Freude wie in einem Turm. Und der Glanz seiner Freude überwältigt mein Herz.'"*

Selbst der böse Trieb kann unter einem bestimmten Aspekt zum Vorbild werden – du kannst Gehorsam von ihm lernen! Ein unmoralischer Held par excellence!

Reb Naphtali erzählte selbst gern, „er habe drei Wortgefechte verloren. Das erste Mal verlor er eines gegen seinen Sohn, den späteren Rebbe Elieser von Dschikow. Als Rebbe Naphtali ihn eines Tages wieder einmal beim Spielen ertappte, tadelte er ihn, weil er so wertvolle Zeit vergeude, Zeit, die er besser hätte nutzen können – zum Torahstudium beispielsweise. „Ich kann nichts dafür", sagte der kleine Junge, „der jezer-rah, der böse Trieb, ist schuld! Er ist es, der mich zur Sünde verleitet!" – „Das war eine gute Antwort, mein Sohn", sagte der Vater, „aber du solltest dem Beispiel des jezer-rah folgen. Selbst er erfüllt Gottes Willen, nämlich wenn er dich zur Sünde verleitet. Warum machst du es nicht genauso?" – „Er hat es leicht", sagte der kleine Junge, „der jezer-rah hat keinen jezer-rah, der ihn gegen Gottes Willen beeinflussen kann."[31]

Mag auch der pfiffige Sohn das letzte Wort behalten, in der Aussage des Vaters erscheint der böse Trieb als Vorbild, hier im Blick auf seinen Gehorsam, an anderer Stelle im Blick auf sein Entbrennen und seine begehrende Glut.

„Man kann Gott mit dem bösen Trieb dienen, wenn man sein Entbrennen und seine begehrende Glut zu Gott lenkt. Und ohne bösen Trieb ist kein vollkommener Dienst."[32]

Abschließend sei noch die Anekdote von den Kartenspielern zitiert: auch sie sind bei aller Liederlichkeit in einem Punkte vorbildlich: Rabbi Wolf jedenfalls findet gegen die Anklage des Moralisten etwas Gutes an ihnen.

### Die Spieler[33]

Ein Chassid verklagte einst vor Rabbi Wolf einige Leute, daß sie ihre Nächte beim Kartenspiel zu Tagen machten. „Das ist gut", sagte der Zaddik. „Wie alle Menschen, wollen auch sie Gott dienen und wissen nicht wie. Aber nun lernen sie sich wach halten und bei einem Werk ausharren. Wenn sie darin die Vollendung erlangen, brauchen sie nur noch umzukehren – und was für Gottesdiener werden sie dann geben!"

Die inhaltliche Parallelität dieser kleinen Geschichte mit Jesu anstößigen Gleichnissen wird augenfällig, wenn man die Unterschiede der literarischen Form einmal „aufhebt", indem man eines der einschlägigen neutestamentlichen Gleichnisse zur Anekdote umprägt, z.B. Lukas 16,1–8a:

Die Jünger verklagten einst vor Jesus einen Haushalter, der den Besitz seines Herrn leichtfertig verschleudert hatte; als ihm deswegen die Entlassung aus seinem Amt drohte, habe er doch tatsächlich darüber hinaus noch die Dreistigkeit besessen, die Schuldner seines Herrn kommen zu lassen, ihre Schuldscheine zu fälschen und sich so Freunde für die Zeit nach seiner Entlassung zu machen. – „Das ist gut", sagte Jesus. „Wie alle Menschen wollte auch er Gott dienen und wußte nicht wie. Aber jetzt hat er sich darin geübt, sich durchzuschlagen und auch in einer kritischen Situation nicht aufzugeben, sondern entschlossen und clever zu handeln. Wenn er darin die Vollendung erlangt, braucht er nur noch umzukehren – und was für ein ‚Kind der Gottesherrschaft' wird er dann sein."[33a]

### 3. 1001 Nacht

Parallelgeschichten zu den anstößigen Gleichnissen Jesu sind – in einem weiteren Sinne – auch die vielfach variierten Erzählungen vom schlauen Dieb und listigen Gauner insbesondere aus der orientalischen Tradition. Alle Aufmerksamkeit des Hörers wird hier auf die Klugheit, den Einfallsreichtum, auf Geschicklichkeit und Kühnheit des (wahrlich unmoralischen) Helden oder der Heldin gelenkt, deren „Streiche" nicht selten auch in den Bereich der schweren Kriminalität gehören. Gleichwohl steht am Ende oft Bewunderung, Anerkennung, ausdrückliches Lob. Die Strafe wird erlassen, womit am Rande in Erinnerung bleibt, daß Strafwürdiges geschah. Der Moralist hat schwerlich Gefallen an diesem Genre; wer aber bereit ist, Moral für die

Zeit der Erzählung Moral sein zu lassen, findet sein (diebisches) Vergnügen an der Cleverness des triumphierenden Protagonisten.

Eine frühe Version vom schlauen Dieb überliefert Herodot. Im Zuge seiner Darstellung der Geschichte Ägyptens kommt er auf den König Rhampsinitos zu sprechen, dessen Reichtum unvorstellbar groß gewesen sein soll und der deshalb eine Schatzkammer bauen ließ, „deren eine Wand an die Außenseite des Königspalastes stieß".

Aber der Baumeister täuschte ihn arglistig durch folgende Maßnahme: Er fügte die Steine so, daß ein oder zwei Männer einen bestimmten Stein leicht aus der Wand herausnehmen konnten. Als der Raum dann fertig war, häufte der König seine Schätze darin auf. Nach einiger Zeit aber rief der Baumeister am Ende seines Lebens seine Söhne zu sich; er hatte deren zwei. Er erzählte ihnen, wie er für sie gesorgt habe, daß sie ein sorgloses Leben hätten, indem er beim Bau des königlichen Schatzhauses eine List anwandte. Er erklärte ihnen genau, wie man den Stein herausnehmen könne; dann gab er ihnen dessen Abstände an; wenn sie dies wohl behielten, würden sie die Schatzmeister des Königs sein. Darauf starb er. Die Söhne machten sich ohne Zögern ans Werk; eines Nachts brachen sie zum Königspalast auf, fanden den Stein in der Mauer, hoben ihn mit Leichtigkeit aus und nahmen eine Menge Schätze.

Als nun der König einmal die Kammer öffnete, wunderte er sich, daß in den Gefäßen Gold fehlte. Er konnte aber niemand beschuldigen, da die Siegel unversehrt und das Gebäude verschlossen war. Als er die Kammer aber zwei- und dreimal öffnete und die Schätze offenbar immer weniger wurden – die Diebe hatten mit ihren Einbrüchen nicht aufgehört –, tat er folgendes: Er ließ Fallen anfertigen und sie um die Gefäße herum anbringen, in denen die Schätze lagen. Als nun die Diebe wie in der Zeit vorher kamen und einer von ihnen in die Kammer hinabstieg, fing er sich sofort in der Schlinge, als er sich dem Behälter näherte. Er erkannte seine böse Lage, rief sofort seinen Bruder, schilderte ihm seinen Fall und forderte ihn auf, schnellstens hereinzuschlüpfen und ihm den Kopf abzuschneiden, damit man ihn nicht erkenne und er dann auch den anderen ums Leben bringe. Diese Worte schienen dem Bruder wohlüberlegt, und er ließ sich überreden, die Tat auszuführen. Nachdem er den Stein wieder an seinen Ort gerückt hatte, ging er mit dem Kopf des Bruders heim.

Bei Tagesanbruch ging der König in die Kammer und erschrak

über den kopflosen Leichnam des Diebes in der Schlinge. Die Kammer aber war unverletzt, ohne irgendwelche Spuren des Ein- und Ausgangs. In seiner Verlegenheit tat er folgendes: Er ließ die Leiche an der Stadtmauer aufhängen, stellte Wächter dabei auf und bestimmte, den festzunehmen, den sie um den Toten laut weinen und wehklagen sahen; den sollten sie vor ihn bringen. Als nun die Leiche des Diebes dort hing, litt die Mutter schwer darun- ter; sie sprach mit dem überlebenden Sohn und gab ihm den Auftrag, es irgendwie möglich zu machen, den Körper des Bruders von der Mauer zu holen und zu bestatten. Wenn er sich darum nicht kümmere – so drohte sie –, werde sie zum König gehen und ihn als Dieb seiner Schätze anzeigen.

Weil die Mutter so heftig in den Überlebenden drang und er sie auch mit Worten nicht umstimmen konnte, dachte er sich fol- gendes aus: Er rüstete Esel, füllte Schläuche mit Wein, lud sie den Eseln auf und trieb sie vor sich her. In der Nähe der Leichenwäch- ter zog er an zwei oder drei Zipfeln der Schläuche und löste die Knoten. Als der Wein auslief, schlug er sich vor den Kopf und schrie laut, als wisse er nicht, an welchen Esel er sich zuerst machen solle. Die Wächter sahen nun den Wein in Mengen aus- laufen; da kamen sie alle mit Gefäßen an den Weg gelaufen, fingen den fließenden Wein auf und taten sich daran gütlich. Er aber stellte sich zornig und beschimpfte sie alle heftig. Als ihn die Wächter zu beruhigen suchten, tat er so, als fasse er sich und es sei sein Zorn allmählich verflogen. Schließlich führte er die Esel vom Weg herunter und bepackte sie wieder. Man redete noch weiter hin und her, und mancher verspottete ihn sogar und brachte ihn zum Lachen. Da schenkte er ihnen einen Schlauch Wein. Sofort lagerten sie sich an Ort und Stelle zum Trinken, luden ihn dazu ein und forderten ihn auf zu bleiben und mit ihnen zu trinken. Er ließ sich überreden und blieb. Als sie ihm bei der Zecherei alle mögli- chen Freundlichkeiten erwiesen, stiftete er ihnen noch einen zwei- ten Schlauch. Durch den reichlichen Trunk waren die Wächter völlig benebelt, wurden vom Schlaf überwältigt und schliefen fest, wo sie gerade getrunken hatten. Als die Nacht vorwärts schritt, nahm er die Leiche des Bruders herab und rasierte allen Wäch- tern zum Spott die rechte Wange kahl. Dann lud er die Leiche auf die Esel und trieb sie heim; so erfüllte er den Wunsch der Mutter.

Als dem König der Leichendiebstahl gemeldet wurde, ergriff ihn Zorn; er wollte unbedingt den Täter, wer immer es sei, ausfin- dig machen und wandte deshalb folgendes Mittel an – was ich allerdings nicht glauben kann: Er schickte seine Tochter in ein Freudenhaus und trug ihr auf, sich jedem Manne, der komme, ohne Unterschied hinzugeben. Vor dem Verkehr aber sollte sie jeden nötigen, ihr die verschlagenste und frevelhafteste Tat seines Lebens zu erzählen. Wenn ihr dann einer den Streich mit dem Dieb erzähle, solle sie ihn festhalten und nicht wieder fortlassen. Als aber das Mädchen die Anordnung des Vaters ausführte, erfuhr der Dieb, weshalb das geschah. Er wollte nun den König an Verschlagenheit noch übertreffen und tat folgendes: Er schnitt der frischen Leiche den Arm an der Schulter ab und nahm ihn unter dem Mantel mit. Als er zur Königstochter kam und sie an ihn die gleiche Frage stellte wie an die anderen, erzählte er ihr: die frevelhafteste Tat seines Lebens sei damals gewesen, als er seinem Bruder, der in der Schatzkammer des Königs in der Falle saß, den Kopf abschnitt, seine verschlagenste Tat, als er die Wächter trunken gemacht und die an der Mauer hängende Leiche des Bruders herabgenommen habe. Als sie das hörte, griff sie nach ihm; aber der Dieb hielt ihr in der Dunkelheit den Arm des Toten hin. Sie griff danach und hielt ihn fest, indem sie meinte, den Arm des Lebenden zu halten. Der Dieb ließ ihr den Arm und entwich durch die Tür.

Als auch das dem König gemeldet wurde, staunte er sehr über die Klugheit und Kühnheit des Menschen. Er sandte schließlich Boten in alle Städte und ließ verkünden, er sichere dem Dieb Straflosigkeit zu und verspreche ihm eine hohe Belohnung, wenn er ihm vor Augen trete. Der Dieb ging voller Vertrauen zum König. Rhampsinitos bewunderte ihn sehr und gab ihm seine Tochter zur Frau, weil er der klügste Mensch auf Erden sei."[34]

Arglistige Täuschung, wiederholter Einbruchsdiebstahl, Tötung eines Menschen und Verstümmelung seiner Leiche – das sind die Frevel, die hier erzählt werden; und dennoch: in alldem war eine überlegene Klugheit und Kühnheit am Werk – sagt nicht irgendein Erzähler oder Zuschauer, sondern der überlistete bestohlene König selbst; er bewundert und belohnt diesen unmoralischen Helden als den „klügsten Menschen auf Erden". (Vgl. Lk 16,8a: Und der Herr lobte den ungerechten Haushalter, weil er klug gehandelt hatte.)

Die Geschichte gibt es in vielen Variationen, eine davon ist „Der Dieb von Brügge" (mehr dazu in Anm. 34), eine andere „Der Meisterdieb" der Brüder Grimm (Die Märchen der Brüder Grimm, GGT 412–413, 1959, 555–561): Die Klugheit des Diebs wird hier allerdings nicht mehr so vorbehaltlos anerkannt wie bei den orientalischen „Verwandten". Der Vater etwa charakterisiert seinen zum Meisterdieb avancierten Sohn folgendermaßen: Er „war ein ungeratener Junge, klug und verschlagen, aber er wollte nichts lernen und machte lauter böse Streiche; zuletzt lief er mir fort ..." und, als dieser heimkehrt, gibt er ihm zu bedenken: „Ach, mein Sohn, ... es gefällt mir doch nicht, ein Dieb bleibt ein Dieb; ich sage dir, es nimmt kein gutes Ende." Der Graf, Pate des Meisterdiebes, will „Gnade für Recht ergehen lassen und nachsichtig" mit ihm verfahren und seine Kunst auf die Probe stellen: der Dieb soll „drei Stücke" bewerkstelligen! Nach der erfolgreichen „Erledigung" der ersten und zweiten Probe muß der Graf ihm zugestehen, „daß er ein gescheiter und listiger Dieb" ist. Aber: als auch das dritte Stück grandios gelingt, wird der Dieb nicht belohnt, sondern „für diesmal" verschont. „Du bist ein Erzdieb und hast deine Sache gewonnen. Für diesmal kommst du mit heiler Haut davon, aber mache, daß du aus meinem Land fortkommst, denn wenn du dich wieder darin sehen läßt, so kannst du auf deine Erhöhung am Galgen rechnen." Diese Schlußbemerkung ist sehr moralisch – die Stärken des Helden werden hier gerade noch erwähnt, gelobt (vgl. Lk 16,8a) werden sie nicht!

Nach dem gleichen Muster wie Herodots schöne Geschichte aus Ägypten gewebt ist u. a. die Erzählung

### Der Knabe und die vierzig Gauner[35]

„In Bagdad lebten einmal vierzig Gauner, die einen Knaben zu sich genommen hatten. ..." Als dieser sich durch eine besonders pfiffige „Leistung" als erfindungsreicher Dieb auszeichnet, gewinnt er volle Anerkennung und Lohn: „Sie nahmen ihn nun ganz in ihre Zunft auf."

### Die Frau mit den zwei Männern[36]

„In Kairo lebte einmal eine Frau, die man Dalla El-Muthala nannte. Diese Frau hatte zwei Männer, die voneinander nichts wußten. Jeder glaubte, die Frau allein für sich zu haben. Sie diente beiden als Frau und keiner ahnte etwas von ihrem Doppelleben. Der eine war ein Gauner, der andere war ein Dieb ..." Eines Tages geschieht, was geschehen muß: die beiden Männer treffen zusammen und erkennen, daß sie die gleiche Frau haben. Als sie diese zur Rede stellen, bekommen sie zur Antwort: „So wahr ich lebe, ihr wart beide meine Männer, und ich war die Frau eines jeden von euch. Von nun an aber wird der von euch beiden mein Mann sein, der sein Handwerk besser versteht und der mir mehr nach Hause bringt." Der Wettkampf zwischen Dieb und Gauner beginnt. Der Dieb erweist sich als überlegen; er dringt bis ins Schlafgemach des zuvor kräftig bestohlenen Königs vor, schaltet dessen schläfrigen Pagen aus, setzt sich selbst ans Fußende des königlichen Bettes, nimmt „den Fuß des Königs auf sein Knie, wie das zuvor der Page getan hatte", reibt ihn und spricht – zum Entsetzen des ängstlich an der Tür lauschenden Gauners – den König an: „O König, ich will dir eine Geschichte erzählen, wenn du mir von deinem Bett aus ruhig zuhörst." Darauf erzählt der Dieb seine Geschichte – von der Frau, die zwei Männer hat, von der Gaunerei des Gauners, vom Diebstahl im Palast und davon, was eben jetzt im Schlafgemach des ahnungslosen Königs geschieht – und schließt mit der Frage: „O König, ist nun die Geschicklichkeit des Gauners größer oder die des Diebes? Welchem von beiden würdest du die Frau zusprechen?" Der König spricht natürlich dem Dieb den Sieg zu, „denn seine Geschicklichkeit ist größer." Darauf verlassen Dieb und Gauner unbemerkt den Palast. Der Dieb berichtet der Frau „alles bis in Kleinste". Ergebnis: a) „Die Frau *lobte* ihn sehr und nahm ihn von nun an als ihren einzigen Mann." b) Als der König am nächsten Morgen begreift, daß er nicht nur Hörer, sondern auch Mitspieler der Geschichte des Diebs gewesen ist, läßt er ausrufen, „daß der Dieb, ganz gleich wer es sei und was er sonst verbrochen habe, zu ihm kommen solle. Er werde ihm kein Haar krümmen. Das Geld, das er aus dem Schatz genommen habe, könne er behalten." Natürlich stellt sich der Dieb, ihm wird verziehen; – hinfort schmückt ihn ein Ehrenkleid als Zeichen der Gunst – und ein Gehalt des Königs!

## Die listige Dalilah[37]

Dalilah, Witwe des verstorbenen Polizeipräfekten von Bagdad, und ihre Tochter Seinab sind ärgerlich darüber, daß sie ein „erbärmliches Leben ohne Gehalt oder Vermögen führen" müssen (653), während der Kalif „zwei hergelaufene Männer" zu hochbezahlten Polizeipräfekten eingesetzt hat. Freilich, diese beiden, Hasan Schuman und Ahmed Denf, gelten auch als schlau und listig, und die Ordnung zu Wasser und zu Lande scheint bei ihnen in guten Händen. Dennoch: die „für ihre große Schlauheit" (653) bekannte Dalilah beschließt: „Ich werde Dinge vollbringen, die meinen Ruf bald so verbreiten werden, daß er den der beiden neuen Polizeipräfekten bei weitem überstrahlt." (653) Listig verkleidet, eine Meisterin in Verstellung und Betrug, stiftet Dalilah mit kühnen Streichen Verwirrung und bringt dabei Schmuck, Kleidung, Hab und Gut der verschiedensten Leute an sich; auch der Gouverneur findet sich unter den Geprellten. Als Dalilah schließlich – nicht auf frischer Tat ertappt, sondern sozusagen freiwillig in ihrem Haus von einem der Präfekten aufgespürt – vor den Kalifen gebracht wird, bekennt sie, nicht aus Habgier gestohlen zu haben, „sondern weil ich zeigen wollte, daß ich deinen neuen Polizeipräfekten an Schlauheit nicht nachstehe." (669) Die auf kriminellem Felde bewiesene Schlauheit wird fürstlich belohnt: Dalilah und ihre Tochter werden „Beamte" im Dienste des Kalifen.

## Die Streiche des Ägypters Ali[38]

Ali, genannt Quecksilber (weil er immer wieder entwischt), steht Dalilah nicht nach; er gehört in den gleichen Erzählungskranz, stammt aus der „Schule" des Ahmed Denf, der mit seinen „Gaunerstreichen in Kairo und später in Bagdad so bekannt geworden" ist, daß ihn der „Fürst der Gläubigen zum Polizeipräfekten von Bagdad ernannt hat" (672). Als Ali nach Bagdad kommt, ist es sein Ehrgeiz, sich hervorzutun und Seinab zur Frau zu gewinnen; das gelingt ihm nach manchem Fehlschlag und vielen „Erfolgen". Seine kriminelle Kreativität ist so groß, daß der Kalif Gefallen an ihm findet, dem „Häuptling der Gauner Ägyptens", dem „Tapferkeit und Klugheit aus den Augen" leuchten. Alis Abenteuer werden aufgeschrieben und im Staatsarchiv aufbewahrt (695 f) – deswegen kann man sie heute noch lesen!

## Mustafa Vekil, der Stellvertreter[39]

Diese von Elsa Sohpia von Kamphoevener überlieferte Geschichte schildert mit unverhohlener Sympathie für ihren Helden dessen Stellvertreterdienste. Der herdenlose Hirte Mustafa ist ein unmoralischer Held, dessen Unmoral auch einen Mord einschließt! Er vertritt zunächst einen erkrankten Herdenbesitzer und dann den ebenfalls erkrankten Kadi einer kleinen Stadt – im Gerichtssaal und im Haremlik: hier mit Charme, dort mit listiger Klugheit zugunsten der armen Hirten gegen die reichen Herren, hier wie dort ohne jegliche Skrupel. Dabei geht er so weit, einen möglichen Nebenbuhler bei einer der (jungen) Frauen des (alten) Kadi kaltblütig umzubringen und seinem „Herrn" sodann die Frau und alle Schätze zu entführen, denn: „Es gibt das, so heißt es, daß irgendwo ein lachender Dew sitzt, der sich den Spaß macht, die Lügner und Betrüger siegen zu lassen ..." (107).

## 4. „Nisami"

In den „Noten und Abhandlungen zu besserem Verständnis des west-östlichen Divans"[40] überliefert Goethe eine Jesus-Geschichte, die belegen will, daß die orientalischen Dichter ohne Bedenken „die edelsten und niedrigsten Bilder" verknüpfen. Ihre Vergleichungen seien uns „oft sehr auffallend und mißliebig". Aber: „wenn der Orientale, seltsame Wirkung hervorzubringen, das Ungereimte zusammen-reimt, so soll der Deutsche ... dazu nicht scheel sehen." Man könnte meinen, hier sei von den anstößigen Gleichnissen Jesu die Rede: sie reimen Ungereimtes zusammen, z.B. die Schlauheit eines betrügerischen Haushalters und rechtes Verhalten angesichts des beginnenden Eschatons. Hören wir weiter.

„Die Verwirrung, die durch solche Produktionen in der Einbildungskraft entsteht, ist derjenigen zu vergleichen, wenn wir durch einen orientalischen Bazar, durch eine europäische Messe gehen. Nicht immer sind die kostbarsten und niedrigsten Waren im Raume weit gesondert, sie vermischen sich in unseren Augen, und oft gewahren wir auch die Fässer, Kisten, Säcke, worin sie transportiert wurden. Wie auf einem Obst- und Gemüsemarkt sehen wir nicht allein Kräuter, Wurzeln und Früchte, sondern auch hier und dort allerlei Arten Abwürflinge, Schalen und Strunke." Ja, es kostet den orientalischen Dichter nichts, „uns von der Erde in den Himmel zu erheben und von da wieder herunter-zustürzen oder umgekehrt. *Dem Aas eines faulenden Hundes versteht Nisami eine sittliche Betrachtung abzulocken, die uns in Erstaunen setzt und erbaut.*

> Herr Jesus, der die Welt durchwandert',
> Ging einst an einem Markt vorbei;
> Ein toter Hund lag auf dem Wege,
> Geschleppet vor des Hauses Tor,
> Ein Haufe stand ums Aas umher,
> Wie Geier sich um Äser sammeln.
> Der eine sprach: „Mir wird das Hirn
> Von dem Gestank ganz ausgelöscht".
> Der andere sprach: „Was braucht es viel,
> Der Gräber Auswurf bringt nur Unglück".

So sang ein jeder seine Weise,
Des toten Hundes Leib zu schmähen.
Als nun an Jesus kam die Reih',
Sprach, ohne Schmähn, er guten Sinns,
Er sprach aus gütiger Natur:
„Die Zähne sind wie Perlen weiß".
Dies Wort macht' den Umstehenden,
Durchglühten Muscheln ähnlich heiß.

Der Haufe sieht das Aas eines faulenden Hundes, Gestank und Auswurf, nichts als das – und kann nur schmähen. „Der so liebevolle als geistreiche Prophet" (sagt Goethe) fordert „nach seiner eigensten Weise Schonung und Nachsicht". „Wie kräftig weiß er die unruhige Menge auf sich selbst zurückzuführen, sich des Verwerfens, des Verwünschens zu schämen, *unbeachteten Vorzug mit Anerkennung, ja vielleicht mit Neid zu betrachten!*" In der Tat: die kleine Szene auf dem Markt benennt – hier auf dem Gebiet der Ästhetik – einen bezeichnenden Zug der Gestalt Jesu, nämlich seine Offenheit und Liberalität, seine Freiheit stiftende Fähigkeit zu liebevoller Differenzierung: einer Differenzierung, die auch die Gleichnisse mit unmoralischen Helden auszeichnet – das Aas eines faulenden Hundes und: „Die Zähne sind wie Perlen weiß".


### 5. Kalendergeschichten

Anhangsweise sollen J. P. Hebels Kalendergeschichten noch kurz erwähnt werden; dazu gehören eine Reihe köstlicher Erfindungen, die zwar nicht als Parallelen einzustufen sind, denn die besondere Pointe jener neutestamentlichen Gleichnisse realisieren sie gerade nicht, aber sie passen nach Thematik und Milieu in deren Umkreis.

Bei Johann Peter Hebel begegnen uns alemannisch-badische „Verwandte" von Ahmed Denf, Dalilah und Ali Quecksilber. Hier heißen sie: Zundelfrieder, Zundelheiner, Roter Dieter oder Jungfer Base.[41] Der christliche Theologe, der in Gestalt des „Rheinischen Hausfreundes" von ihren Schelmereien erzählt, tut das mit sichtlichem Vergnü-

gen und – ohne Zweifel – voller Bewunderung für ihre
Geschicklichkeit.

Ihn, den Hausfreund, bewegt eine „fast mitverschworene Liebe
zu Stromern mit Einfall, mit fast höherem Unvermögen, sich einzu-
gliedern. Alte Schelmengeschichte im Kleinen, gewiß, doch immer wieder erscheint der Zundel-Heiner oder Zundel-Frieder,
auch der rote Dieter, alle wie ein geheimer Liebling, und der
Heiner bekommt kein „Merke" angehängt, wenn er sagt: „Ich geb's
noch nicht auf". Lautere Sympathie atmet in den Ausführungsbe-
stimmungen zu dem Titel: „Wie der Zundel-Frieder eines Tages
aus dem Zuchthaus entwich und glücklich über die Grenze kam".
Dann der russische Soldat (in: „Der betrogene Krämer") oder wie
man für einen Rubel einen Imperial herausbekommt, und nicht
der Betrüger, sondern der Betrogene ist der Lump. Dann gar die
Falschmünzer im Schlößlein der „Merkwürdigen Gespensterge-
schichte", diese so *erfindungsreichen* wie *großherzigen* wie *dank-
baren* Spitzbuben, ganz außer pharisäischem Klischee, so wie
übrigens der vornehme Fremde, erst ihr Opfer, dann fast ihr
Hehler. . . . „Eine gute Tat verläßt das Haus nicht, eine schlechte
läuft meilenweit": bei Hebel geriet's umgekehrt."[42]

Auch der Leser darf sich daran freuen, aber lernen soll er
von den „erfindungsreichen wie großherzigen wie dankba-
ren Spitzbuben" nicht! Und daß der Frieder vom Hausfreund oder gar von einem seiner „Opfer" um seiner Klugheit willen ausdrücklich gelobt würde, – womöglich wie
Ahmed Denf sich ein Polizeipräfektenamt damit verdiente,
das dürfen wir nicht erwarten. Im Rahmen seiner immer
auch sittlich-didaktischen Zielsetzung kann der Erzähler
nicht mehr tun, als einiges zur Entschuldigung seiner Helden zu sagen und – nur zwischen den Zeilen und am
Rande ihre Fähigkeiten feiern.

Als geneigte Leser werden wir ermahnt, „nicht alles für wahr zu
halten", was hier erzählt wird. Über die Protagonisten erfahren
wir, daß sie wie ihr Vater, der am Galgen endete, von Jugend auf
das Diebeshandwerk betrieben, d.h. sie „mordeten . . . nicht und
griffen keine Menschen an, sondern visitierten nur so bei Nacht in
den Hühnerställen und – wenn's Gelegenheit gab – in den Kü-
chen, Kellern und Speichern, allenfalls auch in den Geldtrögen,
und auf den Märkten kauften sie immer am wohlfeilsten ein.

Wenn's aber nichts zu stehlen gab, so übten sie sich untereinander mit allerlei Aufgaben und Wagstücken, um im Handwerk weiterzukommen." (42) Und: Der Zundelfrieder „stahl nie aus Not oder aus Gewinnsucht oder aus Liederlichkeit, sondern aus Liebe zur Kunst und zur Schärfung des Verstandes; hat er nicht dem Brassenheimer Müller den (scil. gestohlenen) Schimmel selber wieder an die Tür gebunden? Was will der geneigte Leser ... mehr verlangen?" (114f) Der Frieder „ist in der Tat nicht so schlimm, wie man ihn zwischen Bühl und Achern hält" (135); wer ihn nicht persönlich kennt – „wie der Hausfreund –, der kann sich keine Vorstellung davon machen, wie ehrlich und gutmütig er sich anstellen und dem vorsichtigsten Menschen so unwiderstehlich das Herz und das Vertrauen abstehlen kann wie das Geld", gelegentlich erweist er sich sogar als Helfer. Seine (kriminelle) List verhilft dem von anderen Spitzbuben betrogenen Goldschmied wieder zu seinem Hab und Gut: „List gegen List" (134–136).

Die schönen Gaunergeschichten werden von ihrem Erzähler durch Rahmenbemerkungen oder ein „Merke" domestiziert und so moralisch tolerabel. „Der vorteilhafte Roßhandel" (185f) z.B. „wird erzählt – nicht zur Nachahmung für leichtfertige Söhne, sondern zur Warnung für leichtgläubige Väter". Und doch: der lustige Student, der seinen unerfahrenen Vater belügt, ihm das eigene Pferd, das angeblich krepiert ist, wieder verkauft und so seine Zechschulden bezahlen kann, ist (eben nicht nur leichtfertig, sondern darin auch) „schlau" (186). – Oder: Die Jungfer Base führt sich als Verwandte aus Amerika beim Herrn Pfarrer von Sulzbach ein, lebt eine Woche lang gut auf dessen Kosten, schließt bei einem Ausflug nach Straßburg mit dem Schulmeister eine „Allianz auf immer und ewig" und versetzt endlich diesen ebenso wie Kutsche und Pferd des Pfarrers, nicht ohne sich brieflich abzumelden und auch den Käufer des „wohlfeilen" Gefährts noch hereinzulegen. Das ist ihr „Meisterstück" gewesen, wie sie gesteht, als sich nach allerlei weiteren Lumpereien „die Gerechtigkeit dreinmengen mußte" (202–209). Dieses Meisterstück wird dem Hausfreund zum Aufhänger für ein „Merke": „Trau, schau, wem. Also halte nicht jedermann für einen Amerikaner, der es nicht ist – am allerwenigsten für einen Vetter aus Amerika oder so was. ... Ferner kaufe nicht jedermann wohlfeil ab, du könntest sonst auf eine andere Art einen Uriasbrief mitkriegen, wenn du nicht ein ebenso großer Schelm bist ..."

Kurz und gut: Zundelfrieder und seine Zunftgenossen sind sympathische Gauner, unmoralische *Helden* sind sie

nicht. Ihre Geschichten führen uns anschaulich und ge-
nüßlich in ein Milieu, das hier und da auch in Jesu anstößigen Gleichnissen vorauszusetzen ist, aber wir werden nicht
angehalten, diese liebenswerten Gestalten – und sei es
noch so partiell – zum Vorbild zu nehmen. Das Lob ihrer
List und Klugheit muß zurücktreten hinter den Hinweis
auf's Recht. Am Schluß der Erzählung „Der schlaue Husar"
(der einem widerstrebenden Bauern mit „Hilfe" des Heiligen Alphonsus 50 Gulden aus der Tasche zieht) heißt es
dementsprechend: „Das war fein und listig, aber eben doch
nicht recht, zumal in einer Kapelle." (12)

# IV

## Picareske Verwandte

In seinem Gleichnisbuch versucht Dan Otto Via, theologisch-existentiale Interpretation mit Hilfe literaturwissenschaftlicher Erkenntnisse neu fruchtbar zu machen. Dabei stellt er in bezug auf die anstößige Geschichte vom ungerechten Verwalter (Lk 16,1 ff) fest:

„... Jesus stellt das Handeln des Haushalters in eine ästhetische Konfiguration hinein, die eine Miniatur dessen ist, was als ‚Schelmenstück‘ (the picaresque mode) bekannt geworden ist. Eine Schelmen-Komödie erzählt die Geschichte eines erfolgreichen Schurken, der die konventionelle Gesellschaft für dumm verkauft..."[1]

Die Beobachtung ist treffend: Lk 16,1 ff weist tatsächlich bis in alle Einzelzüge hinein literarische Ähnlichkeiten mit Werken der picaresken Gattung auf, wie das Folgende noch zeigen wird. Besonders interessant ist es, daß auch in den Analysen über das Picareske auf diese bekannteste anstößige Geschichte Jesu verwiesen wird, bzw. zumindest auf eine ihrer sekundären Anfügungen. So schreibt Wilfried van der Will über den Charakter der Hauptperson, den Picaro:

„Er ist, wie es von den ‚Kindern der Welt‘ im Neuen Testament heißt, mit den Ungerechtigkeiten dieser Welt vertraut."[2] (vgl. Lk 16,8b!)

Die Affinität wird offensichtlich auf beiden Seiten bemerkt. Somit dürfte eine Darstellung des Grundmusters des picarischen Romans erhellend sein für das Verständnis der unmoralischen Gleichnisse Jesu; gleichermaßen aufschlußreich ist ein Blick auf die Rezeption des Literaturtyps seitens der Öffentlichkeit und der Literaturkritik im Vergleich zur Auslegungsgeschichte der jesuanischen Parabeln von der Urkirche bis heute.

## 1. Zur Definition des Picaresken

Eine Picareske erzählt die Lebensgeschichte eines Picaro oder beleuchtet zumindest einen Ausschnitt aus seinem wechselvollen Dasein. „Picaro" – das ist ursprünglich eine Bezeichnung für niedere, aber ehrliche Berufe; das Wort leitet sich höchstwahrscheinlich von dem spanischen Verbum „picar" ab, das Tätigkeiten wie „stechen", „(Fleisch)hacken" oder „(Kleider)ausklopfen" ausdrückt. Ein „picorro" oder „pícaro" ist also ein Mensch in einer untergeordneten Dienerrolle: ein Lanzenträger oder Fußlakai, ein Reitknecht oder Pferdejunge, ein Laufbursche und besonders: ein Küchen- oder Bäckergehilfe (pícaro de cocina). Von Anbeginn an hat das Wort auf Grund seiner sozial niederen Implikation einen abwertenden Beigeschmack, weshalb sich auch bald die Bedeutung „Gauner", „Schurke" herausbildet. Denn:

> „In einer Welt, die sich noch nichts von gesellschaftlicher Gleichheit träumen ließ, kannte das volkstümliche Denken so gut wie keinen Unterschied zwischen sittlicher Verkommenheit und wirtschaftlichem Elend."[3]

> Bereits 1547, nur kurze Zeit nach dem ersten Auftreten des Wortes überhaupt, ist ein Picaro ein „gemeiner Kerl von üblem Lebenswandel"[4] und im Jahre 1726, dabei aber den Sprachgebrauch des 17. Jahrhunderts reflektierend, gibt das erste Diktionär der spanischen Akademie folgende Synonyme für „pícaro" an: „bajo" (niedrig, knechtisch), „ruin" (schlecht, gemein, niederträchtig), „dolosa" (betrügerisch, arglistig), „falto de honra" (unehrenhaft), „vergüenza" (schamlos, unverschämt).[5] Die deutsche Bezeichnung „Schelmenroman" klingt angesichts solcher negativer Klassifizierungen beinahe zu harmlos; dies hängt aber mit der Bedeutungsabschwächung zusammen, die das Wort „Schelm" in vielen Sprachen erfahren hat; auch „picaro" kann im modernen Spanisch als Kosewort benutzt werden, ebenso „rascal" im Englischen.

In locker aneinandergereihten Episoden, die meist nur durch die Hauptfigur zusammengehalten werden, verrät der Schelmenroman etwas über die Kunst, als Picaro zu leben; häufig läßt der Autor den „Helden" seine Geschichte selbst im Ich-Stil erzählen, in anderen Fällen verbirgt er sich als Erzähler so eindeutig hinter seinem Protagonisten, teilt so eindeutig dessen Meinungen und Wertungen, daß die gesamte fiktive Welt des Romans getönt ist von picarischer Sichtweise. Das heißt: der Picaro steht durchaus im positiven Rampenlicht, obwohl er beileibe kein Vorbild an Tugendhaftigkeit und ehrbarem Lebenswandel ist. Denn er ist nicht nur „von einer unüberwindlichen Berufsscheu befallen"[6], nicht nur ausgestattet mit einem „Charakter, der sich nach Behaglichkeit umsieht und nach Plätzen, wo man sich hinlegen kann"[7] (vgl. Lk 16,3: „Erdarbeiten sind mir zu schwer . . ."!), sondern er ist auch mehr oder weniger handfest kriminell, wobei die Unterschiedsnivellierung von „mein" und „dein" zu seinem Hauptbetätigungsfeld gehört. Er ist ein Meister im Falschspiel, fälscht Schecks (!) gekonnt, läßt unauffällig die Silberlöffel der reichen und ihm stets wohlgesonnenen Damen der High Society mitgehen, schmuggelt verbotene Waren, brennt illegitim Schnaps, erpreßt andere mittels Drohbrief oder per Telefon, bricht Kassetten und Geldschränke auf, begeht Straßenraub. Kurz: „mehr Weltkind als Asket"[8] in einem alles andere als harmlosen Sinn! Selten allerdings gehört der Mord zu den picarischen Vergehen; ist der Picaro zwar ein echter Schelm (engl. „rogue") und damit mehr als ein bloßer Schalk, so ist er doch kein durchtriebener Bösewicht (engl. „villain"). Dennoch räumt Frank Wadleigh Chandler, der in seinem zweibändigen klassischen Werk *The Literature of Roguery* (1907) diese für alle weiteren Picaresken-Darstellungen richtungweisende Differenzierung betont hat, mit Recht ein, daß „der Unterschied zwischen den beiden – wie zwischen jedem Spitzbuben und Schurken – weniger vom Grad der begangenen Scheußlichkeit abhängt als vielmehr von der Einstellung des Gauners und der Sicht des Autors."[9] Totschlag bzw. Mord sind in einzelnen Grenzfällen also noch innerhalb der picarischen Welt möglich, dies ist besonders im Blick auf Jesu Geschichte von den rebellischen Winzern von Bedeutung. Neben Diebstahl macht sich der Picaro besonders der Hochstapelei schuldig; ähnlich hier Jesu Verwalter, der bei den Schuldnern seines Arbeitsherrn nichts über seine prekäre Lage verlauten läßt, sondern vorgibt, die alte Position noch sicher innezuhaben. Im Grunde in der Abhängigen- und Dienerrolle verwurzelt, kann es der Picaro nicht unterlassen, in fremde Kleider zu schlüpfen und mit perfekter Verwandlungsgabe in sozial höhere Kreise zu avancieren: gestern noch als Liftboy Felix Krull im Hotel „Saint James and Albany" beschäftigt, heute schon als Marquis de Venosta die Welt bereisend (Thomas Mann, *Bekenntnisse des Hochstaplers Felix Krull*, 1954). Nun wird aber häufig, und hier scheint es sich fast um einen Widerspruch zu handeln, – die satirische, gesellschaftskritische Funktion des Picaro erkannt und betont. Und dies zu Recht, bleibt dieser Held doch auch in der High Society letztlich ein Außenseiter; er paßt sich ihr nur äußerlich an, um sie auszunutzen und behält somit seine „Froschperspektive", seinen natürlich-schelmischen Blick von unten her für alles Aufgesetzte, Lächerliche, Seichte. Mit satirisch-bissigen Bemerkungen wird denn auch nicht gespart; so beschreibt Gulley Jimson, picaresker Held aus Joyce Carys *„The Horse's Mouth"* (1944; dt. *Des Pudels Kern*) seinen wohlhabenden Auftraggeber Sir William Beeder und dessen Frau, Her Ladyship:

„Sie waren so reich und christlich, daß sie jedem vergaben, bevor er sprach, und alles verziehen, bevor es geschah – solange es nicht ihnen geschah".[10]

Zweifellos eignet dem Picaro also eine gewisse entlarvende Funktion, aber – und hier löst sich der oben angeführte, scheinbare Widerspruch auf – er ist kein Gesellschaftskritiker im ideologisch-konstruktiven Sinn, er ist kein Rebell, kein Revolutionär. Nicht das ist sein Ziel: daß sich der Zustand der Welt verbessert, sondern nur dies: daß es ihm selbst gut und besser ergehen möge. Gulley Jimson tut sich am reich gedeckten Tisch der Beeders gütlich, und da Sir William Abstinenzler und seine Frau um ihre Figur besorgt ist, gelingt ihm dies denn auch vorzüglich – er ißt und trinkt für drei. Typisch picaresk auch Felix Krull:

„Nicht doch, Herr Generaldirektor! Ich finde die Gesellschaft reizend, so wie sie ist, und brenne darauf, ihre Gunst zu gewinnen."[11]

Eher Opportunist als Idealist also, hat der Picaro stets mehr Freunde als Feinde, die ihn notfalls tatkräftig unterstützen, „in ihre Häuser aufnehmen" (Lk 16,4). So ist bereits Simplicissimus, der erste deutsche Picaro, kreiert von Hans Jakob Christoffel von Grimmelshausen in den Jahren 1668–70, immer darum bemüht, „jedermanns Freundschaft zu behalten, so lange ich noch in derselbigen Vestung zu verbleiben... willens war."[12] Keineswegs gehört es also zu den positiven Eigenschaften des Picaro, Programmvorschläge zur Beseitigung von Mißständen zu machen. Aber der Picaro ist auch keine rein destruktive Figur, seine Funktion erschöpft sich nicht in der Entlarvung des Falschen und Dekadenten.[13]

Was nun das eigentlich Vorbildhaft-Positive dieses Helden ist – und eben hierauf kommt es im Vergleich zu den anstößigen Bildern Jesu besonders an – das soll nach einem Überblick über Entstehung und Entwicklung der Picaresken-Gattung aufgezeigt werden.

## 2. Entstehung und Entwicklung der Gattung

Picareske Züge finden sich vielfach und früh: so z.B. im *Satyricon* des Petronius oder im *Goldenen Esel* des Apuleius, auch die Schwankliteratur des Mittelalters hat entscheidend zur Bildung des Genre beigetragen. Eigentlich ins Leben gerufen wird die Gattung aber erst im Jahre 1554 mit dem anonymen, spanischen Roman *La Vida de Lazarillo de Tormes y de sus fortunas y adversides* (dt. *Das Leben des Lazarillo von Tormes, seine Freuden und Leiden*). Mit der Geschichte dieses armen Lazarus, der jedoch gar nicht daran denkt, vor den Toren der Reichen zu verhungern (wie sein Namensvetter aus Lk 16,19–31), begegnet hier zum ersten Mal in der Literatur ein wirklich unedler Held, kein Ritter, kein Aristokrat, kein siegreicher Heerführer, sondern ein Bettler, ein Gauner, ein verkommenes Subjekt. Die Gründe für dieses plötzliche Interesse an einem plebejischen Helden sind zum einen politisch-sozialer, zum anderen literarischer Art.

Zum ersten: Mit der Blüte des Goldenen Zeitalters Spaniens gehen bald die ersten Verfallserscheinungen einher. Die allgemein einsetzende Landflucht und die Teuerungen führen zu Beschäftigungslosigkeit und Kriminalität in den Städten; Spanien verarmt mehr und mehr, nicht zuletzt durch seine aufwendige Kriegführung – 1588 schließlich setzt der Untergang der Armada der spanischen Seeherrschaft ein Ende. All dies hat erhebliche Auswirkungen auf das Sozialgefüge: Es bilden sich Spannungen zwischen Arm und Reich, wobei der Adel die Schwierigkeiten jedoch ignoriert und sich in vergangenem Ruhme sonnt. Aus dieser Situation heraus wird der Picaro geboren, genährt von dem Milieu der überbevölkerten Städte und Vorstädte, in der Gosse aufgewachsen und mit ihr vertraut, tiefer stehend, aber auch tiefer blickend als sein adliger Bruder:

„Picaro kommt und deckt das Falsche und Hohle in der Lebensweise des Hidalgo auf und macht ihn lächerlich."[14]

Zum zweiten: Mit der sozialen geht eine ästhetische Umorientierung einher. Die Helden- und Liebesepen, die Ritterromane werden als unwirklich entlarvt, als phantastische Patrizierträumerei. Der Realismus[15] setzt sich durch, und mit ihm wird der unverstellte Blick eröffnet für das, was wirklich ist und wie es ist – die Literatur der Plebejer ist auf dem Vormarsch:

„Das Unbedeutende betrat die Bühne mit unverschämter Keckheit – so sehr es sich auch entschuldigen mochte –, um einzig und allein seinen radikalen Mangel an Heroismus zur Schau zu stellen."[16]

Durch Übersetzungen des *Lazarillo* sowie einiger weiterer spanischer Picaresken[17] wird die Gattung in Deutschland bekannt, ebenso in England, wo sie besondere Popularität erlangt.[18] Nachhaltiger als in den anderen europäischen Nationen regen die spanischen Vorbilder hier denn auch zu einiger Nachahmung an. Bereits 1594 erscheint Thomas Nashe's *The Unfortunate Traveller, or the Life of Jack Wilton*, zugleich der erste eigentliche Roman Englands. Jack Wilton, Page aus der Zeit Heinrichs VIII, erzählt sein abenteuerliches Leben – mit unverhohlenem Stolz auf seine unzähligen Schelmenstreiche, mit denen er sein Dasein immer wieder angenehmer gestaltete. Von seinem Aufenthalt im Feldlager des Königs schreibt er:

„. . . ich zermarterte mir mein Gehirn, damit ich glücklich leben konnte (winnowing my wits to live merrily), und bei meiner Treu, es gelang mir. Der Prinz konnte den Männern nur befehlen, ihr Blut in seinem Dienst zu vergießen; – ich aber konnte sie veranlassen, alles Geld, das sie besaßen, zu meinem Vergnügen auszugeben."[19]

Im typisch picaresken Stil in der Retrospektive erzählt, wird der Bericht immer wieder unterbrochen von einem Hinweis auf die Gegenwart des Schreibenden, der sich, mit der Feder in der Hand und einem gefüllten Becher neben sich, gar nicht genug über sich freuen kann:

„Hier laßt mich eine Weile meinen Triumph auskosten und eine oder auch zwei Zeilen lang über die Vorzüglichkeit meines Verstandes (the exellence of my wit) nachsinnen . . ."[20]

Mit ihm könnte sich vielleicht auch der Leser freuen, wäre ein Picaro im elisabethanischen Gewand nicht doch etwas zu derb für das moderne Empfinden; stellenweise wirkt das Buch einfach abstoßend.[21]

Ganz anders in Stil und Darstellungsweise, „lesbarer" damit, wenn auch oft etwas zu melodramatisch, ist Daniel Defoes *Moll Flanders* (1722). Der volle Titel ist aufschlußreich genug:

„Glück und Unglück der berühmten Moll Flanders, etc., die in Newgate geboren wurde und die, abgesehen von ihrer Kindheit, sechzig Jahre lang ein dauerhaft abwechslungsreiches Leben führte: die zwölf Jahre lang Hure, fünfmal Ehefrau (einmal die ihres eigenen Bruders), zwölf Jahre lang Diebin und acht Jahre deportierte Verbrecherin in Virginia war, die zuletzt dann reich wurde, ehrlich lebte und als Bußfertige starb. Nach ihren eigenen Aufzeichnungen geschrieben."

Außer durch Stehlen sichert sich Moll ihren Lebensunterhalt also mit Prostitution und durch fünf Heiraten mit einigermaßen gut gestellten Persönlichkeiten – hier ist das typische Motiv vom Picaro als Diener vieler Herren in die weibliche Perspektive des 18. Jahrhunderts umgesetzt worden. Besser als Nashe gelingt es Defoe, seine Heldin dem Leser sympathisch erscheinen zu lassen – nicht umsonst zählt er zusammen mit Richardson, Fielding und Smollett zu den Schöpfern des englischen Romans im eigentlichen Sinn.

Von der Mitte des 18. Jahrhunderts ab und dann das ganze 19. Jahrhundert hindurch gibt es keine wirklichen Picaresken; zwar erinnern Tobias Smolletts *The Adventures of Roderick Random* (1748; dt.: *Die Abenteuer des Roderick Random*) und Henry Fieldings *The History of Tom Jones, a Foundling* (1749; dt.: *Die Geschichte des Tom Jones, eines Findlings*) in vielen Zügen deutlich an die Gattung, aber die Helden sind aufs Ganze gesehen zu liebenswert-harmlos, als daß man sie zu den echten Picaros rechnen könnte. Im 19. Jahrhundert leistet die Entstehung der Detektiv- und Kriminalliteratur der Verdrängung des Picaresken weiteren Vorschub. Eindeutig Motive des Schelmenromans aufnehmend (Gaunermilieu, Deliktbeschreibung etc.), ereignet sich hier doch ein bezeichnender Perspektivenumschlag; im Zentrum steht jetzt der Vertreter für Recht und Gesetz, der den Außenseiter erbarmungslos verfolgt und ihm so gut wie immer überlegen ist.[22] Wenngleich auch Klassifizierungen des sog. „viktorianischen Zeitalters" (1837–1901) als „prüde" und „selbstgerecht-verlogen" mit Sicherheit zu pauschal sind und der Vielfalt der zeitgenössischen (oftmals ja auch kritisch ausgerichteten) Literatur nicht gerecht werden, so ist es doch vielleicht kein Zufall, daß in dieser Zeit kein wirklich picareskes Werk entsteht.

Ein Wiederaufleben ist dem Picaresken erst im 20. Jahrhundert beschieden, besonders in England und in Amerika. Aber auch deutsche Werke fehlen jetzt nicht: Thomas Manns *Bekenntnisse des Hochstaplers Felix Krull* (1954) ist ganz eindeutig ein Schelmenroman, und mit Albert Vigoleis Thelens *Die Insel des zweiten Gesichts* (1953), mit Grass' *Blechtrommel* (1959) und Martin Walsers *Halbzeit* (1960) liegen zumindest wieder Romane mit picaresken Zügen vor. Die Rückbesinnung auf diese alte Gattung dürfte damit zusammenhängen, daß in der Moderne der Konflikt zwischen Individuum und Gesellschaft wieder stärker empfunden wird.[23]

In England ist es zweifellos Joyce Cary, der der echten picaresken Tradition am stärksten verpflichtet ist. Mit *Herself Surprised* (1941; dt.: *Frau Mondays Verwandlung*), dem ersten Band der sog. „Ersten Trilogie" Carys, liegt ein erster

Versuch in diesem Genre vor, der dann seine meisterhafte, literarisch ausgereifte Fortsetzung findet im dritten und letzten Band eben dieser Trilogie; zu Unrecht ist *The Horse's Mouth* (1944, dt.: *Des Pudels Kern*), mit dem damals dem Autor der Durchbruch zum Ruhm gelang, wieder etwas in Vergessenheit geraten. Carys Trilogie (der zweite Band ist in diesem Zusammenhang unwichtig, weil nicht picaresk) ist insbesondere im Blick auf seine Erzählperspektive interessant; in allen drei Romanen treten dieselben Charaktere auf, aber jedesmal ist das erzählende Ich ein anderes. Die Erzählerin in *Herself Surprised* ist Sara Monday, eine Ur-Ur-Enkelin der Defoe'schen Moll Flanders. Bezeichnend schon der allererste Satz:

„Als der Richter mich ins Gefängnis steckte, sagte er, ich hätte mich benommen wie eine Frau ohne jeden Sinn für Moral."[24]

Vom Gefängnis aus schildert Sara rückblickend ihr Leben, über dessen unkonventionelle Gestalt sie ständig „herself surprised" (selbst überrascht) bleibt:

„Was meine Diebstähle angeht, ... ich wundere mich immer noch, ... Wie ich dazu kam, so ein doppeltes Leben zu führen, darüber kann ich nichts sagen, außer, daß ich mich ans Stehlen gewöhnte..."[25]

Weil gleich und gleich sich gern gesellt, fängt für sie das eigentliche Leben erst an, als sie Gulley Jimson begegnet und sich nach dem Tode (oder schon vorher? Sara leugnet dies, Jimson aber gesteht es freimütig) ihres bürgerlichen, etwas unsicheren und lebensscheuen Ehemanns Matthew Monday eine Affäre zwischen beiden entwickelt. Jimson ist der Erzähler in *The Horse's Mouth*. Er ist Kunstmaler und Lebenskünstler, aber auch Bigamist, Gelegenheitsdieb, brutaler Schläger, Schwindler, Erpresser. Mit einigen Rückblenden versetzt, wird in *The Horse's Mouth* ein Einblick gegeben in die Existenzweise eines typischen Picaro im ganz ursprünglichen Sinn: Jimson erzählt, wie es ihm jetzt als Siebenundsechzigjährigem ergeht, immer noch ohne Dach über dem Kopf und ständig zwischen Gefängnis und Freiheit hin und her pendelnd. Bezeichnend für die beiden

Charaktere ist das Ende des Romans: Bei einer tätlichen Auseinandersetzung um Jimsons Bilder, um die ihn Sara ständig betrügt, kommt sie durch sein brutales, wenn auch ungewolltes Verschulden ums Leben – nicht ohne wenige Minuten vor ihrem Tode noch die Polizei von Jimsons Spur abzubringen. Sie beschreibt einen imaginären Täter!

Ein Jahrzehnt vorher (1935) liegt mit John Steinbecks *Tortilla Flat* (dt.: *Die wunderlichen Schelme von Tortilla Flat*) bereits eine Neopicareske in Amerika vor. Die liebenswerte Erzählung ist die Geschichte von Danny und seinen Freunden, von mexikanisch-indianisch-spanischen Paisanos, die ihr Leben in Tortilla Flat, einer Siedlung nahe der kalifornischen Stadt Monterey auf eine höchst eigenwillige Weise fristen:

> „Unberührt vom Existenzkampf der amerikanischen Nachkriegsgesellschaft leben sie in den Tag hinein, diskutieren, saufen, huren und warten ,auf das tägliche Wunder des Essens', dem sie freilich durch allerlei Listen gehörig nachhelfen."[26]

Als ernsthaft kriminell kann man diese Helden allerdings kaum bezeichnen. Schlimmeres als das Stehlen von Hühnern aus dem Garten der Nachbarin und von Picknickkörben reicher Ausflugsgesellschaften begehen sie nicht. Danny und seine Freunde sind eher witzig-geistreiche Possenreißer, Schelme in der heutigen, abgeschwächten Bedeutung. So verfallen sie z.B. einmal auf den Trick, den Fischern in ihren Booten Schimpfnamen zuzurufen, woraufhin diese verärgert mit Makrelen werfen – und damit ist dann für das Abendessen gesorgt.

Das Ausmaß der Unmoral ist bei den neopicaresken Helden[27], den sog. „Antihelden", deutlich geringer als bei ihren älteren Brüdern, den Picaros.[28] Daß beide trotzdem offenkundig miteinander verwandt sind, wird sich erweisen, wenn jetzt die Rede sein soll von den positiven Eigenschaften dieser Charaktere, die zugleich die vorbildhaften Merkmale jener Helden sind, denen wir in den anstößigen Gleichnissen Jesu begegnen.

## 3. Die positiven Eigenschaften der Picaros

Zweifellos vergehen sich die Picaros auf moralischem Gebiet. Mit den Augen der Moral betrachtet, bleibt nur Entrüstung und Verachtung für diesen Charakter übrig, auch seine kritisch-entlarvende Funktion in bezug auf jegliche Heuchelei oder ideologischen Fanatismus kann so nicht erkannt werden; was die Moral angeht, so ist und bleibt ein Picaro ein Schurke, nichts weiter. Schwerlich jedoch wird man dem Picaro mit dieser einfachen Aburteilung gerecht; man läßt sich nämlich gar nicht auf seine Voraussetzungen ein. Die picarische Welt ist von vornherein amoralisch konzipiert:

> „Der Schelm hat weder ein Gewissen noch ein Über-Ich noch jene Hemmungen, die vom Verständnis der Gesellschaft über gut und böse hervorgerufen werden. Nicht daß er ein Feind dieser Vorstellungen wäre oder dem Maßstab der Erwartungen nicht genügte, nach dem wir ihn beurteilen; *er lebt vielmehr in einer völlig anderen Welt.*"[29]

„In einer völlig anderen Welt", das bedeutet nun aber: Auf die Moral kommt es nicht an, weder bei der Interpretation des Picaro noch bei der Deutung der picaresken Gleichnisfiguren Jesu.

Worauf jedoch kommt es an? In der eben angeführten Beschreibung des picarischen Charakters von Robert B. Heilman heißt es weiter:

> „Er lebt außerhalb der ‚gewöhnlichen' Empfindungen der Gesellschaft: *die Hypertrophie seiner praktischen Intelligenz* ersetzt die volle Entwicklung seines Gemüts."[30]

Weiterhin schreibt Heilman, daß es geradezu eine Begriffsbestimmung des Picaresken ist, „sich mit Pfiffigkeit durchs Leben zu schlagen", daß den Picaro eine „geistige Beweglichkeit" auszeichnet, und „eine unmittelbare Wachheit des Verstandes", daß er „Weltweisheit" besitzt und „eine genaue Einsicht in Reaktionen, derer man sich vorteilhaft bedienen kann."[31] Kurz: Der Picaro ist die Verkörperung der Cleverness schlechthin, ein „Kniff- und Pfiffgenie"[32], und in diesem Aspekt besonders dem Haushalter und den Winzern verwandt. Selbst in einer Situation akuter Existenzbedrohung benötigt der Verwalter nicht viel Zeit bis zu seinem „Ich weiß, was ich tue" und auch der Weinbergbesitzer ist mit seiner vermeintlich klugen Spekulation über die Vollmachtsstellung des Sohnes seinen Pächtern eindeutig unterlegen; gerade indem diese die besondere Position des Sohnes erkennen, setzen sie zum endgültig vernichtenden Schlag gegen ihren Herrn an. Auf Schritt und Tritt begegnen in den picaresken Romanen Hinweise auf die Weltklugheit und Lebensgewandtheit, den „wit" der Helden (man beachte die Doppeldeutigkeit des englischen Wortes: „wit" heißt auch „Witz", vgl. das deutsche „gewitzt"). Jack Wilton preist die hervorragende Schärfe seines Geistes ganz ungeniert an (s.o.S. 94), erklärt, warum skrupellose Weltweisheit für den Picaro schlechterdings lebensnotwendig ist („Die Gefahr macht jeden Menschen intelligent.")[33] und rechtfertigt die schamlose Übertölpelung des Opfers schlicht mit einem Hinweis auf dessen Dummheit („Adam fiel nicht, bis Gott die Narren erschuf.").[34] Auch Moll Flanders freut sich über ihre Kunstfertigkeit beim Diebstahl und stimmt auf sich selbst ein Loblied an:

„... ich entwickelte mich zum größten Künstler (artist!) meiner Zeit und arbeitete mich mit ... Geschicklichkeit aus jeder Gefahr heraus ..."[35]

Denn wie ihr Gesinnungsgenosse aus dem jesuanischen Gleichnis (Lk 16,1ff) zeigt sie gerade erst bei absoluter Bedrohung, wozu sie fähig ist:

„... ich hatte immer am meisten Mut, wenn ich mich in der größten Gefahr befand."[36]

Die Opfer sind (beinahe) selber schuld, sie sollen gefälligst nicht so töricht sein: „... die Frau, an deren Armbanduhr ich gezogen hatte, war eine Närrin."[37] Auch die Arbeitgeber im Haushalter- und Winzergleichnis sind Narren, zumindest im Vergleich zu ihren Untergebenen, die ihnen in Wirklichkeit alles andere als unterlegen sind. Allzu vertrauensselig betraut der Herr seinen Verwalter trotz dessen

„Ungerechtigkeit" mit der Aufgabe, seine Abrechnung selbst anzufertigen und vorzulegen[38], und der Weinbergbesitzer pocht, ungeachtet der bereits erwiesenen Skrupellosigkeit seiner Pächter, immer noch auf Ehre und Respekt.

Auch bei Sara Monday ersetzt die „Hypertrophie ihrer praktischen Intelligenz" ihre ethische Unvollkommenheit. Der Richter, der gleich eingangs ihren fehlenden Sinn für Moral bemängelt, stellt weiterhin fest:

> „Sie mag eine schlechte Erziehung genossen haben, wie es die Verteidigung geltend machte, aber sie ist sicherlich intelligent."[39]

Sie selbst lächelt mit unverhohlener Begeisterung über sich selbst, als ihre zahlreichen Tricks vor Gericht enthüllt werden (sie hat nicht nur erfolgreich Gulley Jimson, sondern auch ihren zweiten Geliebten und Arbeitgeber, den Juristen Mr. Wilcher bestohlen): „und die Zeitung hat alles gedruckt"![40]

Die Helden aus *Tortilla Flat* unterscheiden sich stark voneinander, was den Grad ihrer picardía angeht. Am eindeutigsten picaresk erscheint Pilon, der wie ein Bandenführer die meisten Streiche allein ausheckt. Pilon, so schreibt Steinbeck, ist „eine listige Mischung aus Gut und Böse" („a cunning mixture of good and evil")[41] und mit „erbarmungsloser Logik" („pitiless logic")[42] ausgestattet; er gefällt sich über alles im denkerischen Kalkül und haßt es, wenn ihm die Lösungen zu einfach geboten werden. Ein Beispiel für die Verschlagenheit dieses Helden sei hier kurz angeführt. Als Danny sich schließlich bereiterklärt, die Freunde bei sich wohnen zu lassen, gibt Jesus Maria, ein auf Grund seiner naiven Menschlichkeit fast nicht mehr als picaresk zu bezeichnender Charakter, aus lauter Dankbarkeit für alle das großartige Versprechen ab, von jetzt an für Dannys Essen zu sorgen. (Typisch hier im übrigen die Reaktion der anderen: „Pilon und Pablo blickten alarmiert auf, aber die Sache war nun einmal gesagt"!)[43] Nun ist es an Pilon, sich zu überlegen, wie das nötige Geld aufgetrieben werden kann. Seine Gedanken bleiben an dem geistig zurückgebliebenen „Pirate" des Dorfes hängen (man nennt ihn allgemein so wegen seines wildwachsenden Bartes).

Jedermann sieht diesen „Pirate" täglich mit einem Karren durch die Straßen ziehen und Holz verkaufen, noch keiner aber sah ihn jemals im Besitz von Geld. Für Pilon steht fest, daß er heimlich einen Schatz angehäuft haben muß. Fest steht für Pilon weiterhin, daß der „Pirate" offensichtlich nichts mit seinem Geld anzufangen weiß; er lebt zusammen mit seinen fünf Hunden auf armselige Weise in einem alten, verlassenen Hühnerhaus. Beides, die gewisse Krisensituation (es ist kein Geld für Dannys Essen da) und das geistig unterlegene Opfer fordern den echten Picaro heraus:

„Pilon war zum Sprung bereit wie die Katze, die sich während einer langsam verrinnenden Stunde allmählich an einen Spatzen heranmacht. ‚Ich hab's!' rief sein Verstand aus. ‚Es ist so: Der ‚Pirate' hat Geld, aber nicht den Verstand, es zu gebrauchen. Ich habe den Verstand! Ich werde ihm meinen Verstand zum Gebrauch anbieten. Ich will freimütig von meinem Geiste abgeben. Das soll mein Liebeswerk sein für diesen armen, kleinen, halberschaffenen Mann.'"[44]

Von der anderen Seite sieht das „Liebeswerk" so aus, daß es nach Pilons Meinung am vernünftigsten wäre, wenn auch Danny und seine Freunde von dem Geld des „Pirate" profitieren. Stellenweise hat man hier den Eindruck, als ob Steinbeck sich von Lk 16,1 ff her hat inspirieren lassen (neben dem der angestrengten Überlegung folgenden „Ich hab's" vgl. besonders das Motiv der als Altruismus getarnten Eigenliebe)!

Das erste Ergebnis hinsichtlich der picarischen Eigenschaften lautet also: Geistesgegenwart statt Ethik. Auf bewundernswerte Weise läßt sich der Picaro niemals unterkriegen, sondern ist ständig um Existenzverbesserungen bemüht, gerade Krisensituationen nutzt er für dieses Ziel aus. In einem tieferen, existentiellen Sinn ist dies Charakteristikum im übrigen höchst „moralisch" und wird von Robert Alter auch so bezeichnet:

Der Picaro „bestätigt durch all seine Abenteuer hindurch, daß er zumindest einen bedeutenden moralischen Wert hat: den Mut, sich auf sich selbst zu verlassen und allen menschlichen Scharfsinn einzusetzen ..."[45]

Da der Picaro sich ständig dem Kampf um das nackte Dasein ausgesetzt sieht (der Existenzkampf ist durchgängiges Strukturelement des Picaresken), ist es schlechterdings notwendig, daß er sich klug und umsichtig verhält. Die skrupellose Ausnutzung seines gesamten Intelligenzpotentials dient also einzig seinem Überlebenwollen, und Überleben ist die Kunst, die er meisterhaft beherrscht: „and survival is his art."[46] Hier kommt das zweite positive, eng mit dem der Cleverness verbundene Charakteristikum des Picaro ins Spiel: Er strahlt eine ungeheure Vitalität aus; ungebrochener Lebensmut, kraftvolle Entschlossenheit, kurz: ein Ja zum Dasein trotz aller Widrigkeiten und Fährnisse ist es, was den Picaro vor allen anderen Charakteren – und seien sie noch so gerecht und „moralisch" – auszeichnet. Er ist mehr als ein bloßer Meister im Kalkül, eher ein Meister der Existenzverbesserung mit Hilfe gekonnten Kalküls:

> „List und Tücke dienen ihm nur als Angriffswaffen. Zur Verteidigung dient seine heitere Gelassenheit."[47]

In diesem Zusammenhang ist Dan Otto Vias existentiale Interpretation interessant: Lk 16,1 ff gehört nach seiner Einteilung zu den „komischen" Gleichnissen, weil es auf Existenzgewinn hinausläuft; das Erzählgefälle besteht aus einer eindeutig aufsteigenden Linie, der Schluß steht in positivem Kontrast zum Anfang.[48]

Die Beobachtung läßt sich auf die Geschichte von den bösen Winzern[49] übertragen und besonders deutlich auch auf das kleine Gleichnis vom Schatz im Acker; hier liegt das Motiv einer positiven Lebenszugekehrtheit in wörtlicher Formulierung vor: „und in seiner Freude ging er hin" (Mt 13,44). Sicher ist es nicht zufällig, daß Vitalität gerade zum Charakteristikum des unmoralischen Helden wird: Was unbeirrbare Entschlossenheit zwecks voller Lebensverwirklichung bedeutet, läßt sich offenbar besonders gut an Charakteren demonstrieren, deren Handlungsspielraum auf wenig Restriktionen stößt (und ethische sowie moralische Normen bedeuten ja in jedem Fall auch Beschränkungen des Handelns). Bezeichnend ist, daß bei den domestizierteren Picaros, die neben Eigenliebe auch noch über uneigennützige Nächstenliebe verfügen, gerade die mit der vitalen Lebensbewältigung verknüpfte Cleverness fehlt. Pablos kopfschüttelndes Urteil über Jesus Maria, seinen harmlosen menschenfreundlichen Schelmenkumpan, lautet: „Er hat den Verstand eines Grashüpfers" („His is a grasshopper brain").[50] Die literarischen Parallelen zeigen, daß es nicht eben verwunderlich ist, wenn auch Jesus „bedenkliche" Helden wählte, um kluge Entschlossenheit zu demonstrieren, wenngleich es für ihn sicher noch gewichtigere Gründe als die hier genannten ästhetischen Möglichkeiten gegeben haben dürfte, sich mit den „Picaros Palästinas" in seinen Geschichten zu beschäftigen.

In den Gleichnissen Jesu muß das Vitalitätsmoment an der kraftvollen, aber unmoralischen Handlung selbst abgelesen werden, so daß genaue und schwierige Differenzierung notwendig ist. Die Picaresken hingegen erleichtern ihren Lesern den Zugang dadurch, daß das Motiv der Vitalität häufig isoliert vorhanden ist; es herrscht einfach eine lebenszugewandte, freudige Grundstimmung. Wenn sich der Held auch in einigen Situationen zweifelsohne recht abenteuerlicher Praktiken bedient, so erweist er sich doch in anderen als guter Kerl, vor allem als einer, der nie seine Zuversicht verliert. Das heißt: Der Roman nimmt dem Leser die so schwierige Differenzierung zwischen Unmoral und Entschlossenheit/Lebensfreude zum Teil schon ab. Hier wirkt sich der Gattungsunterschied von Roman und Gleichnis aus. Der erstere hat mehr an Zeit und Raum zur Verfügung, er braucht den Helden nicht nur als Kriminellen zu porträtieren, sondern kann ihn in verschiedenem Licht erscheinen lassen. Das kurze Gleichnis dagegen muß ohne Umwege auf sein Ziel zusteuern und darum auf der ästhetischen Ebene Züge miteinander verbinden, die bei der Rezeption dann wiederum zu differenzieren sind. Wenngleich der Roman auch weitaus vielschichtiger als das Gleichnis ist und ihm deshalb an eindeutiger didaktischer Funktion unterlegen, so ist er doch deutlich im Vorteil, was Identifikationsmöglichkeiten und Sympathiewerbung hinsichtlich des Protagonisten angeht. Eine angenehme Welt voll entspannter Leichtigkeit kann sich dem Leser auftun:

„In den picaresken Romanen ist der Ernst der Existenz merklich gemildert: hier, so empfindet man, ist das Leben so, wie es gelebt werden könnte ...", denn „vermutlich ist die grundlegende Voraussetzung der picarischen Welt, daß das Leben gut ist, wenn auch schwer."[51]

Eine Reihe von Beispielen seien angeführt, um das Gesagte zu belegen und zu unterstreichen:

Als der fünfte Ehemann der Moll Flanders, ein bürgerlicher Bankier, sich zutiefst über einen finanziellen Verlust grämt, mahnt sie ihn mit Worten, die ihr eigenes Motto sein könnten:

„... im Unglück zu versinken bedeutet, die Last zu verdoppeln, und wer mit ihm untergehen will, der wird es auch."
(„... to sink under trouble is to double the weight, and he that will die in it, shall die in it.")[52]

Dieselbe Auffassung verrät Gulley Jimsons Äußerung über Saras ersten Ehemann, Mr. Matthew Monday, als dieser im Sterben liegt und von Geistesverwirrung und krankhaften Schuldgefühlen heimgesucht wird:

„Er leidet nicht wegen seiner armseligen Sünden, sondern weil er ein Feigling war und weil er seine Heiterkeit verlor. Das ist eine sichere Methode, in die Hölle zu kommen."[53]

Die einzige Sünde, die es innerhalb der unmoralischen Welt des Picaro gibt, ist, das Leben nicht zu lieben. Alles wagen, notfalls sich selbst, sich dem Abenteuer des Daseins aussetzen und damit erst eigentlich Leben gewinnen: das ist picarische Tugend. Beklemmende Lagen sind kein Anlaß zu Melancholie und Verzweiflung, sondern erfrischend tatkräftig, wenn auch etwas naiv, verkündet der Picaro (hier in Gestalt eines deutschen Vertreters dieser Zunft, Hermann Lohaus): „Beklemmungen sind dazu da, daß man hindurch und hinausklimmt" (Rudolf Krämer-Badoni, In der großen Drift (1948).[54] Einer der vitalsten Picaros ist aber zweifellos der Maler Gulley Jimson. Mit seinen fast philosophisch-reflektierenden Kommentaren gibt er die Heiligung der Welt zu bedenken und zeigt damit am deutlichsten, warum der picarische Lebensstil trotz seiner Unmoral etwas mit der Praxis Jesu, seiner Weltzuwendung und Sünderliebe gemein hat:

„Denn alles, was lebt, ist heilig. Das Leben ergötzt sich am Leben." („Life delights in life.")[55]

Freude und Lachen bekommen bei Jimson religiöse Bedeutung, sie ersetzen das ernsthafte, von der Welt abgekehrte Gebet, eine Haltung, die der Protagonist noch bis in die letzte Stunde seines Lebens durchzuhalten vermag. Das Buch schließt mit einer Szene im Krankenwagen: Gulley hat einen Schlaganfall erlitten und beginnt auf dem Weg ins Hospital ein Gespräch mit der Nonne, die ihm krankenpflegerische Hilfe leisten soll. Gewissenhaft ist sie um das leibliche und seelische Wohl ihres Patienten besorgt, der allerdings unter „Wohl" etwas völlig anderes zu verstehen scheint als sie:

„,Es ist gefährlich für Sie zu sprechen, Sie sind ernsthaft krank.' – ,Nicht so ernsthaft, wie Sie gesund sind. Wie kann es angehen, daß Sie das Leben nicht genießen, Mutter? Ich würde mich in diesem Moment halb totlachen, wenn es mir körperlich nur ein wenig besser ginge.' – ,Sie täten besser daran, zu beten.' – ,Mutter, das ist dasselbe.' "

Das Stück lebt vom Stil des Autors und der prägnanten Kürze der englischen Sprache, deshalb hier ausführlich das Original:

„,It's dangerous for you to talk, you're very seriously ill.' – ,Not so seriously as you're well. How don't you enjoy life, mother. I should laugh all round my neck at this minute if my shirt wasn't a bit on the tight side.' – ,It would be better for you to pray.' – ,Same thing, mother.' "[56]

Genau diese Zuwendung zu allem, was Leben und Welt heißt, ist es, was auch Sara so an Jimson fasziniert – Sara, von der auch Mr. Wilcher voller Bewunderung sagt, daß sie ihre Seele lebendig erhalten habe („you have kept your soul alive.")[57] Es fällt Sara beneidenswert leicht, zwischen Gulley, dem brutalen Schläger und Gulley, dem Lebenskünstler und -genießer zu unterscheiden. Deutlich zwar erkennt sie:

„Der wird sich durch nichts aufhalten lassen. (He'll stop at nothing.) Er weiß weder, was Scham, noch was allgemeine Anständigkeit bedeutet"[58].

und mehr als einmal leidet sie unter seinem Jähzorn, seinen tätlichen Angriffen. Und dennoch galt für sie immer:

„... es gab keinen Zweifel daran, daß Gulley ein Mann höchsten Grades war (the most of a man I ever knew). Denn er trug sein eigenes Bündel, und das war schwer; und selbst wenn er grausam sein konnte, so doch nur, wenn man ihn verrückt gemacht hatte"[59], und sie konstatiert:
„Wenn ich Gulley jemals geliebt habe, so deshalb, weil er niemals murrte und niemals die Freude des Augenblicks verdarb mit dem Schmerz von gestern oder der Furcht vor morgen (never spoiling a joy in hand with yesterday's grief or to-morrow's fear.)"[60]

Niemals der Vergangenheit verhaftet und immer bereit, mit frischem Mut das Heute für das Morgen aufs Spiel zu setzen, dabei aber doch niemals das Heute dem Morgen ganz aufopfernd, ist der Picaro offen für die Freude der Gegenwart, sein Blick bleibt frei für den Schatz, der am Wege liegt...

Das Freiheitselement ist das dritte wichtige Merkmal des Picaresken: Nur äußerlich befindet sich der Picaro in der Abhängigkeitsposition eines Dieners, mit seiner Einstellung ist er aber in dieser Rolle freier als andere, frei von Besitz und jeglicher bürgerlichen Verantwortung.[61] Damit ist gerade er fähig zur Spontaneität, zum raschen Wechsel der Existenz, zum Wagnis, denn wer nicht viel zu verlieren hat, kann immerhin einiges gewinnen... Das Freiheitselement findet insofern in den zur Diskussion stehenden Gleichnissen Jesu seine Entsprechung, als die Verbrecher und Halbkriminellen, die hier als Protagonisten gewählt worden sind, frei sind von Normen und Vorschriften, denen die „Gerechten" unterworfen sind, und damit leichter zur Umkehr fähig? Die Bereitschaft zum „Morgen" und damit der Gewinn echter Zukunft wird im übrigen häufig eher mit Randexistenz, Unkonventionalität und Vagabundentum in Verbindung gebracht als mit sicherem, festsitzenden Bourgeois-Dasein. So schreibt Ortega y Gasset über den Typ des Vagabunden, wie er in den Neopicaresken des Spaniers Pio Baroja vorkommt:

„Er weiß nur, daß das, was wir jeweils zu sehen bekommen, niemals den Wert dessen besitzt, was wir noch nicht gesehen haben. Daher richtet er seine Handlungen nicht nach der ihn umgebenden Realität aus, sondern er handelt immer im Vorgefühl eines kommenden Erlebnisses. Ihn reizt das Leben in Gefahr."[62]

Vitalität und Freiheit, diese beiden Eigenschaften sind es im übrigen, die Picaros und moderne Antihelden miteinander verbinden. Zwar wirkt der neopicareske Held auf den ersten Blick gänzlich anders als sein literarischer Vorfahr. Er verfügt bei weitem nicht über so viel Schläue und Pfiffigkeit, er stellt sich eher dumm an als geschickt.[63] Diese Veränderung des picaresken Charakters hängt mit der Veränderung des Heldentyps in der Literatur überhaupt zusammen. Der moderne Protagonist ist in der Regel nur noch in der Comic-Literatur ein „Superman", ansonsten allzu menschlich, mit Problemen beladen, meist ein Scheiternder. Kritiker bringen dies häufig mit dem allgemeinen Unsicherheitsgefühl in Verbindung, das das 20. Jahrhundert auszeichnet:

„Da er sich von Ereignissen bedroht sieht, die anscheinend niemand kontrollieren kann, zögert der Dichter, Menschen darzustellen, die ihr eigenes Schicksal in die Hand nehmen."[64]

In umgesetzter Form aber hält sich das Vitalitätsmoment auch in den Neopicaresken durch. Ihre Helden sind zwar weniger energisch, aber sie halten doch immerhin den Widrigkeiten des Lebens stand; sie erhalten sich eine sichere Distanz, von der aus sie Bedrohliches ironisieren können.[65] Daraus folgt: Nur äußerlich wirkt der Antiheld schwach, innerlich bewahrt er genauso seine Integrität wie der Picaro beim Krisenmanagement. Gut wird dies von v. d. Will erkannt:

„Während der moderne Pikaro oft als eine Figur mit kauziger Reflexion erscheint, als ein Naivling, als Simplex, macht er doch in Wirklichkeit die eigentliche Naivität der Zeit, nämlich die ideologische Versimpelung der Welt nicht mit."[66]

Weiter differenziert v. d. Will dann treffend zwischen der Unmoral und dem positiven Vitalitäts- und Freiheitsdrang des Antihelden:

„Obgleich oft amoralisch und anarchisch anmutend, sind diese Figuren doch zur Darstellung und Bewahrung des Menschlichen engagiert, das gegen verborgene und unverborgene Anpassungszwänge und gegen die normierten Vorstellungen von der Freiheit des Handelns in der Gesellschaft verteidigt werden muß."[67]

Bei aller gebotenen Vorsicht vor einer zu starken Parallelisierung der Picaresken mit den anstößigen Gleichnissen sei an dieser Stelle noch ein Gedanke angeführt: Von einer existentiellen Fragestellung aus betrachtet nehmen die Picaresken bei all ihrer Vielschichtigkeit fast parabolischen, gleichnishaften Charakter an. Das grundlegende picarische Thema ist das Individuum in der Krise und die in der Regel positive Beendigung eines solchen Krisenzustandes. „Existenzsicherung" ist somit immer das Zentralproblem und zugleich der tiefere Gehalt, der in den einzelnen, bunten und gefährlichen Stationen im Leben des Picaro, so wie der Roman sie wiedergibt, beschlossen liegt. Im besonderen sind es zwei Beobachtungen, die eine parabolische Tiefendimension der Romangattung vermuten lassen.

Zum einen vermißt man beim Picaro die Tiefe des Gefühls, die den echten, lebensnah abgebildeten Charakter auszeichnet. Gulley Jimson stellt hier übrigens eine Ausnahme dar, ist er doch sowohl zu starken negativen als auch zu höchst positiven Gefühlsäußerungen fähig; seine Geschichte ist aber auch nicht primär die eines cleveren Gauners, sondern die eines genialen Künstlers; in *The Horse's Mouth* sind Picareske und Künstlerroman miteinander verschmolzen worden. Die Seichtheit der Moll Flanders aber ist in der Literaturkritik oft konstatiert und kritisiert worden. Wie kann es angehen, daß Moll nach bitterer Reue und Abwendung von ihrem bisherigen sündhaften Lebenswandel am Ende ihrer Tage dennoch so glücklich und zufrieden von ihrem erbeuteten Diebesgut lebt – fast scheint die Moral hier zu lauten: „Kehr um – sobald Du das nötige Kleingeld dazu hast."[68] Der machiavellistische Erzschurke Claudius in Shakespeares *Hamlet*, Thronusurpator, Ehebrecher und Brudermörder und damit ungleich schuldiger als Moll, offenbart mehr Tiefe an Einsicht und somit auch an ganzheitlicher Menschlichkeit, wenn er fragt:

„Doch oh, welch eine Wendung des Gebets/
Ziemt meinem Fall?" „Vergib mir meinen schnöden Mord"?/
„Dies kann nicht sein; mir bleibt ja stets noch alles,/
Was mich zum Mord getrieben: meine Krone,/
Mein eigner Ehrgeiz, meine Königin./
Wird da verziehn, wo Missetat besteht? (May one be pardoned
and retain th'offence?)"[69]


Das heißt: Die Picaros erscheinen menschlich „verkürzt",
sind typisiert, eher Paradebeispiele für Mut als Menschen
in ihrer ganzen Widersprüchlichkeit – man vergleiche hier
nur die zu Typen stilisierten Figuren der Gleichnisse Jesu.
„Verkürzung" der Charaktere ist gerade ein Formmerkmal
des Parabolischen; nur wenige Eigenschaften (manchmal
ist es sogar nur eine) werden erkennbar, damit die Aufmerksamkeit nicht abgelenkt wird von dem, was beispielhaft an diesen Helden gelernt werden soll.

Zum anderen ist es wohl kaum als zufällig zu betrachten,
daß die Gattung mit Elementen des Bildungs- bzw. Ent-
wicklungsromans verknüpft ist (engl.: initiation novel). Ein
Entwicklungsroman beschreibt den Vorgang der Initiation
eines jungen Individuums in die Erwachsenenwelt – eine
typische Verbindung von Neopicareske und initiation novel liegt z.B. in dem Roman von Saul Bellow, *The Adventures of Augie March*, vor. Die Verwandtschaft und neuer-
dings häufige Verschmelzung beider Gattungen ist nicht
verwunderlich, denn von jeher gehört das Motiv der Initiation zum Schelmenroman hinzu. Aus dem unschuldigen
Kind wird der jugendliche und erwachsene Gauner, denn
die Umwelt stellt ihn vor die Wahl, entweder als Sündloser
unterzugehen oder als Schuldiger sein Leben zu leben; es
gilt nun einmal: „Wer in dieser Welt nicht stiehlt, kann nicht
überleben."[70] Was also einst als Voraussetzung für die Beschreibung des picarischen Lebensweges erzählt wurde,
das wird in den neopicaresken Mischgattungen zum Zen-
tralthema erhoben. Damit wird aber deutlich, daß das Problem der Identitätsfindung von vornherein im Picaresken
angelegt ist, also die Frage, was gelungene und was ge-
scheiterte Existenz bedeutet. So verweisen die Picaresken
in einem existentiellen Sinne auf das gleiche, das in seiner

religiösen Dimension hinter den Gleichnissen Jesu aufleuchtet:

> „Trotz seiner pragmatischen Gewitztheit ist der Picaro ein Utopist, ein ständig zu neuen Fernen aufbrechender Wanderer, der die Hoffnung auf das Paradies, auf ein besseres Leben hier und jetzt nicht aufgeben kann. Auch in diesem Punkt enthüllt er sich uns als Gestalt mit religiöser Zielsetzung, die freilich ganz ins Säkulare transponiert ist."[71]

Bevor der Blick jetzt auf die (erstaunlich parallelen) Rezeptionsweisen beider Literaturtypen fallen kann, sei hier noch eines zur Verdeutlichung hinzugefügt: Die vergleichenden Beobachtungen beziehen sich in der Hauptsache auf diejenigen anstößigen Gleichnisse, in denen bestimmte Aspekte eines *menschlichen* Verhaltens vorbildhaft aufleuchten sollen (also: Der kluge Verwalter; Die entschlossenen Pächter; Der listige Finder; Der revisionsbereite Richter (vgl. Deutung b: s.o. S. 59); Der Prozeßgegner). Die anderen, von der göttlichen Zuwendung sprechenden Geschichten – Attentäter, Dieb und Richter (bei Deutung a: s.o. S. 58) – stellen fast eine Weiterentwicklung dar. Das Motiv des Sicheren, Unabänderlichen, das an den kriminellen Handlungen positiv abgelesen werden soll, steht eindeutig mit der allem und jedermann überlegenen Cleverness des Picaro in Zusammenhang. Aber die Bilder sind, weil sie von der von *Gott* eingeleiteten Gottesherrschaft und ihrer noch ausstehenden, endgültigen Aufrichtung durch ihn sprechen, im Grunde noch anstößiger. Gleichzeitig aber sind sie ein untrügliches Anzeichen dafür, daß mit der Heiligung der Welt inmitten ihrer unheiligen Sündhaftigkeit Ernst gemacht worden ist – so, wie es chassidische Überlieferung getreu festgehalten hat: Er wohnt „inmitten ihrer Unreinheiten".[72]

## 4. Zur Rezeption

Der unmoralische Held ist ein schwieriger Held. „Ärgerliche Geschichten" brauchen Toleranz. Wer Erbauung will, den stößt ein Porträt der Unmoral ab, der sieht die ‚Fähigkeiten' des Picaro nicht. Differenzierung – Bereitschaft und Fähigkeit zu kritischer Unterscheidung sind verlangt: Unmoralischer Held, du bist anstößig und vorbildlich! Ich lehne dich ab und ich bewundere dich; ich verwerfe deine Unmoral und kann doch von dir lernen! Beispielhaft belegen Arnold Kettle's Bemerkungen zu *Moll Flanders* eine solche Wahrnehmung:

„Moll ist unmoralisch, oberflächlich, heuchlerisch, herzlos, eine schlechte Frau: und dennoch, Moll ist wunderbar . . . Molls Größe – ihre Spannkraft, ihr Mut und ihre Großzügigkeit – ist von ihrer Schlechtigkeit nicht zu trennen . . . Moll (ist) großartig und verachtenswert zugleich. Was sie großartig, zu einer herausragenden Heldin macht, ist ihr Begehren nach Unabhängigkeit, ihr Verlangen danach, für sich selbst in Freiheit zu arbeiten. Sie ist eine Frau, die entschlossen ist, ein Mensch zu sein, keine Sklavin (servant) . . ."[73]

Doch nicht jedem gelingt es, in einem Satz die Unmoral des picaresken Helden zu konstatieren und im nächsten seine Fähigkeiten zu preisen; ein literarischer Charakter, der sich außerhalb des moralisch Zugelassenen bewegt, verwirrt den Leser. Statt Bewundernswertes und Anstößiges voneinander zu scheiden, bleibt er mit dem Anstoß selbst beschäftigt und versucht, ihn zu bewältigen. Dabei kann er sich eines der drei folgenden Deutungs-Schemata bedienen:
1) Die Geschichte wird verharmlost, ihr Anstoß geleugnet: Anstößiger Held, du bist gar nicht anstößig!
2) Die Geschichte wird krass negativ gedeutet, die Hauptfigur dient als abschreckendes Beispiel: Anstößiger Held, du bist anstößig und alles andere als lobenswert!
3) Die Geschichte wird um das Motiv der Bestrafung erweitert: Anstößiger Held, du bist anstößig und wirst dafür bezahlen!
Gleich zwei der genannten Interpretationsschemata werden an den Defoe'schen Roman *Moll Flanders* angelegt; entsprechend der Einstellung des jeweiligen Kritikers finden sich in der Sekundärliteratur zu diesem Werk sowohl verharmlosende Deutungen (Schema 1) als auch Negativ-Interpretationen (Schema 2). So bewältigt Frank Wadleigh

Chandler den Anstoß der Geschichte, indem er ihn einfach auflöst; für ihn ist oder zumindest bleibt Defoes Heldin letztlich nicht kriminell (vgl. Schema 1). Er interpretiert den Roman als Charakterstudie – Defoe, so Chandler, beabsichtige, die Entwicklung und Veränderung einer Person zum Guten hin nachzuzeichnen; er zeige den „Abstieg einer Seele" in Sünde und Elend und anschließend ihren Aufstieg über Reue und Ehrlichkeit zu Wohlstand und Frieden.[74] Chandler hält *Moll Flanders* für eine Bekehrungsgeschichte; die Heldin werde von moralischen Skrupeln geplagt, die sie auf den Weg der Besserung führten:

> „... Defoe griff ... das aufgesetzte (nicht zugehörige) Moralpredigen an (the extraneous homily). Moralische Reflexion war seiner Antiheldin natürlich."[75]

Vordergründig scheint der Roman tatsächlich eine solche Geschichte zu erzählen: Defoe läßt seine Heldin aus der Perspektive ihrer (angeblichen) Bekehrung berichten, flicht fortwährend moralische Selbstanschuldigungen in ihre Darstellung ein und läßt sie die Chronik ihres Lebens mit dem Satz beenden:

> „... wir sind entschlossen, den verbleibenden Teil unserer Jahre in aufrichtiger Reue zu verbringen für die gottlosen Leben, die wir führten."[76]

Außerdem ist es Defoe selbst, der – Sohn eines strengen Puritaners – eigens ein Vorwort zu seiner unmoralischen Geschichte entwirft und hierin ihre absolute Unanstößigkeit betont. Sich über die Frivolität der Themen Diebstahl und Prostitution jedoch im Klaren, spricht er die Hoffnung aus, daß der Leser „mehr von der Moral als von der Fabel"[77] erfreut werden möge. Bei Chandler scheint ihm dies gelungen. Doch drängt sich die Frage auf, inwieweit Defoe die Sichtweite einer zu moralischem Lebenswandel Bekehrten als „point of view", als Erzählperspektive wirklich durchhält. Die in den Roman eingestreuten Selbstanklagen Molls, ihre Reflexionen über sich selbst als Sünderin stehen nämlich relativ unvermittelt neben den in kräftigen Farben ausgemalten und mit wahrhaft diebischem Vergnügen erzählten picaresken Abenteuern. Defoe fügt denn auch seinen einleitenden moralischen Beteuerungen ein etwas zaghaftes „Später war sie nicht mehr so außerordentlich bußfertig wie zuerst"[78] hinzu. Anders als sein Kritiker Chandler ist er sich offenbar eines leichten Widerspruchs im Charakter der Titelheldin bewußt. Allein dies gibt zu denken, daß Moll trotz tiefster Erkenntnis ihrer Verworfenheit nicht vergißt, das Diebesgut sicherzustellen und damit ihren Lebensabend zu genießen. Pointiert formuliert A. A. Parker die „Moral" dieser Geschichte:

„Die Diebe sind reich geworden und also fromm. . . . Meint Defoe wirklich, was er sagt?"[79]

Einen letzten Beweis für die Fragwürdigkeit der Reuegefühle Molls liefert die Szene, die das Wiedersehen mit ihrem Sohn schildert. Moll schenkt ihm ihre goldene Uhr, und mit der für sie typischen übersteigerten Emotionalität bittet sie ihn, diese bisweilen zur Hand zu nehmen und zu küssen. Dann aber wendet sie sich augenzwinkernd an den Leser:

„Ich erzähle ihm allerdings nicht, daß ich sie einer Dame in einem Londoner Bethaus gestohlen hatte. Das nur nebenbei."[80]

Der Schluß ist unumgänglich:

„Bei allem Reden von Moral – eine moralische Erkenntnis gibt es in *Moll Flanders* nicht zu machen."[81]

Die Analyse F. W. Chandlers ist somit widerlegt; sie stellt aber ein schlagendes Beispiel für eine Möglichkeit der moralisierenden Anstoßbewältigung dar und ist in diesem Zusammenhang daher höchst aufschlußreich.

Zu *Moll Flanders* gibt es aber auch Interpretationen, die den genau entgegengesetzten Weg einschlagen und damit dem Deutungsschema 2 verpflichtet sind: Hier wird die Amoralität des Helden nicht beschönigt, sondern im Gegenteil noch herausgestellt; an der Hauptfigur soll beispielhaft gezeigt werden, wie es nicht sein soll, aber eben leider häufig ist. Man versucht, die im Roman angelegte Spannung zwischen Moralisierung und Kriminalität mit einer

ironischen Intention des Autors zu erklären: „Defoe entlarvt ... Heuchelei bei seiner Heldin und in der Gesellschaft, deren Produkt sie ist."[82] Doch auch diese Deutung
verfehlt den Roman. Der Charakter der Moll Flanders weist
so viele Züge des Autors selbst auf, daß man schwerlich
annehmen kann, dieser setze sich kritisch-polemisch von
seiner Heldin ab. Insbesondere ihr ständiges Streben nach
materiellem Wohlergehen wird häufig mit Defoes eigener
kaufmännisch-puritanischer Prägung in Verbindung gebracht.[83] Auch wäre das Ende des Romans für die Picara
sicherlich negativer ausgefallen, wenn Defoe diese als abschreckendes Beispiel hätte darstellen wollen, ist doch
Wohlstand und Glück für den Puritaner Zeichen göttlicher
Erwählung. Den Moralisierungen ihren Ernst abzusprechen, hieße aber ebenfalls Defoe verkennen. Er, der sich
mit dem Pamphlet „The Shortest Way with the Dissenters"
(Kurzer Prozeß mit den Dissentern) so für die Sache der
Puritaner (= Dissenter) einsetzte, daß er sich mehrere Mo-
nate Gefängnisaufenthalt in Newgate einhandelte, wird
kaum halbherzige moralische Ansichten gehabt haben. Es
gibt keinen Grund, die Ernsthaftigkeit des Anstand und
Sitte betonenden Vorwortes zum Roman zu bezweifeln. Die
Widersprüchlichkeit ist in diesem Fall wohl nur so zu erklären, daß Defoe in den picaresk-anstößigen Passagen
seines Buches „wirkungsvoll trotz seiner selbst"[84] schreibt;
d.h. er identifiziert sich derart mit der von ihm geschaffe-
nen Figur, daß er mit ihr in die Sphäre der Kriminalität
eintaucht und so auch hier auf das Gewinnen setzt.[85] Wenn
es auch unangebracht ist, daraus genaue Rückschlüsse auf
den Autor selbst zu ziehen, so ist es doch nicht ganz uninter-
essant, daß in der Literaturkritik Versuche unternommen
worden sind, *Moll Flanders* als Resultat zweier gegensätzli-
cher Kräfte in der Psyche des Dichters zu verstehen: der
Puritaner Defoe liege im Widerstreit mit dem Bohemian
Defoe.[86] Auf jeden Fall scheint die Erzählweise strecken-
weise mehr Begeisterung über die geschilderten Abenteuer zu verraten, als dem Autor eigentlich lieb sein dürfte.

Vergleichbares bietet im übrigen gut hundertzwanzig Jahre später der Engländer William Makepace Thackeray mit seinem Ro-

man *The Memoirs of Barry Lyndon, Esq.* (1844). Weitaus stärker noch als Defoe im Puritanismus bleibt Thackeray im rigiden Moralsystem des Viktorianismus gefangen und will deshalb seinen Antihelden auch nur als Erzschurken porträtieren ohne ausgleichenden positiven Charakterzug. Doch er weiß den picaresken Lebensstil mitunter derart gekonnt zu schildern und zu preisen, daß Robert Alter sich zu folgenden Bemerkungen veranlaßt sieht: „Bei den *Memoiren des Barry Lyndon, Esq.* handelt es sich um das interessante Beispiel eines Romans, der gerade an den Stellen brilliant gelungen ist, wo sein Autor ihn wohl kaum gelungen wissen wollte...

... es gelang ihm (i.e. Thackeray), durch fünfzehn Kapitel sprühend-picaresker Darstellung hindurchzusegeln, bevor er an dem Felsen seines festen viktorianischen Moralanliegens Schiffbruch erlitt."[87]

Die geschilderten Deutungsversuche lassen erkennen: Die Erwartungshaltung, die ein Leser oder Kritiker (in manchen Fällen sogar der Autor selbst) an Literatur herantragen, ist von moralischen Vorstellungen geprägt. Demzufolge bemüht man sich entweder um eine „Ehrenrettung" des Protagonisten (er ist letztlich gar nicht kriminell, oder zumindest bleibt er es nicht), oder man deutet die anstößige Geschichte e-contrario (der Held steht als negatives Beispiel; gerade dem Gegenteil dessen, was er verkörpert, gilt es nachzueifern).

Nun ist es sicher nicht zufällig, daß die beiden genannten Deutungsrichtungen in der Auslegungsgeschichte der anstößigen Gleichnisse ebenfalls anzutreffen sind: Offenbar handelt es sich hier um typisch menschliche Reaktionen, mit dem Phänomen „unmoralischer Held" fertig zu werden. Bereits die ersten urkirchlichen Anfügungen zur Haushalterparabel (Lk 16,1–13) weisen beide Tendenzen auf. Während Lk 16,9 den Verwalter als Vorbild für Wohltätigkeit deutet und damit die Geschichte völlig ihres Anstoßes entkleidet, stellen Lk 16,10–12 die Untreue des Verwalters noch heraus und drohen mit Strafe: „Wenn ihr nun schon mit dem ungerechten Mammon nicht treu wart, wer wird euch das wahre Gut (die ewigen Himmelsgüter)[88] anvertrauen?, mit anderen Worten: Verhaltet euch auf keinen Fall wie dieser Mann! Mit jeweils anderer inhaltlicher Aus-

gestaltung finden sich Anstoßeliminierung oder e-contra-
rio-Interpretation bei vielen weiteren Auslegungen dieses
und der anderen „ärgerlichen" Gleichnisse Jesu wieder.
Wie bei *Moll Flanders,* so wird auch bei Lk 16,1–13 der
Versuch unternommen, die Geschichte als ironisches Gebilde aufzufassen (vgl. Schema 2); sie sei nicht wörtlich,
sondern im gegenteiligen Sinn zu verstehen. So schlägt D.
R. Fletcher folgende Deutung des Gleichnisses vor:

> „‚Macht euch nur Freunde‘, so scheint er (i.e. Jesus) zu spotten;
> ‚ahmt das Beispiel des Verwalters nach ... was wird es euch
> nützen, wenn das Ende herbeikommt und ihr für immer entlassen
> werdet.‘ "[89]

Fletcher berücksichtigt freilich nicht, daß es sich bei der
Ironie um ein relativ schwieriges rhetorisches Mittel handelt, das auf Intelligenz und Vorverständnis des Hörers
baut[90] und dem auf Eindeutigkeit und Allgemeinverständlichkeit basierenden Suggestionscharakter der parabolischen Rede nur abträglich wäre.

Ironie in den Text hineinzulesen, stellt aber nicht die
einzige Möglichkeit dar, im negativen Sinn zu interpretieren. Günther Schwarz z.B. versucht, durch eine andere
Übersetzung die Aussage des Textes ins Gegenteil zu ver-
kehren. Er nimmt an, daß die aramäischen Vokabeln, die
den griechischen Wörtern für „loben" und „klug" in V 8a
zugrundelagen, auch in negativem Sinn gebraucht werden
konnten, so daß das ursprüngliche Gleichnis mit den Worten schloß: „Und der Herr *fluchte* dem betrügerischen Verwalter, weil er *hinterlistig* gehandelt hatte."[91] Es ist jedoch
schwer vorstellbar, daß die Schwierigkeit des Anstoßes
sekundär durch eine Fehlübersetzung in den Text hineingebracht worden ist – Schwarz' Lösungsvorschlag ist kaum
für das Verstehen der Geschichte von Bedeutung, wohl
aber für deren Rezeption.

Wie die Haushalterparabel in Lk 16,10–12, so wird auch das
Diebsgleichnis (Lk 12,39) bereits sehr früh in einem negativen
Sinn rezipiert: „Doch wenn du jetzt nicht wach wirst, werde ich
kommen wie ein Dieb, und du sollst nicht wissen, zu welcher
Stunde ich über dich kommen werde" (Offb 3,3) und „Denn ihr

wißt es selbst genau: Der Tag des Herrn kommt wie ein Dieb in der Nacht. Wenn sie sagen: Friede und Sicherheit, dann kommt unvorhergesehenes Verderben über sie wie über eine Schwangere die Wehen, und sie können nicht entfliehen. Ihr aber, Brüder, seid nicht im Dunkeln, daß euch der Tag des Herrn wie ein Dieb überfallen könnte." (1. Thess 5,2–4; vgl. des weiteren 2. Petr 3,10 und Offb 16,15) Aus dem Jesuswort von der unabänderlichen Gegenwart der Gottesherrschaft ist eine Gerichtsdrohung geworden: Sei wachsam, laß dir nichts zuschulden kommen, damit es dir am Ende aller Zeiten nicht schlecht ergeht. Offensichtlich kann schon bald mit dem Bild vom Einbruch nichts Positives mehr assoziiert werden. Die patristische Tradition interpretiert dann z. T. noch schärfer; bei Origenes und Tertullian steht der Dieb nicht mehr als Metapher für das strafende Handeln Gottes, sondern wird mit dem Teufel identifiziert. Auf derselben Linie liegt die volkstümliche Rezeption des Wortes: Was „wie ein Dieb in der Nacht" kommt, ist in der Regel etwas Unerwünschtes, ja Schreckliches. So wird beispielsweise in Edgar Allan Poes Kurzgeschichte „Die Maske des Roten Todes" (1842) über das Erscheinen der allegorischen Figur der Pest gesagt: „Er war gekommen wie ein Dieb in der Nacht... Und Dunkelheit und Verwesung und der Rote Tod traten ihre grenzenlose Herrschaft an."[92]

Zu der anderen oben genannten Art der Anstoßbewältigung, der verharmlosenden Interpretation einer unmoralischen Geschichte (Schema 1), müssen einige der Untersuchungen John Duncan Derretts gerechnet werden. Derrett versucht, mit Hilfe wirtschaftlich-juridischer Daten aus dem damaligen Palästina nachzuweisen, daß die Figuren dieser Geschichten gar nicht ungesetzlich handeln. Ohne den Wert und die Richtigkeit seiner Forschungen pauschal in Abrede zu stellen, kann man es wohl kaum als Zufall ansehen, daß er drei der hier als anstößig bezeichneten Geschichten (Lk 16,1ff; Mt 13,44 und Lk 18,2ff) einen völlig unanstößigen Sinn zu entnehmen trachtet.[93] Allerdings gelingt es Derrett nicht, aus den Protagonisten Charaktere von tugendhafter, edler Gesinnung zu machen. So berücksichtigt Derrett in seiner Auslegung der Parabel vom ungerechten Verwalter keineswegs, aus welchen Motiven der Haushalter eine Reduzierung der Schulden vornimmt. Nach Derrett handelt es sich nicht um eine betrügerische Transaktion, sondern im Gegenteil um ein höchst moralisches Verhalten: Die Höhe der genannten Schulden – hundert Bath Öl und hundert Kor Weizen – lassen angeblich vermuten, daß ursprünglich Wucherzinsen verlangt worden sind, die der Verwalter nun rückgängig macht. Damit aber entscheide dieser sich für das Gottesrecht, das Wucher strengstens untersagt: „Er entschloß sich, dem Schöpfer zu gehorchen statt seiner Kreatur"[94], und sein Herr müsse nun, um sein eigenes Ansehen in der Öffentlichkeit nicht zu verlieren, dieses Vorgehen gutheißen. Von einem derartigen Gesinnungswandel ist aber in der Geschichte nichts zu spüren; es geht dem Entlassenen doch einzig darum, seine Haut zu retten! Außerdem steht und fällt die Interpretation Derretts mit der Annahme, daß neben dem reichen Herrn, dem Verwalter und den Schuldnern die Öffentlichkeit zu den „dramatis personae" des Gleichnisses gehört; Derrett selbst schreibt:

„Ohne die Anerkennung durch die Öffentlichkeit, die wortlos vorausgesetzt wird, ist die ganze Pointe von der Veränderung des Haushalters und seiner Loyalitäten hinfällig."[95]

Auf eine derart hypothetische Annahme aber (wieso wird die Öffentlichkeit „wortlos vorausgesetzt"?) läßt sich keine solide Deutung gründen.

Auch der Schatzfinder handelt nach Derretts Ausführungen formalrechtlich völlig korrekt, weil er den Schatz vor dem Ackererwerb nicht hebt, ihn also im Verborgenen läßt.[96] Solange aber vom Schatz nichts bekannt ist, so Derrett, besitzt der ursprüngliche Ackereigentümer ihn sowenig wie irgendein anderer:

„Einen unbekannten Gegenstand zu besitzen ist für das jüdische Recht absurd . . . Es gibt kein Gesetz, daß man mit einem Feld zugleich das erwirbt, was zufällig in ihm vergraben worden ist."[97]

Demgegenüber ist anzumerken, daß der Finder mit seinem Verhalten die Besitzansprüche des Grundeigentümers, wenn er sie schon nicht direkt *hintergeht,* so doch zumindest sehr gerissen umgeht – der Anstoß ist nicht völlig beseitigt.

Derretts Ausführungen zum Gleichnis vom ungerechten

Richter sind, was ihre Kernaussage betrifft, eher belustigend, beruhen sie doch auf der verzweifelten Anstrengung,
die Witwe zur Problemfigur der Erzählung zu machen.
Dabei berührt die direkt ausgesprochene Charakteristik
des Richters Derrett wenig; daß dieser „Menschen nicht
scheut" (Lk 18,2.4), bedeutet für Derrett lediglich, daß er
„unparteiisch", „unvoreingenommen" ist, und daß er als
„Richter der Ungerechtigkeit" (V 6) bezeichnet wird, soll
nur heißen, daß er am säkularen, nicht am religiösen Ge-
richtshof arbeitet. Nach Derrett ist nicht der Richter ungerecht, der die Witwe hat unverschämt lange warten lassen,
sondern die Frau ist es, die ihn ständig belästigt, statt ihrem
Gegner von vornherein nachzugeben und Gott für ihr Glück
zu vertrauen:

> „Frauen sind sich oft ihrer eigenen Redlichkeit so sicher, daß sie
> die Möglichkeit übersehen haben mag, daß – wenn man ihren Fall
> von einem größeren Blickwinkel aus betrachtet – der Gegner
> mehr Ansprüche auf das Besitztum hat, oder was immer es war,
> was sie von ihm haben wollte."[98]

Den Gedanken, daß der Richter die Witwe eventuell
deshalb zu guter Letzt anhört, weil sie sonst Gerüchte über
ihn verbreiten könnte, die ihn sein Gesicht verlieren lie-
ßen, verwirft er dann allerdings großmütig: „. . . es mag ja
auch Frauen gegeben haben, die schweigen konnten."[99] No
comment! In diesem Zusammenhang kommt es ohnehin
nur darauf an zu zeigen, wie sehr der Wunsch nach Unanstößigkeit den Blick für die Aussage einer Geschichte ver-
stellen kann.

Neben verharmlosender Deutung und Negativ-Interpretation zeichnet sich noch eine dritte sinnfällige Reaktions-
weise auf Texte ab, die die üblichen Konventionen von
Sitte und Moral hinter sich lassen. Wer den Anstoß nicht
weg- bzw. umzuinterpretieren vermag, äußert den Wunsch
nach Bestrafung des picaresken Übeltäters, oder, wenn
diese erfolgt, offensichtliche Genugtuung darüber, daß es
dem Skrupellosen endlich schlecht ergeht (vgl. Schema 3).
So schreibt J. B. Steane in seiner Einleitung zum *Unfortunate Traveller*:

„... ich habe die derben Scherze des Jack Wilton niemals als so lustig empfunden wie er selbst (und wie vermutlich auch der Autor) ... es tut einem überhaupt nicht leid, wenn der Spieß umgedreht wird und der lustige J. W. ‚erbärmlich ... ausgepeitscht wird'."[100]

Äußerungen wie diese machen deutlich, wie wenig verwunderlich es ist, daß die Gattung des Picaresken zum Teil absorbiert wird von der im 19. Jahrhundert aufkommenden Kriminalliteratur; hier vollzieht sich der Umschlag vom Picaro mit positiven Eigenschaften zum durch und durch verdorbenen Bösewicht, den es zu vernichten gilt. Der einst mit allen Wassern gewaschene Picaro wird nun zum Gejagten und zum am Ende fast immer Besiegten; ins Rampenlicht tritt eine neue Figur, die die ursprünglich picareske Qualität der Cleverness erbt und sich also dem Schurken als überlegen erweist: der Detektiv. Durch die Erschaffung dieses Protagonisten kommt man dem moralischen Interesse des Lesers entgegen, ohne daß auf eine Schilderung der Kriminellen-Sphäre verzichtet werden müßte:

„Der Kriminelle weicht als Held dem Kriminellen-Jäger ... Reine und einfache Antihelden werden mit Sicherheit langweilig. Was Tat und Gefühl angeht, so ist ihr Spielraum begrenzt. Moralisch gesehen, erschweren sie die Sympathie ... Man bemächtigte sich folglich dieser neuen Figur als eines willkommenen Ersatzes für den abgedroschenen Schurken ... Als Agent der geschändeten Gesellschaft gefiel er dem Moralisten ... Kurz, das Erscheinen des Detektivs lieferte ... die Entschuldigung dafür, die Erzählperspektive in der Schurkenliteratur umzukehren."[101]

An dieser Stelle ergibt sich nun eine Erklärung für den sekundären Schlußvers der Winzergeschichte (Mk 12,1 ff); mit literaturwissenschaftlichen Kategorien betrachtet hat man es bei dem eigentlichen Parabelkorpus mit einer picaresken Erzählung zu tun, die durch einen später angefügten Abschluß in eine Verbrechergeschichte umgeschlagen ist. So erklären sich auch die Bemühungen zahlreicher Exegeten, diesen Zuwachs, in dem ausdrücklich vom Gericht über die Winzer gesprochen wird, zum ursprünglichen Bestand des Gleichnisses zu zählen; wie bei J. B. Steane diktiert hier der Wunsch nach Bestrafung die Interpretation. Im übrigen sind diese literaturtheoretischen Erwägungen zur Winzergeschichte schon deshalb von Bedeutung, weil durch sie der so betroffen stimmende antijudaistische Gedanke in Mk 12,9 in ein anderes Licht gerückt wird. Es ist anzunehmen, daß das Bestrafungsmotiv in jedem Fall zur Parabel hinzugewachsen wäre, auch wenn es nie eine Auseinandersetzung zwischen Israel und der Urkirche gegeben hätte. Daß der Text eine spezifisch israelpolemische Note erhielt, ist lediglich dem Umstand zuzuschreiben, daß Einzelzüge der Erzählung allegorisierend umgedeutet werden konnten.

Wer über Rezeption von „ärgerlichen" Geschichten und unmoralischen Helden spricht, darf die Wirkungsgeschichte von Steinbecks *Tortilla Flat* nicht außer acht lassen. Sie hat den Autor selbst überrascht und erheitert.[102] Die unterschiedlichen Reaktionen auf sein Buch sind aber nicht nur fast genauso belustigend wie der Roman selbst, sondern auch höchst aufschlußreich: Die Wirkungsgeschichte von *Tortilla Flat* zeigt einerseits noch einmal in aller Deutlichkeit, mit welcher Vehemenz eine moralisch zweifelhafte Erzählung in der Regel zurückgewiesen wird, andererseits aber auch, daß eine anstößige Geschichte unter bestimmten Bedingungen gelegentlich auch sachgerecht rezipiert werden kann.

Überrascht ist Steinbeck zunächst davon, daß der Roman in Amerika ein regelrechter „Publikumsschlager" wird; er durchläuft in kurzem Abstand zwei Auflagen und wird erfolgreich verfilmt: „... dies war fast mehr an Ermutigung, als ich aushalten konnte."[103] Eine unlautere Geschichte, die anspricht – warum? Die Antwort läßt sich finden, wenn man den Blick auf die Einstellung der Steinbeck'schen Picaros zum Eigentum richtet. Das ganze Buch wirkt wie ein Lobpreis des sorglosen, unbeschwerten Paisano-Lebens, das Bindung und Belastung durch Hab und Gut nicht kennt:

„Die Paisanos sind unberührt geblieben vom (are clean of) kommerziellen Denken und von den komplizierten Systemen des amerikanischen Geschäftslebens – da sie nichts haben, das man stehlen, verwerten (exploit) oder verpfänden könnte, hat jenes System sie nicht besonders angegriffen."[104]

In der Welt von Danny, Pilon, Pablo, Jesus-Maria, Big Joe und dem „Pirate" hat Eigentum negative Qualität, bedeutet Einschränkung der Freiheit. Niedergeschlagenheit empfindet Danny denn auch, als er eines Morgens unversehens als Erbe zweier Häuser erwacht, und bald schon beginnt die Veränderung seines Wesens: auf seinem Gesicht zeichnet sich „die Sorge um den Besitz" (the worry of property) ab, seine Schultern werden gerader, „um der Kompliziertheit des Lebens standzuhalten". Komisch und zugleich tiefsinnig ist sein Verhalten, kurz bevor er sein Erbe antritt und den ersten seiner fünf Freunde bei sich aufnimmt:

„... ein Ausruf des Schmerzes entfuhr ihm noch, bevor er ein für alle Mal sein altes und einfaches Leben hinter sich ließ. ‚Pilon', sagte er traurig, ‚ich wünschte, du besäßest es, und ich könnte kommen und mit dir leben.'"[105]

Erleichtert nimmt er es zur Kenntnis, als schließlich eines der beiden Häuser abbrennt, denn:

„Als Besitzer zweier Häuser war er als reich angesehen worden und hatte eine ganze Menge angenehmer Kleinigkeiten versäumt (he had missed a great many tidbits)".[106]

„Jetzt können wir wieder frei und glücklich sein"[107], denkt er bei sich, denn nun unterscheidet er sich durch nichts mehr von seinen Freunden; jetzt kann er sie offen als Gäste in seinem eigenen Heim aufnehmen, vorher „mußte" er – Eigentum verpflichtet – den anderen das zweite Haus vermieten.

Berücksichtigt man, daß das Buch gegen Ende der amerikanischen Great Depression (1929–35) veröffentlicht wurde, so wird der Grund für die allgemeine Begeisterung über *Tortilla Flat* erkennbar: Steinbeck demonstriert an Danny und seinen Freunden die Möglichkeit menschlicher Selbstverwirklichung und Lebensfreude jenseits jeglicher materiellen Sicherung, ja sogar jenseits jeglichen Strebens danach.[108] Nicht mit dem picaresken Lebensweg als solchem, aber mit der Lebenseinstellung, die hinter diesem aufleuchtet, gibt Steinbeck eine Antwort auf die Probleme der Zeit – und der Leser, bedrängt durch eben diese Probleme, vermag sie offenbar zu hören. Er ist offen für die positive Qualität des unmoralischen Helden, weil diese Qualität eine befreiende Alternative zur eigenen Bedrängnis ist; die Frage der Moral kann jetzt und für diesen Leser an den Rand rücken.

Sie rückt aber nicht für jedermann an den Rand. In Irland wird das Buch als unmoralisch verboten[109], und auch in Amerika gibt es Gegenstimmen. Die Handelskammer von Monterey reagiert mit Besorgnis für das Touristengeschäft und gibt eine Erklärung ab, die den Roman als lügenhaft bezeichnet. Sie versichert nachdrücklich, derartig heruntergekommene Subjekte seien in der Gegend nicht anzutreffen[110] – ein belustigend offenkundiges Beispiel für eine mit Profitdenken verbundene moralisierende Rezeption. Literarische Zirkel reagieren auf das Buch zunächst mit Mitleid, Mitleid für arme, unterprivilegierte Menschen merkwürdigen Lebensstils. Hierbei handelt es sich nur um eine mildere Auffassung der oben genannten Negativ-Deutungen (Schema 2); auch hier wird der Held aus einem abwertenden Blickwinkel betrachtet: Anstößiger Held, du bist anstößig, aber du kannst nichts dafür. Schade, daß du so sein mußt, wie du bist; ich kann von dir nichts lernen, aber sei meines Mitleids gewiß![111] In einem eigens auf diese Reaktion hin angefertigten Vorwort zur zweiten Auflage seines Buches (Juni 1937) macht Steinbeck aber unmißverständlich deutlich, daß er die Meinung seiner Kritiker keineswegs teilt:

„Als ich dieses Buch schrieb, kam es mir nicht in den Sinn, daß Paisanos merkwürdige und seltsame Leute seien, Ausgestoßene (dispossessed) oder Unterprivilegierte (underdoggish). Es sind Menschen, die ich kenne und gern habe, Leute, die sich gekonnt ihrem Lebensraum (habitat) anpassen. Beim Menschen bezeichnet man so etwas als Philosophie, und es ist eine feine Sache.

Wenn ich gewußt hätte, daß diese Geschichten und diese Leute als seltsam angesehen würden, ich glaube, ich hätte sie niemals geschrieben.

Ich erinnere mich an einen kleinen Jungen, einen Schulfreund. Wir nannten ihn den Pjojo, und er war ein feiner, netter, dunkelhäutiger kleiner Junge. Er hatte weder Mutter noch Vater – nur eine ältere Schwester, die wir liebten und bewunderten. Voller Respekt nannten wir sie „die Hurendame" (hoorlady). Sie hatte die rötesten Wangen in der ganzen Stadt, und sie machte uns manchmal Tomaten-Sandwiches. Nun war in dem Haus, in dem der Pjojo und seine Schwester, die Hurendame, wohnten, der Wasserhahn am Waschbecken abgebrochen. Man hatte einen hölzernen Stöpsel in das Rohr geschlagen, damit es nicht leckte. Wasser zum Kochen und Trinken wurde aus der Toilette abgezapft. Auf dem Fußboden lag eine Kelle aus Blech, mit der man das Wasser schöpfte. Wenn das Wasser niedrig stand, spülte man einfach, und man war wieder frisch versorgt. Niemand durfte diese Toilette als Toilette benutzen. Einmal, als wir eine Kolonie Kaulquappen in das Becken abgesondert hatten, machte uns die Hurendame die Hölle heiß und spülte sie dann den Abzugskanal hinunter. Vielleicht ist dies schockierend. Für mich scheint es nicht so. Vielleicht ist es seltsam – Gott steh mir bei! Seit langem bin ich nun der Anständigkeit unterworfen, doch es gelingt mir immer noch nicht, von der Hurendame als von einer (welch schreckliches Wort) Prostituierten zu denken noch von Pjojos vielen Onkeln, diesen fröhlichen Männern, die uns manchmal Nickel (5 Cent) gaben, als von ihren Kunden.

All dies läuft darauf hinaus, daß dies keine Einführung ist, sondern eine Schlußnotiz. Ich habe diese Geschichten geschrieben, weil es sich um wahre Geschichten handelt, und weil ich sie mag. Aber literarische Slum-Sozialarbeiter (literary slummers) haben die Leute mit der Vulgarität von Herzoginnen aufgenommen, die über das Landvolk schmunzeln und es bemitleiden. Die Geschichten sind 'raus, und ich kann sie nicht zurücknehmen. Aber ich werde nie wieder diese guten Menschen des Lachens und der Liebenswürdigkeit, der ehrlichen Gelüste und der aufrichtigen Augen, der über die Höflichkeit hinausgehenden Freundlichkeit (courtesy beyond politeness) – nie wieder werde ich sie dem vulgären Kontakt mit den *Anständigen* aussetzen. Wenn ich ihnen Schaden zugefügt habe, indem ich einige ihrer Geschichten erzählte, so tut es mir leid. Es wird nicht wieder geschehen."[112]

Hier spricht Steinbeck allerdings nicht mehr als einer, den die Rezeptionsgeschichten seines Buches erheitern; in diesen Worten spiegeln sich eher Verbitterung und Resignation über das Unverständnis, welches die sogenannte

Anständigkeit des öfteren mit sich bringt. Aber auch die Menschlichkeit des Autors wird deutlich, sein vielzitierter „humanitarianism": Offenbar haben Steinbecks Erlebnisse mit mexikanischen Sträflingen – Anfang der 20er Jahre arbeitete er mit diesen in einer kalifornischen Zuckerfabrik zusammen –[113] seine Kindheitserinnerungen wachgerufen und ihn in der Vorurteilslosigkeit bestärkt, die ihn so positiv vor seinem literarisch-akademischen Publikum auszeichnet.

Letzteres bleibt – auch nach dem Erscheinen dieses Vorworts – relativ verständnislos. Joseph Warren Beach urteilt, man könne dieses Vorwort wohl unmöglich für bare Münze nehmen[114], und Donald Weeks attackiert unverblümt die merkwürdige Moralauffassung des Autors: Zwischen Steinbecks Verteidigung der Paisanos im Vorwort zur zweiten Auflage und der „Ableugnung der Tatsache, daß Großmutter eine Trinkerin ist, weil sie so nett mit den Kindern umgeht", sei kaum ein Unterschied.[115]

Die völlig verkehrte Kausalverknüpfung zeigt hier deutlich das Unvermögen zur Differenzierung. Wenn Steinbeck die Frau verteidigt, die ihm manchmal Tomatensandwiches gab, wenn er das Wort „prostitute" in Bezug auf sie nicht gelten lassen will, dann wohl kaum, weil er die Augen verschließt vor einem unübersehbaren Tatbestand, sondern einfach nur darum, weil es ihm hierauf nicht ankommt und ankommen soll: „prostitute", das ist das harte und einzige Wort der „Anständigen" für diese Frau, die Steinbeck in einem völlig anderen Lebensbezug kennengelernt hat und damit positiv zu schätzen weiß. Ein solcher Blick für den Wert einer Person bleibt freilich den „Anständigen" häufig verstellt, und eben diesem Befund gilt Steinbecks Klage. Aber auch einfühlsamere Kritiker, die die echte Sympathie des Autors für den „underdog", den Ausgestoßenen und Verachteten, zu würdigen wissen, bleiben letztlich in dem sie umgebenden Moralsystem gefangen. So preist Lincoln R. Gibbs auf der einen Seite die Fähigkeit Steinbecks, in jedem Menschen das Gute zu entdecken:

„Seine menschlichen Sympathien sind . . . stark ausgebildet und er ist im Besitz der unbezahlbaren Gnade, den erlösenden Cha-

rakterzug in der verworfensten Person zu entdecken – in der Prostituierten, im Dauer-Häftling (jail-bird), im Trunkenbold, der seine Familie vernachlässigt, sogar in dem harten, wohlhabenden Mann, der korrekt und ansehnlich, aber unmenschlich kalt ist ... Man hat den Verdacht, daß Steinbeck fröhlich auf schuldig plädieren würde gegenüber der Anklage, bewußt die Wohlanständigkeit schockieren zu wollen. Überzeugt davon, wie er es nun einmal ist, daß viele von ihnen Pharisäer sind, und zutiefst beeindruckt von den Reizen und Tugenden und Untugenden der Proletarier, wäre er wohl etwas übermenschlich, wenn er nicht dann und wann Gefallen daran fände, die Prüden aus der Fassung zu bringen und sie sich krümmen zu lassen (making them squirm) ...
Vielleicht werden ihm ... (seine „indecencies") gerade von denen am stärksten übelgenommen, die am meisten darauf hören sollten, was er zu sagen hat."[116]

Trotz der Tiefe dieser Einsicht möchte Gibbs selbst den Roman *Tortilla Flat* aber am liebsten als „gay trifle", als lustige Banalität abtun, wenn es nicht (leider) dieses Vorwort gäbe, das dazu auffordert, den Roman ernstzunehmen. Ernstnehmen kann er das Buch aber nur mit einer Negativ-Interpretation:

„Es ist nicht zu weit hergeholt, wenn man den Roman als lustige Satire auf die respektable Gesellschaft deutet. Man behandle die Durchschnittsgesellschaft folgendermaßen: ... statt die Ausbeutung legal und im Großen vorzunehmen, mache man dies durch geringfügige Diebstähle und Einbrüche; man lasse seine Wohltätigkeit eine Angelegenheit sporadischer Impulse sein und breite über alles einen Anstrich von Religion. Dann hat man eine Parallele zwischen der angesehenen Welt und der Gemeinschaft der Paisanos ... Dort, in Tortilla Flat, führt die Hauptstraße entlang, wenn die Gnade Gottes nicht wäre."[117]

Ähnlich wie die von Steinbeck so scharf kritisierten „literary slummers" reagiert auch Gibbs auf die Paisanos mit „herzöglicher Vulgarität": Er dankt dem gnädigen Gott, in einer Welt zu leben, zu der Tortilla Flat allenfalls ein böses Zerrbild darstellt.
Weitaus schärfer wiederum als Gibbs argumentiert Warren French gegen die Helden aus *Tortilla Flat*, er will sie gänzlich zu abschreckenden Beispielen erklären (vgl. Schema 2 und 3):

„Ein Großteil der Satire richtet sich gerade gegen die Gruppe, von der Steinbecks Angreifer meinten, daß er sie glorifizierte – die trägen Barbaren, welche da hoffen, die Vorteile der Zivilisation genießen zu können, ohne zu ihr beitragen zu müssen ...

... *Tortilla Flat* ist letzten Endes eine Tragödie – eine weitere Tragödie über den Mann, der Größe zu erreichen trachtet, aber scheitert ...

Danny ist ein Pseudo-Held, nicht nur weil er seine Grenzen hat, sondern auch, weil er sie nicht zu erkennen versteht. *Tortilla Flat*, so drollig es auch geschrieben sein mag, ist in erster Linie eine Tragödie, ein dunkles Epos vom Sieg über die anarchische Persönlichkeit. Doch in einem anderen Sinn ist es auch ein komisches Buch, weil die Selbstzerstörung der Unordnung einen Schritt hin zum Triumph der Ordnung bedeutet."[118]

Es dürfte deutlich geworden sein, was French meint: Steinbeck läßt seine zentrale Gestalt (Danny) am Ende sterben, weil er zeigen will, daß solch ein parasitär-anarchisches Dasein nicht sein darf. „Ordnung muß sein" als „message" des Romans, die Charaktere als Zielpunkt der Satire und damit der Kritik – so jedenfalls French. Wer sich allerdings an Steinbecks eigene Worte über seine Helden, „diese guten Menschen des Lachens und der Liebenswürdigkeit" erinnert, wird die Angemessenheit der Deutung Frenchs in Zweifel ziehen. Außerdem: Wenn ein fiktiver Charakter stirbt, so muß daraus noch lange nicht der Schluß gezogen werden, daß er falsch gelebt hat. Danny, der im Festrausch sein überhöhtes Ende findet, ist keine tragische Gestalt, sondern ein Mensch, der sein Leben bis zur letzten Minute auskostet und sich nicht ängstlich daran klammert.

Nach alledem wird deutlich: eine differenzierende Rezeption unmoralischer, aber in einem Punkt vorbildhafter Helden bereitet enorme Schwierigkeiten. Eine Reihe von Fragen stellt sich hier: Wozu sind Bilder mit solchen Figuren gut; genauer: Wem gefallen sie, und: Warum wählte ausgerechnet Jesus solche Bilder? Auf die zuletzt gestellte Frage glaubt Dan Otto Via eine Antwort gefunden zu haben: Die anstößige Geschichte vom ungerechten Haushalter (Lk 16,1 ff) ist für ihn ein Schelmenstück, das dem Hörer/Leser „moralische Ferien" gewährt und bei ihm gleichzeitig eine Katharsis im Sinne einer Reinigung von seiner Schattenseite bewirkt. Über den fragwürdigen Helden selbst heißt es dann weiter:

„Aber der Charakter des ungerechten Haushalters, zusammen mit seinem ästhetischen Effekt, entspricht kaum Jesu Forderung der Selbstverleugnung und der grenzenlosen Reinheit und Liebe. Ist es zuviel gesagt, diese Spannung stelle in Jesu Botschaft als ganzer zumindest ein Element der komischen Befreiung vom tödlichen Ernst hinein, da das Gleichnis mit seiner glückhaften Erdgebundenheit unserer verschlagenen (tricky) Seite eine vorübergehende ästhetische Anwandlung gewähre? Und vielleicht ist die tiefste theologische Implikation dieses ästhetischen Effekts, daß sich unser Wohlbefinden letztlich nicht aus unserem tödlichen Ernst ergibt."[119]

Vias Ausgangspunkt – sein Vergleich dieser anstößigen Geschichte mit Werken der picaresken Gattung – erwies sich als anregend und fruchtbar; sein Ergebnis gilt es nun aber zu korrigieren.

Angesichts des Unverständnisses, mit dem auf unmoralische Geschichten reagiert wird, stellt Vias These von den in einem anstößigen Text angebotenen „moralischen Ferien" eine unangemessene Vereinfachung dar; der normenorientierte Hörer, der „Anständige" im Steinbeck-Code, will gar keine „Ferien" dieses Typs, sondern sieht sich eher mit einer Art „Zwangsurlaub" konfrontiert.

Allerdings stammt der Gedanke vom „moral holiday" nicht von Via selbst, sondern seine Überlegungen zu diesem Aspekt fußen auf R. B. Heilmans „Variationen über das Picareske (Felix Krull)": Mit dem Eintritt in die fiktive Welt des Picaresken, so Heilman, lasse der Mensch den „Schatten der Schuld" hinter sich und seiner sonst vom Gewissen in Schach gehaltenen, aber latent vorhandenen „Neigung zur Gaunerei" freien Lauf. Dadurch geschieht eine Art Katharsis, insofern diese üblicherweise unterdrückte Neigung zur Wirkung kommt und abreagiert wird.[120] Aber, und hierauf kommt es an, der Leser bleibt nicht für ewig von der Moral entlastet, sondern er wird am Ende in die Welt der Bürgerlichkeit und ihrer Anforderungen zurückgeführt:

„In der pikaresken Erzählung findet der Urlaub von der Moral immer ein Ende, da der Picaro sich bessert oder ins Gefängnis kommt; und in der ästhetischen Erfahrung zieht sich der Gauner nach seiner Spiel-Periode in die Rolle des verantwortlichen Bürgers zurück."[121]

Diesen letzten Aspekt, die Moralisierung des Unmoralischen, die Beseitigung des Anstößigen am Schluß des picaresken Geschehens läßt Via bei ansonsten fast wörtlicher Paraphrase der Heilman'schen Picaresken-Definition völlig unberücksichtigt.

Aber nur wenn die Moral auf irgendeine Weise wieder ins Lot gebracht worden ist, kann eine unmoralische Geschichte im Sinne einer Katharsis der psychischen Schattenseite wirken: Da dem Hörer/Leser der moralische Einspruch durch das Werk selbst abgenommen ist, kann er sich gewissermaßen lizenziert an der Unmoral delektieren. Wer – wie Jesus und einige moderne Autoren des picaresken Genre – nicht mit den letzten Zeilen der Erzählung die Perspektive umdreht und plötzlich tadelt, was er vorher lobte, der fordert den Widerspruch des Rezipienten heraus. Einzig Joyce Cary entgeht dem Kreuzfeuer der Kritik, sein vitaler Gulley Jimson wird recht positiv aufgenommen – vielleicht, weil Cary mit gekonnter Verdrehung des Konventionellen die üblichen Picaresken-Schlüsse mit ihren Bekehrungsszenen ad absurdum führt. In *The Horse's Mouth* ist es ja der Picaro, der am Ende die Geistlichkeit bekehren will: „Wie kann es angehen, daß Sie das Leben nicht genießen, Mutter."[122] So viel Bravour läßt auch den „Anständigen" verstummen. In der Regel aber provoziert die unaufgelöste Unmoral eben jenen Anstoß, den Via fälschlicherweise einfach unter den Tisch kehrt – siehe Steinbeck! Hier zeigt sich die Grenze des New Criticism, der amerikanischen, rein werkimmanent argumentierenden Interpretationsschule, der sich Via u.a. verpflichtet weiß. Die Ablehnung jeglicher Berücksichtigung von außerliterarischen Bezügen führt dazu, wesentliche und für das Verständnis notwendige Gesichtspunkte außer acht zu lassen. Gerade „ärgerliche Geschichten" können nicht für sich allein betrachtet werden – sie sind alles andere als

isolierte, ästhetische Gebilde, deren Wirkung unterschieds-
los gleich ist und bleibt. Die Frage, warum Jesus solche Bilder
wählt, muß folglich verknüpft werden mit der Frage, für wen
Jesus solche Geschichten erzählt, welchem Hörer solche Bilder gefallen. Ist es möglich, daß Jesus – wie Steinbeck –
„bewußt die Wohlanständigkeit schockieren wollte?"[123] Gelungen wäre ihm dies; zugleich gilt es aber auch zu berück-
sichtigen, daß Jesu Gleichnisse Überzeugungsmittel sind;
sie provozieren zwar, aber sie stellen auch die Provokation
noch in den Dienst der Werbung. Wie deshalb der Adres-
satenkreis der anstößigen Gleichnisse genauer zu bestimmen ist, soll in Kapitel VI gefragt und, soweit möglich,
beantwortet werden. An dieser Stelle nur noch so viel: Wie
immer der ursprüngliche Hörerkreis ausgesehen haben
mag, diese unverfrorenen Gleichnisse haben heute noch
ihre Wirkung. Der Rückschluß auf die primäre Situation
allein kann nicht genügen. Aber ist die „tiefste theologische
Implikation" dieser Geschichten wirklich nur „Befreiung
vom tödlichen Ernst" (Via)? In Bezug auf das Picareske
bietet Robert Alter eine überzeugendere Deutung an. Der
Picaro, so schreibt er sinngemäß, stellt in Wahrheit weniger
seine eigene Untugend zur Schau, als daß er die Tugenden
der „Anständigen" in Frage stellt; seine Funktion ist es (und
hier könnte man genauso von „tiefster theologischer Implikation" sprechen), die Selbstgerechtigkeit der Scheinheili-
gen zu demaskieren:

„Der Antiheld ist ein Ausgestoßener . . ., seine bloße Existenz
wirft die Frage danach auf, wie sauber die Hände derjenigen sind,
die für das Ausstoßen verantwortlich zeichnen . . . Weil er ein
Außenseiter ist, ist es für Insider sehr einfach, ihn zu verurteilen
und sich gleichzeitig selbst auf Grund ihrer moralischen Überle-
genheit zu gratulieren; und könnte er nicht so schnell zur Seite
springen, wären sie auch noch froh über die Gelegenheit, ihn
niederzutrampeln. Der Picaro wird folglich zu einer Art Prüfstein
(touchstone) für die Tugend der anderen; gerät er mit ihnen in
Kontakt, so wird oft ihre eigene moralische Echtheit auf die Probe
gestellt."[124]

Der Unmoralische als Moralprüfer! Und noch mehr läßt
sich sagen: Der Picaro ist nicht nur „touchstone", sondern

auch hier wiederum Vorbild, denn wieviele Fehler er auch begehen mag, den der Selbstgerechtigkeit leistet er sich nie:

„Mit Betrübnis muß zugegeben werden, daß Pilon weder so dumm noch so selbstgerecht noch so gierig nach Lohn war, um jemals ein Heiliger zu werden."[125]

Über das Verhalten von anderen Menschen sprechen Picaros genauso gern und oft wie ihre „anständigen" Mitbürger, doch der Grund für ihr „Gerede" unterscheidet sich charakteristisch:

„Sie hielten Gericht über ihre Mitmenschen, wobei sie nicht nach moralischen Gesichtspunkten urteilten, sondern rein aus Interesse. (They sat in judgement on their fellows judging not for morals, but for interest.)"[126]

Man sieht, eine unmoralische Geschichte birgt viele Lektionen. Gerade darin liegt ihr Reiz. Sie ist jenem Vorfall vergleichbar, den Jesus Maria seinen Freunden erzählt und der soviele Bedeutungen und Lehren enthält, daß die Zuhörer zunächst verwirrt reagieren und Unzufriedenheit äußern. Einer der Freunde aber, Pablo, mag diese Geschichte – er mag sie, gerade weil „ihr Sinn nicht auf der Hand liegt und sie trotzdem etwas zu bedeuten scheint."[127]

# V

# Gottes-Herrschaft im Spiegel
# der anstößigen Gleichnisse Jesu

Nach dem Blick auf Parallelen (Kapitel III) und Picaresken (Kapitel IV) sollen die anstößigen Gleichnisse Jesu jetzt seiner Verkündigung im ganzen zugeordnet werden. Deren zentraler Inhalt ist die „Herrschaft Gottes" – auch die Geschichten mit unmoralischen Helden wollen sagen und zeigen, wie es sich damit verhält.[1] Bevor wir ihre diesbezügliche Botschaft näher kennzeichnen, hier zunächst eine kleine Skizze zu Jesu Predigt von der Gottes-Herrschaft.[2]

## 1. Gegenwart und Zukunft/Aktiv und Passiv/ Machen und Lassen/Kommen und Gelingen

Jesus benutzt den Terminus „Herrschaft Gottes" (= Basileia tou theou = Reich Gottes = Himmelreich) ganz selbstverständlich; er ist seinen Hörern geläufig: Daß Gott seine Herrschaft endlich endgültig aufrichten möge, ist ihre Hoffnung und Sehnsucht, eine Hoffnung, die, anders als in früheren Phasen der Glaubensgeschichte Israels, auf einen definitiven Wechsel hofft: der Lauf der Geschichte wird an sein Ziel gelangen, eine neue Weltzeit wird anbrechen, eine Zukunft jenseits der Geschichte wird sich auftun – ohne Auf und Ab: endgültiges Heil.

Manche der Aussagen Jesu über die „Herrschaft Gottes" scheinen dieser spätjüdischen Erwartung einfach zu entsprechen, andere sprengen deren Rahmen; kurz: was Jesus zum Thema sagt, ist nicht ohne weiteres auf einen Nenner zu bringen. Das Problem entzündet sich an dem Nebeneinander futurischer und präsentischer Reich-Gottes-Aussagen. Was hat er über seine Gegenwart und die Zukunft gesagt? Was hat er erhofft? Wann und wie kommt – nach Jesu Wort – die Gottes-Herrschaft?

a) Mit vielen Frommen seines Volkes teilt Jesus die Auffassung, daß die Herrschaft Gottes *zukünftig* ist. So bittet er im Vaterunser „Dein Reich komme" (Mt 6,10 par Lk 11,2), wie die Synagogengemeinde im Qaddisch-Gebet: „Er lasse herrschen seine Königsherrschaft zu euren Lebzeiten und zu euren Tagen und zu Lebzeiten des ganzen Hauses Israel in Eile und Bälde".[3] Der ungeduldigen Hoffnung auf baldige Verwirklichung des Reiches „in Eile" korrespondiert in der Verkündigung Jesu die Ansage seiner Nähe. „Das Reich Gottes ist nahe herbeigekommen." Jesus rechnet mit einem künftigen Sichtbarwerden der Gottesherrschaft und nennt gelegentlich sogar einen Termin: noch diese Generation wird Zeuge sein, Zeuge des aller Welt erfahrbaren Beginns der endgültigen Herrschaft Gottes: „Wahrlich, ich sage euch, es sind einige unter den hier Stehenden, die den Tod nicht schmecken werden, bis sie die Gottesherrschaft kommen sehen in Macht" (Mk 9,1; vgl. auch Mk 13,30; Mt 10,23). Gleichfalls zukünftig, aber noch näher erscheint die Gottesherrschaft in dem kleinen Gleichnis vom sprossenden Feigenbaum: „Vom Feigenbaum aber lernt das Gleichnis: Wenn sein Zweig schon (saftig-) zart wird und die Blätter hervorsprossen, so erkennt ihr, daß der Sommer nahe ist. So auch ihr, wenn ihr dies geschehen seht, erkennet, daß es nahe vor der Tür ist" (Mk 13,28 f).

Der Feigenbaum verliert im Gegensatz zu anderen Bäumen Palästinas im Winter die Blätter; an seinen kahlen Zweigen ist dann im Frühjahr das Sprossen junger neuer Triebe besonders gut zu beobachten; es ist *das* Zeichen für die Rückkehr der Vegetation: der Sommer steht vor der Tür. Das Bild will sagen: Ganz entsprechend verhält es sich mit der Herrschaft Gottes; auch sie ist ganz nah! Die noch ausstehende Zeit scheint hier auf ein Minimum reduziert. Das Gleichnis vom sprossenden Feigenbaum ist ein Beleg für die drängende Naherwartung Jesu. Die genannten und weitere Texte lassen keinen Zweifel daran, daß Jesus das Kommen der Herrschaft Gottes in naher oder nach anderen Aussagen in nächster Zukunft erwartet hat.[4] Mit Johannes dem Täufer, mit der Gemeinde von Qumran teilt er die drängende Naherwartung seiner Zeit. Diese (zeitbedingte) Hoffnung auf das baldige Eintreffen der Herrschaft

Gottes „in Macht" (Mk 9,1) hat sich nicht erfüllt; als unabgegoltene Verheißung ist sie in den Glaubensschatz der christlichen Gemeinde eingegangen.

b) Die Botschaft Jesu ist deswegen nicht diskreditiert, denn ihr unverwechselbar Eigenes liegt nicht in den futurischen, sondern in den *präsentischen* Reich-Gottes-Aussagen. Jesus behauptet, anders als seine Zeit und zum Ärger vieler seiner Zeitgenossen, die Gegenwart der Herrschaft Gottes schon jetzt in dem, was er sagt und tut. Darin wird in markanter Weise sein Selbstverständnis und sein Sendungsbewußtsein deutlich.

Als erster Beleg dafür ist hier das sicher authentische Logion Lk 11,20 par Mt 12,28 zu nennen:

„Wenn ich mit dem Finger Gottes die Dämonen austreibe, dann ist damit die Herrschaft Gottes (bereits) zu euch gekommen."

Dieses Wort ist „erfüllt von dem eschatologischen Kraftgefühl, das (nach einer Formulierung R. Bultmanns) das Auftreten Jesu getragen haben muß".[5] Es hat seinen historischen Ort in der Auseinandersetzung um Jesu Heilungen und Dämonenaustreibungen. Daß Jesus als Exorzist aufgetreten ist, wird hier selbstverständlich vorausgesetzt, ist auch sonst zuverlässig überliefert und selbst in der (noch so) kritischen Forschung nicht bezweifelt. Wundertaten, insbesondere Exorzismen waren in Jesu Umwelt nichts Ungewöhnliches, freilich, sie bedurften der Deutung, denn sie konnten in den Verdacht geraten, „in der Kraft des Satans" (Lk 11,15) zu geschehen. Solchem Verdacht, der durchaus kritischen Anfrage nach seiner Vollmacht begegnet Jesus mit der oben zitierten Interpretation: seine Dämonenaustreibungen erfolgen „mit dem Finger Gottes", d. h. in Anspielung auf Ex 8,15: Was hier geschieht, ist Gottes Tat. Jesus beansprucht noch mehr: in seinen Dämonenaustreibungen, sagt er, ist die Herrschaft Gottes bereits angekommen und jetzt da. Die heilvolle Zuwendung zu einzelnen, ihre leiblich-seelische Rettung wird hier als Herrschaft Gottes qualifiziert. Nicht erst ein totales, ganz Israel umfassendes oder gar Welt und Geschichte transzendierendes Geschehen verdient diesen Namen, sondern schon dieses individuelle Heil ist Ausdruck der Herrschaft Gottes, Indiz und Gewähr dafür, daß Gott handelnd und kämpfend das universale Heil betreibt.[6] Im Hintergrund steht die Vorstellung, daß die Herrschaft Gottes sich gegen Widerstände durchsetzen muß. Jesu exorzistisches Handeln ist eben deswegen eine Bekundung der Herrschaft Gottes, weil daran erfahrbar wird, daß der Heilswille Gottes es endgültig mit den Mächten des Unheils aufgenommen hat. In prägnanten Bildern hat Jesus seine Zuversicht zum Ausdruck gebracht, was den Ausgang dieses Kampfes betrifft. Visionär ist das Ende des Kampfes bereits vorweggenommen, wenn es Lk 10,18 heißt: „Ich sah den Satan wie einen (zuckenden) Stern aus dem Himmel fallen". Sich selbst sieht Jesus in der Rolle des Stärkeren, der den Starken bereits gefesselt hat.

„Niemand kann in das Haus des Starken einbrechen und ihm seine Habe rauben, wenn er nicht zuvor den Starken gefesselt hat, dann mag er sein Haus ausrauben!" (Mk 3,27 parr)

Dieses drastische Bildwort will mit allen Mitteln der Suggestion zu solcher Sicht der Dinge überreden: in dem, was Jesus verkündigend und heilend tut, offenbart sich, daß ein Stärkerer da ist; der Satan ist unterlegen und entmachtet – und das ist hier und jetzt ankommende Gottesherrschaft!
Von der Gegenwart der Gottesherrschaft, ein zweiter Beleg, und vom Kampf um sie spricht auch der ebenso schwierige wie aufregende sogenannte Stürmerspruch:

„Von den Tagen Johannes des Täufers an bis jetzt geschieht dem Himmelreich Gewalt, und Gewalttätige reißen es an sich." (Mt 11,12; vgl. Lk 16,16)

Hier wird eine Zeitenwende konstatiert; Jesus blickt „auf die abgeschlossene Heilsperiode des AT" zurück; mit Johannes dem Täufer hat eine neue Epoche begonnen: die Gottesherrschaft ist angebrochen, aber – Gott ist auch jetzt noch nicht „alles in allem", seine Herrschaft nicht universal und nicht unwiderstehlich. Die Herrschaft ist angebrochen, aber so, daß „ihr mit Gewalt widerstanden wird und Widerstehende gewalttätig andere daran hindern hineinzu-

135

kommen".[7] Eine sonderbare Vorstellung: anders als die Erwartung wollte und immer wieder will, anders als Deuterojesaja z.B. verhieß und das Judentum zur Zeit Jesu erhoffte, erscheint die Herrschaft Gottes hier ganz und gar nicht triumphal. Menschen tun ihr Gewalt an; sie wird in ihrer Entfaltung gehindert.

Wie geschieht das? Bei den Gewalttätern ist wohl an Jesu Gegner zu denken, an die exemplarisch Frommen z.B., die das Heil von minutiöser Erfüllung des Gesetzes abhängig machen und damit Verzweiflung, aber nicht Leben wirken. Ihnen gilt nach Mt 23,13 ein Wehe-Ruf Jesu; das Thomas-Evangelium vergleicht sie dem Hund auf der Krippe:

„Wehe euch, ihr Schriftgelehrten und Pharisäer, ... ihr verschließt das Himmelreich vor den Menschen; selbst geht ihr nicht hinein, und die hineingehen möchten, laßt ihr nicht gehen."/„Wehe ihnen, den Pharisäern! Denn sie gleichen einem Hunde, der auf der Krippe der Rinder schläft; weder frißt er noch läßt er die Rinder fressen." (Th 101)

Warum kann die Herrschaft Gottes gehindert werden? Die Antwort kann nur lauten: Die Gottesherrschaft „kann eben deshalb noch gehindert und weggerissen werden, weil sie in der bloßen Gestalt des Evangeliums erscheint".[8] Jesu Botschaft will angenommen und geglaubt sein, das schließt triumphale Durchsetzung aus. So verstanden läßt sich der Stürmerspruch als Gegenstück zu Lk 11,20 verstehen: beide Worte sprechen von der bereits gegenwärtigen Herrschaft Gottes, voller Zuversicht das eine, das andere in Anfechtung; in den Exorzismen ist der Sieg über den Satan erfahrbar, sein Reich wird ausgeraubt, im Widerstand gegen Jesus geschieht dem Reich Gottes Gewalt.

Ein dritter (direkter) Beleg für Jesu Behauptung der Gegenwart der Gottesherrschaft liegt in Lk 17,20f vor:

„Als er aber von den Pharisäern gefragt wurde: wann kommt die Gottesherrschaft? – da antwortete er ihnen und sprach: die Gottesherrschaft kommt nicht so, daß man ihren Anbruch beobachten könnte; auch wird man nicht sagen: sieh, dort! oder: siehe, hier! Denn siehe, die Gottesherrschaft (ist) mitten unter euch!"

Martin Luthers berühmte Übersetzung von V 21 lautet: „Denn sehet, das Reich Gottes ist inwendig in euch." Als eine von (sehr, sehr) vielen Deutungen[9] hat sie das verbreitete Verständnis begünstigt, wonach Reich Gottes und Innerlichkeit zusammengehören. Der ursprüngliche Sinn ist das sicher nicht. Vielmehr, Jesus wehrt hier gängige Vorstellungen ab, Theorien zum Thema „Wann kommt die Gottesherrschaft": Vorausberechnung und apokalyptische Spekulationen, Beobachtung von Vorzeichen (V 20b), wie sie auch christliche Apokalyptik später betrieb (Mk 13 parr), sind abwegig; abwegig und unangemessen ist auch die Vorstellung, die Gottesherrschaft werde irgendwann irgendwo bereits vorhanden sein, und man brauche dann nur hinzulaufen, um sie da zu finden und zu haben (V 21a). Nein, die Gottesherrschaft wird nicht nach einem bestimmten Fahrplan irgendwann kommen; man wird auch nicht danach suchen müssen, „denn siehe, sie ist mitten unter euch!", d.h. die Gottesherrschaft ist eine hier und jetzt in Jesu Wirken erfahrbare Wirklichkeit. Wo Gott durch Jesus in das Leben eines Menschen heilvoll eingreift, wo Menschen wie Jesus Mut und Glauben genug haben, solches Heil als Gabe Gottes zu verstehen, da hat die Herrschaft Gottes bereits begonnen.

Die Gottesherrschaft ist jetzt da! Das qualifiziert die Zeit Jesu als Zeit der Erfüllung; alle Zeit davor ist Wartezeit gewesen, eine andere Epoche, von der Gegenwart qualitativ unterschieden. Deswegen werden selig gepriesen, die sehen und hören, was jetzt geschieht (Lk 10,23f par Mt 13,16f). Den besonderen Charakter dieser Zeit als Zeit des Heils unterstreicht auch Jesu Antwort auf die vorwurfsvolle Frage, warum seine Jünger nicht fasten: „Können denn Hochzeitsgäste während der Hochzeitsfeier fasten?" (Mk 2,19a) „Die Hochzeit hat begonnen, der Bräutigam ist eingeholt, der Hochzeitsjubel ertönt weit übers Land, die Gäste liegen beim festlichen Mahl – wer könnte da fasten?"[10] Das Bildwort arbeitet mit einem geläufigen Symbol: Hochzeit meint Heilszeit; als Gegenfrage formuliert ist es „entwaffnend": Unmöglich, jetzt zu fasten und zu trauern – es ist doch Heilszeit, Gottes Herrschaft ist da!

Blicken wir auf die Reich-Gottes-Aussagen insgesamt, so

ist festzuhalten: Jesus rechnet mit der *Zukunft* der Gottesherrschaft und behauptet zugleich ihre *Gegenwart;* er betet
„Dein Reich komme" und sagt auch: „Das Reich Gottes ist
doch mitten unter euch!" In der Evangelienforschung hat es
zahlreiche Versuche gegeben, dieses (scheinbar unlogi-
sche) Nebeneinander aufzulösen und nur die futurischen
oder nur die präsentischen Reich-Gottes-Worte als echt
gelten zu lassen. Diese Versuche sind gescheitert. Historische Kritik muß anerkennen: Gerade das Nebeneinander
ist für Jesus charakteristisch. Wie ist es zu verstehen?

1. Jesus macht die Verheißung nicht kleiner; er begnügt
sich nicht mit partieller Erfüllung; die Hoffnung wird auch
nicht auf dem Bereich des Individuellen reduziert oder gar
verinnerlicht. Die *futurischen* Aussagen halten realistisch
fest, daß Gott noch nicht „alles in allem" ist, und nehmen
die Verheißung beim Wort: sie machen Ernst damit, daß
Herrschaft Gottes das Heil der ganzen Schöpfung meint.

2. Wer die Gottesherrschaft ausschließlich von der Zukunft erwartet, entwertet die Gegenwart; wo Heil nur als
zukünftiges Heil in den Blick kommt, ist die Gegenwart
heillose Zeit, Wartezeit, Zeit der Weltflucht vielleicht oder
Zeit verbissener Sicherung zukünftigen Heils. Die *präsentischen* Reich-Gottes-Aussagen heben solche Trennung von
Gegenwart und Zukunft auf; Jesus reißt diese Grenze ein
und erklärt die Gegenwart zum Ort des Heils: sie ist ein
„integrierter Teil der Heilszeit", „vollgültiger Anfang des
ganzen Futurums", sofern sie sich der Verkündigung Jesu
erschließt.[11]

3. In der Dialektik von futurischen und präsentischen
Aussagen wird damit die schöpferische Kraft der grenzenlosen Verheißung an die Gegenwart gebunden: Heil und
Leben werden jetzt gewonnen oder verspielt! Die Herrschaft Gottes, von der Jesus spricht, ist eine dynamische
Größe, *schon jetzt* angebrochen, *noch nicht* vollendet, und
deswegen auch gefährdet (Mt 11,12); sie realisiert sich im
Wirken Jesu und in seiner Nachfolge. Die Erfahrung einer
„sich realisierenden Eschatologie" läßt Jesus notwendiger-
weise von der Zukunft *und* von der Gegenwart der Herrschaft Gottes reden. Der beherrschende Aspekt ist dabei
die Gegenwart der Gottesherrschaft schon jetzt; ihr gebührt

und gehört alle Aufmerksamkeit. Jesu zuversichtliche Behauptung, daß „die neue Zeit des Heils schon begonnen hat"[12], ist ohne Analogie; er proklamiert, daß Gott als Gott der Güte jetzt gegenwärtig und erfahrbar ist.

4. Das impliziert eine Antwort auch auf die oben gestellte Frage danach, wie Gottes Herrschaft kommt. Denn der Dialektik von Gegenwart und Zukunft korrespondiert eine solche von Aktivität und Passivität, von Machen und Lassen; sie findet ihren Niederschlag in Jesu unverwechselbarem Sprachgebrauch: im Unterschied nicht nur zur zeitgenössischen jüdischen, sondern auch zur urchristlichen Terminologie spricht Jesus „regelmäßig vom *Kommen* im Hinblick auf die Gottesherrschaft", andere Formulierungen (mit Subjektzwang) wie „Gott wird erscheinen" oder „Gott wird seine Herrschaft aufrichten" meidet er.[13] Das mediale „Kommen"/„Die Gottesherrschaft kommt"/„ist nahe herbeigekommen" ist in besonderer Weise geeignet, das Ineinander von Machen und Lassen, von Aktivität und Passivität, das hier waltet, zum Ausdruck zu bringen. Wer so spricht – „Gottes Herrschaft kommt" –, der hält daran fest, daß Gottes Herrschaft Geschenk ist und nicht verfügbar: wir machen sie nicht, aber wir können aufhören, sie zu hindern und manches tun, was ihrem Kommen und Gelingen zuträglich ist. Die Vorstellung vom Kommen der Gottesherrschaft läßt zugleich Raum für Sätze wie Lk 11,20 („Wenn ich mit dem Finger Gottes Dämonen austreibe, ...") und Mt 11,12f („Von den Tagen Johannes des Täufers an bis jetzt geschieht der Gottesherrschaft Gewalt, ... und Gewalttäter hindern sie, stören ihr Kommen und Gelingen."). Jesus bringt die Herrschaft Gottes oder – um medial zu formulieren und dadurch die Nichtmachbarkeit der Gottesherrschaft deutlich sein zu lassen –: in dem, was Jesus tut und sagt, kommt die Gottesherrschaft, gelingt anfänglich Herrschaft Gottes, ebenso wie in dem Tun seiner Gegner Gottes Herrschaft gehindert wird. Und: nicht nur in Wort und Werk Jesu ist Gottes Herrschaft als Geschenk an die Welt da; die Nachfolgeforderung schließt ein, die Gleichnisse erzählen auf vielfältige Weise, daß – nach Jesu Vorstellung – alle, die ihm folgen, Boten der Gottesherrschaft sind; auch in Wort und Tat seiner Nachfolger *kommt* die Herrschaft

Gottes; in der Tat des Samariters ebenso wie im Verhalten des Vaters nach Lk 15; als Gnadengeschenk strahlt sie auf, wo das Evangelium verkündigt und angenommen und weitergegeben wird.

Die damit skizzierte doppelte Dialektik in der Auffassung Jesu von der Herrschaft Gottes findet ihren Widerhall auch in den anstößigen Gleichnissen: diese setzen auf ihre Weise ins Bild, daß Gottes Herrschaft gegenwärtig erfahrbar ist und zugleich von der Zukunft erwartet sein will, – und sie zeigen, daß die Herrschaft Gottes ganz und gar Gabe ist und dem Menschen zugleich als Forderung begegnet.

## 2. Entschlossener Einsatz:
### Gottes-Herrschaft als Forderung an den Menschen

Von der Forderung an den Menschen bzw. von seiner Aktivität angesichts der „sich realisierenden" Herrschaft Gottes handeln die Geschichte vom klugen Verwalter, vom Prozeßgegner, von den Pächtern und – mit bezeichnender Variation – die vom Schatzfinder. Auch das Gleichnis vom Richter, der sich entschließt, seine skrupellosen Prinzipien zu revidieren, weil Situation und Selbsterhaltungstrieb es gebieten, gehört hierher, sofern es ursprünglich ad hominem zu deuten ist (s. o. Kapitel II 6). Die genannten Texte illustrieren und dramatisieren den Bußruf Jesu: „Die Zeit ist erfüllt, und das Reich Gottes ist nahe herbeigekommen: tut Buße – kehrt um . . .!" (Mk 1,15). Klugheit und entschlossene Bereitschaft sind unabdingbare „Ingredienzien", wenn Umkehr gelingen soll: Klugheit, die die Zeichen der Zeit ebenso wie die eigene Situation erkennt (vgl. u.a. Lk 12,49–56 par), und Entschlossenheit, die daraus ohne Zögern und Bedenken Konsequenzen zieht.

In der Sachhälfte, um derentwillen das Gleichnis vom klugen Verwalter ersonnen wurde, geht es um eschatologisches Klugsein[14], um das Begreifen und Sich-darauf-Einstellen, daß Gottes endzeitliches Handeln jetzt beginnt (Gegenwart) und sich bald „in Macht" (Zukunft) vollenden wird. Die endgültige Aufrichtung der Gottesherrschaft steht bevor – und damit unweigerlich auch das Gericht. Deshalb ist jetzt unverzüglich zu handeln! Der Umkehrruf Jesu, so wie er sich in diesem Gleichnis und ganz entsprechend in Mt 5,25 f ausspricht, rückt damit in gewisse Nähe zur Gerichtspredigt des Täufers: Die Axt liegt an der Wurzel der Bäume (vgl. Mt 3,10 par); es gibt ein unentrinnbares Zuspät. Ganz zweifellos eignet beiden Parabeln Jesu ein drohender Zug, doch ist es sicher kein Zufall, daß das Bild – zumal in Lk 16 – nicht die Krise als solche ausmalt, sondern einen Fall von *gelungener Krisenbewältigung* vor Augen stellt. Mit dem freudigen „Ich weiß, was ich tun will" in Lk 16,4 wird der Akzent von der Bedrohlichkeit auf den heilvollen Ausweg verlagert; der Blick verweilt bei der *Möglichkeit*, dem Verhängnis zu entrinnen und das Heil zu gewinnen.[14a] Selbst in dieser Geschichte zeigt sich also der typische Unterschied zwischen der Verkündigung Jesu und derjenigen des Johannes:

> „Während beim Täufer die Ansage des Gerichts dominiert, dem nur der entrinnen kann, der sich taufen läßt und Früchte der Umkehr bringt, ist für Jesus ... (die) Gegenwart der Basileia von der vorbehaltlosen Heilszuwendung Gottes zu jedem Menschen bestimmt."[15]

Der kritische Aspekt des Gleichnisses will also weniger Furcht einflößen als auf die Bedeutsamkeit der Gegenwart hinweisen. Dieser positive Klang des Bußrufs Jesu spiegelt sich stärker noch als in der Haushalterparabel in der Geschichte der entschlossenen Pächter – die zwar auch einen Augenblick als kritisch-relevant für ihre Zukunft erfassen, aber weniger aus bedrängender Not als aus dem Verlangen nach Lebensverbesserung handeln: „... und dann gehört das Erbe uns!" (Mk 12,7)[16]

Vollends aufgelöst ist der Aspekt der Krise in dem Ruf zur Entschlossenheit, wie er durch das Gleichnis vom Schatz im fremden Acker ertönt (Mt 13,44). Auch hier wird von sofortigem Zupacken erzählt und dem Hörer ein bewundernswerter „Einsatz auf der ganzen Linie" gezeigt, ein Einsatz freilich, der – ausgelöst und durchglüht von der Freude über den Fund – in der Deutung nicht als heroische Leistung opfervoller Buße mißverstanden werden darf: er ist die Folge der überwältigenden Erfahrung eines märchenhaft-unvermuteten Geschenks. Solche Erfahrung zeitigt die Entschlossenheit des Finders; und deshalb wäre es unangemessen, wenn wir darin eine Leistung (Aktivität) bewundern wollten, wo wir doch vielmehr staunen sollten, daß es einen Schatz gibt, daß er ihn fand und daß sein Fund ihn (Passivität) aktiv gemacht hat – wie die Liebe eine(n) Liebende(n). Kurz und gut: neben dem „Daß" des entschlossenen Handelns, hier mehr ein Geschehen als ein Tun, erlangt im Schatzgleichnis das „Wie" bedeutsamen sprachlichen Ausdruck. Der Ruf zur Entscheidung für die Sache des Gottesreiches ist typisch jesuanisch ein Aufruf zur Freude, eine Einladung zum Fest (vgl. Lk 14,16–24; 15,1–32 u.ö.)[17]

Die bisher besprochenen Gleichnisse handeln – entsprechend dem affirmativ-zuversichtlichen Klang der Forderung Jesu – von Situationsverbesserung oder – mit existentialer Begrifflichkeit formuliert – von Selbstverwirklichung, Eigentlich-Werden, Existenzgewinn. Sie gehören somit sämtlich zu dem Typ parabolischer Rede, den D. O. Via mit „komisch" bezeichnet – in Anlehnung an die „beiden Grundarten des Erzählgerüsts", die „in der Geschichte der westlichen Literatur" zu beobachten sind, nämlich „die komische und die tragische. In der Komödie haben wir eine Aufwärtsbewegung zum Wohlbefinden und die Aufnahme der Hauptfigur ... in eine neue oder erneuerte Gesellschaft, während wir in der Tragödie ein Erzählgerüst haben, das zur Katastrophe und zur Isolierung der Hauptfigur von der Gesellschaft hin abfällt".[18] Die bisher besprochenen Gleichnisse gehören zu den „komischen" Gleichnissen – ihr Erzählgerüst besteht aus einer eindeutig aufsteigenden Linie, der Schluß bedeutet jeweils einen positiven Kontrast zum Anfang. Wenn an anderen Stellen der Jesusüberlieferung die Gottesherrschaft mit Freude (Mt 25,21.23) und Leben (Mk 9,43.45; 10,17)[19] identifiziert wird, so entspricht dies ganz dem Ziel, auf das die „komischen" Gleichnisse hinaus wollen. Doch ist der Existenzgewinn, zu dem sie aufrufen, natürlich nicht mit einer Selbstverwirklichung im privatistisch-individuellen Sinn zu verwechseln. Was der Umkehrruf Jesu meint, das zeigt überdeutlich die Geschichte vom barmherzigen Samariter (Lk 10,30ff), die durch ihre (sachgemäße) Rahmennotiz in V 28 als Weg zum Leben charakterisiert ist: „Tue dies – und du wirst (wahrhaft) leben!" An anderer Stelle heißt es: „Du bist nicht fern vom Reiche Gottes" (Mk 12,34) – als Antwort an den Schriftgelehrten, der das Ineinander von Gottes- und Nächstenliebe erkannt hat. Der Bußruf angesichts der Gottesherrschaft entspricht also dem Ruf in die Nachfolge; das Ja zur Basileia besteht „in der Weiterführung des Wirkens Jesu, im Weitersagen seines befreienden Wortes, im Weitertun seiner helfenden Tat".[20]

„Die Chance der Basileia wird dort wahrgenommen, wo sich der Mensch in der Weise Gottes den Menschen zuwendet und soll auch so wahrgenommen werden: Die Gegenwart der Güte Gottes verlangt vom Menschen, in seinem Verhalten dieser Güte zu entsprechen."[21]

Die Forderung eines bestimmten menschlichen Verhaltens – dies ist der gemeinsame Tenor der hier betrachteten Geschichten Jesu. Doch wäre deren Botschaft in ihrer Zuordnung zur eschatologischen Verkündigung Jesu noch nicht richtig erfaßt, wenn wir es bei einer Nebeneinanderstellung der Gleichnisse beließen, die allesamt – wenn auch mit unterschiedlicher Akzentuierung – die Aktivität des Menschen betonen. Die Gleichnisse vom Dieb, vom Attentäter und – bei der Deutung ad deum – das vom Richter sind als „Komplementärstücke" dazuzunehmen, insofern sie vom göttlichen „Einsatz" sprechen; blieben sie unberücksichtigt, könnte gerade die entscheidende Dimension des Bußrufs Jesu nicht deutlich werden. Das Gleichnis vom Schatz im fremden Acker hat dabei eine gewisse Mittelstellung inne. Wie in Lk 16; Mt 5,25f; (Lk 18,2–5) und Mk 12 wird darin zwar auch ein menschliches Verhalten beispielhaft demonstriert, doch leitet sich das Handeln des Schatzfinders – wie wir gesehen haben – nicht mehr von der Mobilisierung eigener Kraftpotentiale ab, sondern es ist eine Reaktion auf ein Widerfahrnis: daß er den Schatz fand, ist nicht Ergebnis seiner Suche und beruht nicht auf Leistung. Der Unterschied zu den anderen Geschichten wird überdies in differierenden Zeitbezügen sichtbar:

Während Verwalter, Prozeßgegner, (Richter) und Pächter ihre gegenwärtigen Aktionen primär von der Zukunft bestimmen lassen, setzt sich der Schatzfinder entschlossen ein, weil er bereits etwas gefunden hat. Seine Kraft (und seine Freude!), alles für die Zukunft zu wagen, rührt her von der Gewißheit, daß die Gegenwart schon etwas für ihn bereithält.[22]

### 3. Verheißene Erfüllung: Gottes-Herrschaft als Geschenk

„Wenn der Hausherr gewußt hätte, zu welcher Stunde der Dieb kommt, hätte er ihn nicht in sein Haus einbrechen lassen" – so lautet die ursprüngliche Fassung des kleinen Gleichnisses vom meisterlichen Dieb (s. o. Kapitel II 4). Es nimmt ursprünglich, entgegen seiner sekundären urchristlichen Verwendung, nicht Bezug auf das zukünftige Gericht und die damit verbundene endgültige Durchsetzung der Gottesherrschaft, sondern enthält die triumphierende Behauptung, daß die Aufrichtung der Gottesherrschaft bereits begonnen hat. „The Kingdom of God has come – unexpectedly, incalculably – and Israel was taken by surprise."[23] Jesus beschreibt die heilvolle Ankunft der Basileia im Bilde vom Meisterdieb in ebenso drastischer Sprache wie beim Vergleich mit einem Raubüberfall Mk 3,27: der „Starke" als Sinnbild des Bösen ist jetzt gefesselt und der „Finger Gottes" überwindet die Dämonen (Lk 11,20). Drohenden Klang haben diese Worte nur in Bezug auf alles, was sich der liebenden Absicht Gottes widersetzt: Genauso plötzlich, unvorhersehbar und unabänderlich wie der geglückte Einbruch ist der Unheilszusammenhang aufgebrochen worden: die Herrschaft Gottes ist da – als hier und jetzt erfahrbare Realität.

Mit dieser Aussage gehört das Gleichnis ins Zentrum der Verkündigung Jesu von der Gottesherrschaft. „Blinde sehen und Lahme gehen, Aussätzige werden rein und Taube hören, Tote werden auferweckt, und den Armen wird die frohe Botschaft verkündet" (Mt 11,5) – jetzt! Jesus beansprucht bereits für das Heute etwas von dem Licht des Morgen. Damit wird zugleich allen synergistischen Vorstellungen, die das Eingreifen Gottes vom menschlichen Tun abhängig machen, Einhalt geboten: Nicht der Mensch muß die Herrschaft Gottes (das Reich der Freiheit) einleiten, sondern Gott hat bereits etwas getan, und auf dem Grunde dieser Vorgabe kann auch der Mensch handeln. Die Blickrichtung wird „verkehrt": „an der Gnade (entsteht) die Umkehr"[24], dem Appell (Imperativ) geht die bedingungslose Annahme (Indikativ) voraus. Damit wird Umkehr erst wirklich ermöglicht und zugleich ihr freudiger Klang offensichtlich: sie ist selbstverständliche Reaktion (vgl. Mt 13,44.45 f) und geschieht „ohne Mühe" (Th-Ev 8).[25] Insofern die in Abschnitt V 2 besprochenen Gleichnisse menschliche Entschlossenheit als realisierbar erzählen, sind sie sinnfälliger sprachlicher Ausdruck für die von Gott der Welt eingestiftete Möglichkeit.

Mit Jesu Rede von der Gegenwart der Basileia wird allerdings die Erwartung ihrer Zukünftigkeit nicht außer Kraft gesetzt; neben der Behauptung, daß das Reich angebrochen ist, behält die Vater-Unser-Bitte „Dein Reich komme" ihre Gültigkeit (s. o. Abschnitt 1). Erst die dialektische Verbindung beider Aspekte macht ja das Typische des Glaubens Jesu aus. Daß die endgültige Aufrichtung des göttlichen Willens noch aussteht, ist als Vorstellung u. a. den Gleichnissen vom Attentäter (Th 98) und vom Richter (Lk 18 – bei Deutung ad deum) zu entnehmen. Beide Bilder malen eine unerschütterliche Zuversicht und sagen im Blick auf das Reich Gottes: „Gott hat einen Anfang gesetzt – wie könnt ihr daran zweifeln, daß er es auch vollenden kann und wird?"[26] Beide Texte treffen sich in der Pointe, die besagt: ein bestimmtes Ereignis wird mit Sicherheit erfolgen und eintreffen, hier das erfolgreiche Attentat, da die überfällige Rechtshilfe durch den skrupellosen Richter. Mit dieser Botschaft ziehen sie am gleichen Strang wie das Doppelgleichnis vom Turmbau und Kriegführen (Lk 14, 28–32) und die sogenannten Kontrastgleichnisse (Mk 4,3–8. 30–32 parr; Lk 13,20f par), die die Unscheinbarkeit des Anfangs der Gottesherrschaft realistisch zugestehen, aber als Argument gegen die erhoffte, geglaubte, zuversichtlich und gelassen erwartete Vollendung nicht gelten lassen.[27]

Im Lichte der zuletzt besprochenen Gleichnisse kann der

menschliche Einsatz, wie ihn die Geschichten vom Verwalter, vom Prozeßgegner, von den Pächtern und vom Schatzfinder fordern, nun endlich in seinem Vollsinn erfaßt werden. Die Aktivität des Menschen, zu der hier aufgerufen wird, ist umschlossen vom unverfügbaren Heilshandeln, das Gott eingeleitet hat und nur er zu Ende führen wird: „Nachfolge beginnt und bleibt nur im Erfahrungsfeld des herrscherlichen Handelns Gottes."[28] Damit wird die Tat (Aktivität) des Menschen in ihrer Bedeutung nicht gemindert; ganz im Gegenteil: weil sie durch Gott ermöglicht ist, wird ihre Dringlichkeit eigentlich erst recht offenbar; und: ihre Zuordnung zu und ihre Abhängigkeit von dem vorgängigen Wirken Gottes bewahrt vor Leistungszwang, Selbstüberschätzung und vorschneller Identifizierung glückhafter Zustände mit dem endgültigen Heil. Was Gottesherrschaft ist, kann zeichenhaft aufleuchten durch das, was der Mensch tut; solches Aufleuchten läßt sein Leben hier und jetzt gelingen wie das desjenigen, dem er sich im Sinne des Liebesgebotes Jesu zuwendet. Wirkliches Glück ist damit möglich geworden, aber dieses Glück läßt sich nicht als endgültig Dauerndes festschreiben: was jetzt erfahren wird, ist von der Fülle des Heils noch so unterschieden wie das winzige Senfkorn von der riesigen Staude, zu der es heranwächst (Mk 4,30–32 parr). Es ist „ein zwar vorläufiges, aber dennoch überzeugendes Glück"[29], „bei aller Gegenwartsmächtigkeit in keiner Gegenwart aufgehend".[30]

Unsere Frage nach der Gottesherrschaft im Spiegel der anstößigen Gleichnisse Jesu führt uns damit zu folgendem Ergebnis: Die Geschichten mit unmoralischen Helden, die Jesus ersonnen hat, erzählen das spannungsvolle (dialektische) Miteinander von menschlichem Einsatz und göttlicher Tat, von gegenwärtiger Erfüllung und noch ausstehender Vollendung. Sie rufen zur Entschlossenheit und Klugheit, damit wir unser Heil ergreifen und verwirklichen (Lk 16; Mt 5,25f; [Lk 18]; Mk 12), zeigen aber auch eine Entschlossenheit, die von der Erfahrung des Heils schon herkommt und darin gründet, daß Heil möglich geworden ist (Mk 12; bes. Mt 13,44). Die Einsicht, daß Heil von Gott her als Geschenk möglich geworden ist (Mt 13,44), impliziert: Heil ist weder verfügbar noch machbar (Lk 12,39) und auch „nur" anfänglich realisiert und realisierbar, darin aber von der Verheißung seiner zukünftigen Fülle gehalten und gewiß (Th 98; Lk 18).

# VI

# Unmoralische Helden in der Verkündigung Jesu – wo und warum?

## 1. Vermutung zum „Ersten historischen Ort"

Gleichnisse wollen und sollen schlüssig sein – so sagt schon die antike Theorie; Quintilian spricht von ihnen als einer „herrlichen Erfindung, die Dinge ins hellste Licht zu rükken".[1] Gleichnisse als Mittel der Unterredung wollen und sollen dem Hörer nicht nach dem Munde reden, vielmehr: sie setzen alles daran, ihn zu treffen und zu beeinflussen, seine Einstellung zu der Sache, um deretwillen sie ersonnen werden, zu ändern; deswegen, sagt noch einmal Quintilian, darf das, „was wir um der Ähnlichkeit willen herangezogen haben, nicht unklar sein oder unbekannt; denn es muß, was zur Erklärung... dienen soll, selbst klarer sein als das, was es erhellt".[2]

Genügen die Gleichnisse Jesu dieser Forderung? Wer an die Geschichte vom gütigen Vater (Lk 15) denkt, an die Erzählungen vom Samariter oder vom großen Mahl (Lk 10 und 14), an Pharisäer und Zöllner (Lk 18), an Senfkorn und Sauerteig (Mt 13) oder auch an den unnachgiebigen Knecht (Mt 18), der wird diese Frage ohne weiteres bejahen. Diese „herrlichen Erfindungen" Jesu rücken seine Botschaft von der sich realisierenden Gottesherrschaft „ins hellste Licht" und sind selbst klarer als das, was sie erhellen, machen sie das Unanschauliche doch überraschend sichtbar und gegenwärtig. Die den Gleichnissen, auch den eben genannten, eigenen „ungewöhnlichen Züge" (s. oben Kap. I) mindern deren Klarheit nicht, da sie die Erzählung in aller Regel nicht sprengen, sondern mit erzählerischen Mitteln „bewältigt" sind. Die Suggestionskraft einer spannenden Geschichte vermag „ungewöhnliche Züge" zu tragen, sodaß diese den Hörer wohl aufhorchen lassen, nicht aber irritieren – er hört weiter zu.

Wie aber steht es mit den anstößigen Gleichnissen, die wir in diesem Buch erörtert haben? Sind sie selbst klarer als das, was sie erhellen wollen? Gelingt es den Geschichten mit unmoralischen Helden, eben die Sache, von der sie reden, ins hellste Licht zu rücken? Der Blick auf die uns erhaltenen Texte und ihr „Geschick" schon im Neuen Testament und dann in der Geschichte der Auslegung nötigt uns, diese Frage zu verneinen. Obwohl ihre Bilder aus dem Leben genommen sind und der Wirklichkeitserfahrung nicht widersprechen, auch kaum „ungewöhnliche Züge" enthalten, hatten und haben sie es offensichtlich schwer. Einen Mangel an Spannung oder Anschaulichkeit kann man ihnen dabei sicher nicht vorwerfen, und dennoch: Tradenten und Rezipienten haben ihnen Gehör und Gefolgschaft verweigert, und sie nur nach einschneidender Bearbeitung „zugelassen", denn im entscheidenden Punkt waren diese Geschichten immer wieder nicht akzeptabel: die „ethische Distanz" der Adressaten zur anstößigen Fabel war und ist größer, als daß der Vergleichspunkt/das tertium comparationis Zustimmung hätte finden können. Die christlichen Gemeinden, denen wir die Sammlung der synoptischen Tradition verdanken, wollten und konnten offenbar von unmoralischen Helden nicht (mehr) lernen; was Jesus seinen Hörern zugemutet hatte, schien jetzt unzumutbar; deshalb fanden seine anstößigen Gleichnisse, wenn überhaupt, nur paränetisch oder heilsgeschichtlich-allegorisch domestiziert Aufnahme im Evangelium; nur als allegorische Chiffrierungen für christlich-gnostische Anliegen waren sie vereinzelt auch im Thomas-Evangelium (Logion 65 und 98) tolerabel.[3] Das ist ein bemerkenswerter Sachverhalt, der sich unter Verweis auf Einsichten der Rezeptions- und Wirkungsästhetik erklären läßt. Denn, ein literarisches Werk, entsprechend eine Erzählung, auch ein Gleichnis „prädisponiert sein Publikum durch Ankündigungen, offene und versteckte Signale, vertraute Merkmale oder implizite Hinweise für eine ganz bestimmte Weise der Rezeption. Es weckt Erinnerungen . . ., bringt den Leser/Hörer in eine bestimmte emotionale Einstellung und stiftet schon mit seinem Anfang Erwartungen für Mitte und Ende."[4] Die anstößigen Bilder mobilisieren in diesem „Prozeß gelenkter Wahrnehmung"[5] beim normenorientierten (frommen) Hörer offensichtlich so viel negative Emotion, Ablehnung und Distanzierung, daß er am Ende nur noch pauschal in eine Verurteilung des anstößigen Verhaltens einstimmen kann, – und nicht mehr in ein noch so vorsichtig differenzierendes Lob. Eine auch nur partielle Identifikation als Voraussetzung für eigenes Lernen ist im Gefälle der anstößigen Fabel verbaut. Die tief im Bewußtsein eigener Moralität verankerte Abwehr des Milieus, in dem Jesu anstößige Gleichnisse spielen, und natürlich erst recht der erzählten kriminellen Aktivitäten selbst, verbietet dem frommen, dem christlichen Hörer, der überraschenden positiven Pointe zuzustimmen. Die eigene strenge Moral erlaubt es nicht, auf dem Felde der Unmoral eine vorbildliche Stärke überhaupt noch zu sehen, geschweige denn positiv anzuerkennen. Die Rezeption der Geschichte vom schlauen Verwalter in Lk 16 ist lediglich ein besonders plastisches Beispiel für diesen Vorgang, den auch die übrigen Geschichten mit unmoralischen Helden durch ihre redaktionelle Endgestalt mehr oder weniger ausgeprägt belegen.

Es ist demnach festzustellen: Die Rezeptionsgeschichte der anstößigen Gleichnisse zeigt hinreichend deutlich, daß diese Texte die ihnen ursprünglich eigenen Ziele im nachösterlich-christlichen Traditionszusammenhang nicht (mehr) zur Geltung zu bringen vermochten. Aber haben sie denn überhaupt jemals, wie man der Gleichnisverkündigung Jesu insgesamt „unterstellt", als Mittel der Verständigung im Gespräch mit Andersdenkenden „funktioniert" oder sich gar „als Brücke über den Abgrund des Gegensatzes"[6] in der Auseinandersetzung mit Gegnern bewährt? Wo wäre das möglich gewesen? Das führt uns auf die Frage nach dem „Ersten historischen Ort" von Jesu Geschichten mit unmoralischen Helden. Wo und vor welchen Hörern sind sie uraufgeführt worden? An welchem Ort waren sie ein Mittel (möglicherweise provokanter) Kommunikation oder aber selbstverständlich plausibel? Nicht trotz des anstößigen Bildes, sondern durch das anstößige Bild überzeugend und zwingend? Welche Hörer konnten dem Gefälle dieser Geschichten folgen und gleichwohl gern in den Vergleichspunkt einstimmen?

Sind das gesetzesstrenge Fromme gewesen, an die Jesus sich, wie unsere Überlieferung zeigt, immer wieder um Einverständnis werbend gewandt hat? Die dürften sich doch von den urchristlichen Tradenten der anstößigen Gleichnisse, was ihre ethischen Normen und ihre moralische Disposition betrifft, nur unwesentlich unterschieden haben. Waren gerade sie durch diese aus ihrer Sicht ärgerlich-unmoralischen Geschichten zu gewinnen? Auch sie hindert mit Sicherheit doch „ethische Distanz", ausgerechnet hier zuzuhören und zu lernen. Wenn also die Parabel vom cleveren Verwalter, wie man gemeint hat, ursprünglich an die Priesterschaft in Jerusalem[7] oder gar an die Pharisäer[8] gerichtet war, dann hat Jesus mit der Prägung und Uraufführung dieses Textes an diesem Ort provozieren wollen und Verständigung nur noch durch die Konfrontation hindurch für möglich gehalten. (Und was im Blick auf die Frommen als Adressaten für Lk 16,1–8a gilt, das gilt erst recht für die „rebellischen Pächter", den „Meisterdieb" oder den „Attentäter".) Sofern also die anstößigen Gleichnisse in das Gespräch Jesu mit seinen Gegnern, mit Schriftgelehrten und Pharisäern, gehören, sind sie eine (gewaltfreie) Waffe in der Auseinandersetzung gewesen: ihre Anstößigkeit sollte „in dem Gemüt der (frommen) Zuhörer zum Explodieren" kommen und „eine innere Gärung"[9] bewirken! Auch in der provokativen Konfrontation bleibt mit dieser Zielsetzung das Gegenüber und seine Umkehr ernst genommen.

Neben diesem konfliktträchtigen „Ersten historischen Ort" legt sich für die Gleichnisse mit unmoralischen Helden als weitere mögliche Ursprungssituation das Zentrum der Jesusgruppe selbst nahe; da gab es jene oben benannten Kommunikationsbarrieren nicht. Jesus konnte ohne Frage auf Zustimmung und Einverständnis rechnen, wenn er diese Geschichten den Menschen erzählte, die ihn wohlwollend und neugierig umgaben, vielleicht seine Jünger schon waren oder es wurden – outcasts und outlaws, zweifelhafte Typen, Zöllner und Sünder, Arme und Kinder, Zeloten, natürlich und notgedrungen nicht übermäßig normenorientiert, wohl vertraut mit der Verwalter-, Diebes-, Attentäter- oder Pächterperspektive, – Leute, die die Affirmation, die im Gleichnis von Dieb und Attentäter laut wird, gern akzeptierten, – Menschen, die im Anschluß an Jesus vollzogen, wovon das Gleichnis vom Verwalter oder das von den entschlossenen Pächtern spricht – in Bildern aus ihrem Milieu![10] Hier waren die anstößigen Gleichnisse – nicht Waffe der Argumentation, sondern delectable Illustration – selbstverständlich plausibel, – und unmoralische stories kein Hinderungsgrund, die Stärke der Protagonisten wahrzunehmen, zu akzeptieren und zu bewundern, schließlich auch zu übertragen und im Blick auf die Sache Jesu zum Vorbild zu nehmen!

Weder dieser noch jener „Erste historische Ort" ist nachösterlich erhalten geblieben. *Im Blick auf jenen ist festzustellen:* vom Ort der Konfrontation Jesu mit den Frommen seiner Zeit wanderten die Glcichnisse nach Ostern in Predigt und Unterricht der christlichen Gemeinde ein, fanden hier eine neue Funktion und ihren „Sitz im Leben"; was ursprünglich den Gegnern Jesu galt, wurde durchweg an die Jünger umadressiert[11], – und die mochten verständlicherweise nicht damit rechnen, daß der „Herr" sie schokkieren wollte, ganz im Gegenteil: sie suchten und fanden nach entsprechender Bearbeitung auch in den anstößigen Gleichnissen heilsgeschichtliche Belehrung und ethische Mahnung, aber Jesu eschatologische Botschaft nicht mehr!

*Im Blick auf diesen ist zu sagen:* Das Milieu einer selbstverständlichen Plausibilität der Geschichten mit unmoralischen Helden war unverwechselbar an das Auftreten Jesu und an seine unverwechselbare Gemeinschaft gebunden; die soziale und religiöse Integrationskraft, die hier am Werke war, ist später nicht mehr erreicht worden. Und: Jesu erste Hörer und Nachfolger sind offensichtlich weder für die nachösterliche Gemeinde repräsentativ gewesen noch zu Trägern der Überlieferung geworden, denn sonst gäbe es wahrscheinlich mehr anstößige Gleichnisse in der synoptischen Tradition, und die erhalten gebliebenen wären weniger „domestiziert".

## 2. Warum hat Jesus anstößige Gleichnisse erzählt?

Je nach Ursprungsort und Zuhörerschaft (s. Kap. VI 1) werden die Geschichten Jesu mit unmoralischen Helden also unterschiedliche Ziele verfolgt und erreicht haben. Folgende Möglichkeiten sind in ihnen beschlossen:

1. Anstößige Gleichnisse können erhöhter Aufmerksamkeit sicher sein, so wahr die Gefilde des Kriminellen mehr Interesse wecken als Legalität und Konvention. Jesu unmoralische Protagonisten locken den Hörer an, sie binden seine Wahrnehmung in spannungs- und risikoreichen Affären – zumindestens bis zur überraschenden Kehre, die die positive Pointe bedeutet. Mag hier, jedenfalls beim frommen Hörer, die Faszination auch in Aversion umschlagen – soweit war auch er „gefangen"!

2. Den anstößigen Gleichnissen gelingt in einzigartiger Weise die Konzentration auf den einen Punkt, um dessentwillen die Geschichte erzählt wird.

Die Tatsache, „daß die als Vorbilder hingestellten Personen durchaus nicht fehlerlos sind, ... ist eine feine künstlerische Würze, durch welche die Kraft des Hauptgedankens um so empfindbarer wird."[12] Und: Jesus neigt dazu, „zum Vergleiche einen Fall zu wählen, der im Übrigen in keiner Weise vorbildlich ist, aber gerade in dem einen hervorgehobenen Punkte etwas lehren kann. Durch den dunklen Hintergrund fällt auf ihn ein doppeltes Licht".[13]

3. Die anstößigen Gleichnisse lösen einen vielschichtigen „Verfremdungs-Effekt" aus: sie spielen nicht nur jenseits aller Konvention, sie legen auch unkonventionelle Konsequenzen nah. Vertraute Assoziationsgeflechte werden aufgelöst. Erwartungen, gerechtfertigt durch Erfahrung, sehen sich enttäuscht; geläufige Zusammenhänge – z.B. dieser: Lehrer sind, auch moralisch, Vorbilder! – werden aufgebrochen und neue „unangemessene" Verbindungen hergestellt – z.B. diese: der kriminelle Verwalter, Dieb und Attentäter, ja, sogar die zum Letzten entschlossenen Pächter können dir „Lehrer" sein.

„Wenn einer seinen Lehrer vom Gerichtsvollzieher bedrängt sieht, entsteht ein V-Effekt; aus einem Zusammenhang gerissen, wo der Lehrer groß erscheint, ist er in einen Zusammenhang gerissen worden, wo er klein erscheint."[14] Im Blick auf die hier besprochenen Gleichnisse Jesu können wir entsprechend sagen: Wenn einer Verwalter, Dieb oder Attentäter zum „Lehrer" nimmt und macht, dann entsteht ein V-Effekt; aus einem Zusammenhang gerissen, wo sie nur noch verwerflich erscheinen, sind sie plötzlich in einen Zusammenhang gerissen worden, wo sie – in einem Punkt – wichtig und bedeutsam erscheinen.

Das Ziel solcher Verfremdung ist, insbesondere im Blick auf den normenorientierten Hörer, *Irritation*: er soll Abstand gewinnen vom Gewohnten, geläufige Orientierungsmaßstäbe in Frage stellen, Vorurteile überprüfen, und so – aufgestört und vom Automatismus eingeschliffener Wahrnehmung, vom Zwang des immer schon Üblichen befreit – das Alte als alt erkennen und Neues lernen. Nicht nur Jesu Geschichten mit unmoralischen Helden verfolgen dieses Ziel, aber gerade sie erreichen Verfremdung in besonders drastischer Weise. Die Gleichnisforschung hat Verfremdungs-Effekte als ein Wesensmerkmal der parabolischen Rede Jesu überhaupt erkannt.[15] Es begegnet in den Paradoxen (z.B. blinde Bindenführer: Lk 6,39/Splitter und Balken: Lk 6,41f par/Kamel und Nadelöhr: Mk 10,25–27parr) ebenso wie im weisheitlichen Bildwort (z.B. Fasten am Hochzeitsfest: Mk 2,19 parr/Klug wie die Schlangen: Mt 10,16/Neuer Wein in alten Schläuchen: Mk 2,22parr) und natürlich in den ausgeführten Gleichnissen; sprachlich inszeniert wird der V-Effekt u.a. durch kühne „entgegengesetzte Anwendung" üblicher Vergleiche wie im Gleichnis vom Senfkorn und Sauerteig[16], durch die Provokation „normaler" Wertmaßstäbe z.B. in Lk 15,11ff und Mt 20,1ff: Güte statt Gerechtigkeit! – und immer wieder durch verblüffende, ja schockierende Protagonistenwahl: *nicht* Priester oder Levit, *nicht* ein jüdischer Laie, *sondern* der verhaßte Samariter erweist sich als Nächster und bewährt Feindesliebe (Lk 10); *nicht* irgendein frommer Rabbi, *sondern* der verachtete Hirte (Lk 15,4–7); nicht der vorbildliche Pharisäer, sondern der Zöllner (Lk 18,10–14); nicht nur Männer, sondern auch Frauen (Lk 15,8–10; Mt 25,1ff; Lk 13,20f par); nicht die Geladenen, sondern Ungeladene (Lk 14,

16–24 par)[17]; nicht der reiche Mann, sondern Lazarus (Lk 16,19 ff); nicht die Ersten, sondern die Letzten (Lk 14,7–11; Mk 9,35 parr)[18] Schließlich, als äußerste Zuspitzung in der hier waltenden Verkehrung: nicht nur die am Rande, die outcasts, sondern sogar und nicht selten die manifest Kriminellen, die outlaws! (Lk 16; Mk 12; Mt 13,44; Lk 12,39; Th 98; Lk 18; Lk 12,57–59 par) Was den gesetzesstrengen Frommen nicht gelang, den Gesetzesbrechern war es beschieden: Jesus nahm sie als befremdliche Helden in seine Geschichten auf!

4. Jesu Ansage der sich realisierenden Gottesherrschaft geschieht nicht abstrakt, sondern: daß die Gottesherrschaft da ist, wird konkret sichtbar und erfahrbar in Jesu bedingungsloser Zuwendung zu Ausgestoßenen und Verlorenen. Diese für Jesus typische Sympathiekundgebung steht nicht nur *hinter* seinen Gleichnisworten als ein hypothetischer, erst zu rekonstruierender historischer Ort, sondern spiegelt sich *in ihnen selbst*. Demjenigen, der sich auf moralischem Gebiet vergangen hat, wird die positive Rolle nicht verweigert: indem er als Protagonist in einem außermoralischen Bild fungieren darf, erfährt er die uneingeschränkte Aufnahmebereitschaft Jesu. Dabei wird er in seiner Unmoral nicht bestätigt, ganz im Gegenteil: da die Gleichnisse von Verheißung und Forderung der Gottesherrschaft sprechen, rufen sie den Angeredeten ja gerade heraus aus der Verlorenheit seiner Existenz und konfrontieren ihn mit dem unerhört Neuen, das allen bisherigen Wandel radikal verändert. Insofern Jesu offene Tischgemeinschaft mit allen, auch den „Unwürdigen", eine „Gleichnishandlung" darstellte, die „seinen Kritikern am anstößigsten gewesen sein muß"[19], ist es nicht verwunderlich, geschweige denn unwichtig, daß eben dieser Jesus auch anstößige Gleichnisse prägte. Auf seine Geschichten trifft mit Besonderheit zu, was sich häufig als Interdependenz zwischen Autor und Werk beobachten läßt, nämlich dieses: *in der Bildwelt des Werkes spiegelt sich das Weltbild des Autors!*[20] In der gewagten Protagonistenwahl bekundet sich das vollmächtige Eintreten Jesu für die Verlorenen; sprachliches und nichtsprachliches Handeln sind hier verschränkt; oder, anders formuliert: Verkündigung und Verhalten Jesu ergänzen sich:

Jesu Praxis konkretisiert seine Botschaft, und Jesu Botschaft schützt sein Verhalten vor Fehldeutungen; das gilt selbstverständlich nicht nur für die anstößigen Gleichnisse, bei ihnen aber gilt es in besonderer Weise, zumal das letzte: Jesu Botschaft schützt sein Verhalten vor Fehldeutungen! Jesus nimmt die Sünder an, aber er bagatellisiert die Sünde nicht; und: Jesus nimmt Sünder in seine Geschichten auf, aber – er hängt ihrer Sünde keinen Heiligenschein um, ganz im Gegenteil: Ungerechtigkeit wird Ungerechtigkeit genannt![21]

Der seit der Urkirche empfundene Anstoß an der Bildwelt der anstößigen Gleichnisse entspricht dem von Jesus selbst bei Pharisäern und anderen Kritikern provozierten Anstoß an seinem Weltbild: „Dieser nimmt Sünder auf" (Lk 15,2) – in seine Tischgemeinschaft und in seine Geschichten! In der fragwürdig anmutenden Anstößigkeit der unmoralischen Bilder liegt somit ein positiver Denk-Anstoß (s. o. Punkt 3). Indem hier zur Identifikation mit dem „schwarzen Schaf" aufgefordert wird, wird der voreiligen Scheidung von vermeintlich Gerechten und Ungerechten vorgebeugt (vgl. Mt 13,24 ff. 47 f). Durch den im Bildmaterial implizit beschlossenen Appell wird der „pharisäischen" Selbstgerechtigkeit als typisch menschlicher Verhaltensweise fortwährend der Boden entzogen: auch von diesen Helden ist zu lernen! „Selig ist, wer sich an mir nicht (und auch daran nicht) ärgert" (Mt 11,6 par).

5. Geschichten mit unmoralischen Helden als Waffe gegen die Selbstgerechtigkeit! Nach Jesu Erfahrung und Einsicht stehen die selbstgerechten Frommen Gott „unendlich ferner als die notorischen Sünder"; ihre Theologie, die die Sünde durch Kasuistik und Verdienstgedanken verharmlost, ihre selbstsichere Frömmigkeit, nicht grobe Sünden trennen sie von Gott – „eine fast hoffnungslose Sache", denn: „Nichts scheidet so radikal von Gott wie selbstsichere Frömmigkeit."[22] Mit seiner Verkündigung und durch sein Verhalten möchte Jesus daraus befreien; deshalb offenbart er „die Schuld der Gerechten, die Gott mittels ihrer guten Werke (und es sind gute Werke!) ihr Böses schuldig geblieben sind", und „die Unschuld der Gottlosen", die sich in ihrer Verlorenheit Gott gänzlich ausgeliefert und preis-

gegeben wissen[23], – und, speziell in den anstößigen Gleichnissen, *die Stärken unmoralischer Helden!* Daraus ist zu lernen: So wahr die krasse Unmoral einen „vorbildlichen" Zug enthält, so sicher verbirgt sich hinter der krassen Moral ein „schuldig gebliebenes Böses", zumeist unbewußt, nach außen projiziert und umgesetzt in „moralische Aggression".[24] Dagegen hilft nur die selbsterfahrerische Einsicht in die Schuldverfallenheit aller und daraus resultierende Solidarität der Sünder, die nicht mehr säuberlich zwischen Guten und Bösen trennen will, „wo doch Gott über beide seine Sonne aufgehen läßt" (Mt 5,45), und die weiß, daß „Menschlichkeit mehr ist als Moral".[25]

J. D. Crossan hat die Gleichnisse Jesu in einem schönen Bild als „Haus Gottes" charakterisiert: „Parable is the house of God".[26] Gott wohnt in den Gleichnissen Jesu; seine Herrschaft kommt im Gleichnis bei uns an. „Parable is the house of God", ja, durchaus, – aber Gott hat viele und sehr unterschiedliche Häuser, wie das chassidische Gleichnis „Die Landhäuser" lehrt.[27] „Herrliche Paläste" (dabei denke ich u.a. an Lk 15,11ff und Mt 20,1ff) und „allerhand winzige versteckte Landhäuser in Wäldern und Dörfern, die er zuweilen aufsucht, um zu jagen oder sich zu erholen" – das sind die anstößigen Gleichnisse. „Die Würde der Paläste ist nicht größer als die solch einer gelegentlichen Behausung; denn der Aspekt dieser ist nicht wie der Aspekt jener, und was dieses Geringe wirkt, kann jenes Wichtige nicht wirken." So ist es, – auch deswegen unmoralische Helden in den Gleichnissen Jesu!

6. Fünf der sieben erhaltenen anstößigen Gleichnisse zeigen die von Haus aus Unterlegenen als Sieger (Lk 12,39; 16; Mk 12; Mt 13,44; Th 98), beim Gleichnis vom Prozeßgegner (Lk 12,57–59 par) wird man die Szene in diesem Sinne weiterdenken dürfen, und auch in der Parabel vom ungerechten Richter begegnet das Motiv, hier allerdings abgelöst vom Protagonisten[28]: der Richter als der vermeintlich Mächtigere wird zum Unterlegenen, die Witwe obsiegt. Neben die befremdliche Verkehrung, die mit der Protagonistenwahl gegeben ist, tritt damit in der Bildwelt eine weitere Irritation des gängigen Weltbildes auf den Plan, zumal für den an „law and order" orientierten Adressaten: nicht nur die moralische, sondern auch die soziale Ordnung

scheint aus den Fugen! Innerhalb der Jesusgruppe werden diese Züge der Bildhälfte natürlich anders aufgefaßt – als Weise der Annahme und als Hinweis auf die verheißene Befreiung!

7. Die anstößigen Gleichnisse erzählen von risikoreichen Wagnissen; herausragende Eigenschaften ihrer Protagonisten sind Wagemut und Risikobereitschaft: beides dürfte sich nirgends besser illustrieren lassen als auf dem Felde des Kriminellen oder zumindestens doch in Gefilden jenseits der bürgerlichen Moral: hier kann einer ungehindert – eben auch von ethischen Bedenken und moralischen Restriktionen nicht gehindert – sein Glück wagen – und er tut es in Jesu einschlägigen Geschichten mit Erfolg! Vielleicht hat Jesus auch um dieses Aspektes willen, der da exemplarisch verankert ist, unmoralische Helden auftreten lassen: wer Jesu Botschaft hört und in die Nachfolge eintritt, der läßt sich ja wahrlich auf ein Wagnis ein! Das schützende Haus der Konventionen und den sicheren Hafen des Gesetzes muß er verlassen: die ankommende Gottesherrschaft verlangt eine „gefährliche" Offenheit und verführt dazu – im Horizont des Liebesgebotes. Mündigkeit und „freie Selbstverfügung als die dem Gottesreich allein gemäße Haltung" sind hier gefragt.[29] Risikobereitschaft, von den unmoralischen Helden so selbstverständlich realisiert, fehlt dem „faulen" Knecht im Gleichnis von den anvertrauten Pfunden (Mt 25,14 ff par Lk 19,12 ff), der „sein" Geld in der Erde vergräbt, anstatt damit Handel zu treiben, und dadurch schuldig wird. Ihn trifft „die Strafe weniger deswegen, weil er nichts Ertragbringendes unternommen hatte, als vielmehr dafür, daß ihm der Herr zu sehr „Herr" geblieben war, so sehr, daß ihn der Gedanke an seine Ansprüche lähmte, anstatt zu eigener Initiative anzuspornen". Daran wird deutlich, „daß die Parabel das Gottesreich dort ‚kommen' oder doch wenigstens Raum gewinnen läßt, wo sich der Mensch aus der Abhängigkeit eines von Mächten und Meinungen überfremdeten Daseins zu mündiger Freiheit und freier Verantwortlichkeit erhebt." Oder: in der Figur des risikoscheuen „faulen" Knechtes tritt uns „die Unseligkeit der Heteronomie", im Bild z. B. des (unmoralischen) glücklichen Finders „die Seligkeit des mündigen Selbstseins" vor Augen.[30]

8. Last not least: unmoralische Helden agieren in der Regel mit leidenschaftlichem Engagement – ihr Einsatz ist hoch, es steht viel, oft alles auf dem Spiel. Wo es darum geht, bedrohliche Krisen zu meistern (Lk 12,57–59 par; 16; 18), einmalige Chancen wahrzunehmen (Mt 13,44; Mk 12) oder riskante Unternehmungen erfolgreich zu bestehen (Lk 12, 39 par; Th 98), da werden alle Kräfte mobilisiert: eine ungeahnte Intensität stellt sich ein; das Leben wird – wie sonst nur in der Liebe – total, bedingungslos, rausch- haft zu einer höchsten Steigerung verdichtet. Dieser Zug wird in den anstößigen Gleichnissen nicht eigens betont, er ist aber als ganz selbstverständliches Element der Bildwelt vorausgesetzt und präsent, – und er hat seine Entspre- chung im Weltbild Jesu: Wer sein Leben risikoscheu und vorsichtig über die Runden bringen will, der wird es verlie- ren; wer sich aber mit Leib und Seele oder – wie es im Zusammenhang mit dem Liebesgebot heißt – mit ganzem Herzen und ganzer Seele, mit allen Gedanken und aller Kraft (Mk 12, 30 parr) einsetzt um des Evangeliums willen, der wird das Leben gewinnen (vgl. Mk 8, 35 parr).[31] Dem, der diesen paradoxen Satz gedacht, gesprochen, erzählt und gelebt hat, möchte man ohne weiteres auch zutrauen, was die chassidische Tradition als Einsicht des Baalschem überliefert: eine mit Inbrunst begangene Sünde ist besser als eine halbherzig geleistete gute Tat![32] Inbrunst und Lei- denschaft gehören jedenfalls – wie Glaube, Hoffnung und Liebe – zu den Zeichen des Lebens, das die Herrschaft Gottes bedeutet und bringt: auf dem Felde der Unmoral trifft man diese Zeichen, nicht nur da, aber da besonders: auch deswegen konfrontiert oder erfreut Jesus seine Hörer mit unmoralischen Geschichten.

# VII

## Pflichtmoral
## und „Moral der Leidenschaft"

Wir haben mit dem „Dieb von Sasow" begonnen (vgl. Kapitel I), mit dem „Dieb im Hause Arnheim" wollen wir enden. Deshalb wird hier der zuletzt genannte Aspekt durch eine späte literarische „Variante" zu Jesu anstößigen Gleichnissen aus R. Musils „Mann ohne Eigenschaften" abschließend noch ein wenig illustriert. Musils Roman kreist um das Thema „Moral"; der Autor problematisiert insbesondere in Gesprächen zwischen Ulrich und Agathe die Leidenschaftslosigkeit der geltenden Moral und demonstriert in der Gestalt des bürgerlichen Arnheim „die Unzulänglichkeit einer funktionalen Pflichtmoral".[1] Wir zitieren zunächst einige in unserem Zusammenhang interessante Hinweise R. Musils und dann die Geschichte vom Dieb.[2]


‚Eine der größten Schwierigkeiten, die Ulrich mit der geltenden Moral hat, bezieht sich auf ihre Leidenschaftslosigkeit: „So machte er ... die Wahrnehmung, daß er sich bisher noch allemal, wenn er sich ‚moralisch' verhielt, in einer schlechteren geistigen Lage befunden habe, als bei Handlungen oder Gedanken, die man üblicherweise ‚unmoralisch' nennen durfte. Es ist eine allgemeine Erscheinung: denn in Geschehnissen, die sie in Gegensatz zu ihrer Umgebung bringen, entfalten alle ihre Kräfte, während sie sich dort, wo sie nur ihre Schuldigkeit tun, begreiflicherweise nicht anders verhalten als beim Steuerzahlen; woraus sich ergibt, daß alles Böse mit mehr oder weniger Phantasie und Leidenschaft vollbracht wird, wogegen sich das Gute durch eine unverkennbare Affektarmut und Kläglichkeit auszeichnet. Ulrich erinnerte sich, daß seine Schwester diese moralische Notlage sehr unbefangen durch die Frage ausgedrückt hatte, ob Gutsein denn nicht mehr gut sei. Daß es schwierig und atemberaubend sein müßte, hatte sie behauptet und sich darüber gewundert, daß trotzdem moralische Menschen fast immer langweilig wären."
Aus dieser Erfahrung folgert Ulrich: „daß der Unterschied zwi-

schen Gut und Böse alle Bedeutung verliert gegenüber dem Wohl-
gefallen an einer reinen, tiefen und ursprünglichen Handlungs-
weise, das wie ein Funke ebensowohl aus erlaubten wie aus
unerlaubten Geschehnissen hervorschlagen kann. Ja, wer sich
unbefangen danach fragt, wird wahrscheinlich erkennen, daß der
verbietende Teil der Moral stärker mit dieser Spannung geladen
ist als der fordernde: Während es verhältnismäßig natürlich erscheint, daß bestimmte, als ,böse' bezeichnete Handlungen nicht
begangen werden dürfen oder, wenn man sie trotzdem begeht,
wenigstens nicht begangen werden sollten, wie etwa die Aneignung fremden Eigentums oder die Schrankenlosigkeit im Genuß,
sind die entsprechenden bejahenden Überlieferungen der Moral
– in diesem Fall wäre das also die volle Hingabe des Schenkens
oder die Lust, das Irdische abzutöten – fast schon verlorengegan-
gen, und wo sie noch ausgeübt werden, sind sie das Geschäft von
Narren und Grillenfängern oder bleichhäutigen Tugendbolden.
Und in einem solchen Zustand, wo die Tugend bresthaft ist und
das moralische Verhalten hauptsächlich in der Einschränkung des
unmoralischen besteht, kann es wohl leicht so kommen, daß dieses
nicht nur ursprünglicher und kraftvoller erscheint als jenes, sondern geradezu als moralischer, sofern es erlaubt ist, dieses Wort
nicht im Sinne von Recht und Gesetz, sondern als Maß aller
Leidenschaft zu gebrauchen, die überhaupt noch durch Gewis-
sensfragen erregt wird. Aber kann es überhaupt etwas Wider-
spruchvolleres geben, als das Böse innerlich zu begünstigen, weil
man mit dem Rest an Seele, den man noch hat, das Gute sucht?!"
   Im Gespräch über die Nächstenliebe wird dann gezeigt, wie
diese zu der „nützlichen Ermahnung: Was du nicht willst, daß man
dir tu', das füg auch keinem andern zu!" erschlaffen kann, während es sich doch eigentlich um einen „hochherzig leidenschaftlichen und heiter freigebigen Auftrag" handle, um die „Liebe, ohne
auch nur zu fragen!"'

## Der Dieb im Hause Arnheim

„Man erzählte eine Geschichte von ihm (von Arnheim, berühmter
Diplomat, als Konterfei des Außenministers Rathenau gemeint).
Er besaß in seinem Berliner Wohnhaus einen Saal, der ganz voll
mit barocken und gotischen Skulpturen war. Nun bildet aber die
katholische Kirche (und Arnheim hatte eine große Liebe zu ihr)
ihre Heiligen und Bannerträger des Guten meistens in sehr be-
glückten, ja verzückten Stellungen ab. Da starben Heilige in allen
Lagen, und die Seele rang die Körper wie ein Stück Wäsche, aus
dem man das Wasser preßt. Die wie Säbel gekreuzten Gebärden

der Arme und der verwundenen Hälse, losgelöst aus ihrer ursprünglichen Umgebung und in einem fremden Zimmer vereinigt, machten den Eindruck einer Katatonikerversammlung im Irrenhaus. Diese Sammlung wurde sehr geschätzt und führte viele Kunstgelehrte zu Arnheim, mit denen er sich gebildet unterhielt, aber er setzte sich auch oft allein und einsam in seinen Saal, und dann war ihm ganz anders zumute; ein schreckartiges Staunen war in ihm wie vor einer halb irrsinnigen Welt. Er fühlte wie in der Moral ursprünglich ein unsägliches Feuer geglüht hat, bei dessen Anblick selbst ein Geist wie er nicht viel mehr tun konnte, als in die ausgebrannten Kohlen starren. Diese dunkle Erscheinung von dem, was alle Religionen und Mythen durch die Erzählung ausdrücken, daß die Gesetze uranfänglich dem Menschen von den Göttern geschenkt worden seien, die Ahnung also eines Frühzustands der Seele, der nicht ganz geheuerlich und doch den Göttern liebenswert gewesen sein mußte, bildete dann einen seltsamen Rand von Unruhe um sein sonst so selbstgefällig ausgebreitetes Denken.

Und Arnheim besaß einen Gärtnergehilfen, einen tiefschlichten Menschen, wie er es nannte, mit dem er sich oft über das Leben der Blumen unterhielt, weil man von so einem Mann mehr lernen kann als von Gelehrten. Bis Arnheim eines Tages entdeckte, daß dieser Gehilfe ihn bestahl. Man kann sagen, er trug geradezu verzweifelt alles weg, was er erreichen konnte, und sparte den Erlös auf, um sich selbständig zu machen, das war der einzige Gedanke, der ihn Tag und Nacht besaß; aber einmal verschwand auch eine kleine Skulptur, und die zu Hilfe genommene Polizei deckte den Zusammenhang auf. An dem Abend, wo Arnheim von dieser Entdeckung benachrichtigt wurde, ließ er den Mann rufen und machte ihm die ganze Nacht lang Vorwürfe wegen der Irrwege seines leidenschaftlichen Erwerbstriebs. Man erzählte, daß er selbst dabei sehr aufgeregt gewesen sei und zeitweise nahe daran, in einem dunklen Nebenzimmer zu weinen. Denn er beneidete diesen Mann, aus Ursachen, die er sich nicht erklären konnte, und am nächsten Morgen ließ er ihn von der Polizei abführen."

D. Mieth kommentiert diese Geschichte folgendermaßen:

„Diplomat und Gärtnergehilfe unterscheiden sich zunächst nicht, was ihren Erwerbstrieb betrifft. Nur: der eine besitzt, der andere stiehlt. Der eine besitzt, um zu genießen, der andere erwirbt, um zu besitzen, um dann – vielleicht – einmal genießen zu können. Sie befinden sich in unterschiedlichen Stadien, und der Besitzende neidet dem Erwerbenden die Leidenschaft, mit der er begehrt, auch wenn er unrecht begehrt. Die Unmoral des Gärtnergehilfen enthält die Glut, die dem Moralisten Arnheim, der nur in ausgebrannte Kohlen, nur in die verwässerte bürgerliche Pflicht-moral starrt, fehlt. Zwischen den leidenschaftlichen barocken Heiligen und dem Gärtnergehilfen besteht mehr Ähnlichkeit als zwischen Arnheim und seiner Sammlung. Ein Phänomen übri-gens, das uns biblisch in der Figur des ‚ungetreuen' Verwalters bekannt ist: eine unmoralische Geschichte, die Jesus um der Mo-ral des Eifers für die Zukunft willen erzählt. In der scheinbar moralischen Ordnung ist Arnheim der ‚Gerechte'. In der Ordnung einer Moral der Leidenschaft, in der die Seele den Körper wie Wäsche auswringt, hat der Gärtnergehilfe die rechte Einstellung, wenn auch nicht die rechten Mittel."[3]

Arnheim, sagt Musil, „beneidete diesen Mann, aus Ursa-chen, die er sich nicht erklären konnte, und am nächsten Morgen ließ er ihn von der Polizei abführen". Arnheim bleibt unbelehrbar ... „Es reicht nur zu ein bißchen Selbst-mitleid angesichts seiner fehlenden moralischen Leiden-schaft, zu Tränen im Nebenzimmer. Der liebenswürdige Bürger erweist sich daran: der Dieb bricht ihm das Herz, aber er läßt ihn abführen."[4]

Hoffentlich ergeht es dir und mir nicht ebenso – mit den unmoralischen Helden Jesu: auch die sind (schon oft ge-nug) „abgeführt" worden, durften nicht lehren, was nur sie oder sie jedenfalls besonders gut lehren können! Vielleicht verhelfen sie, gerade sie, uns zu der Freiheit, die der Rabbi von Sasow zum Glück schon hatte, als er seinem Dieb begegnete:

„... Wenn dem so ist, sprach der Sasower zu sich, so muß auch ich das Meine wieder und wieder versuchen."[5]

# Anmerkungen .

Die Sekundärliteratur wird in den Anmerkungen beim ersten Vorkommen mit vollen bibliographischen Angaben, dann lediglich mit Verfassernamen, Kurztitel und Seitenzahl zitiert. Mit Hilfe des Namenregisters am Schluß des Buches ist die jeweils erste vollständige Zitierung leicht aufzufinden.

## I Einleitung

1 M. Buber, Die Erzählungen der Chassidim, 1949, 532; vgl. dazu weiter unten Kapitel III 2).

2 H. Weinel, Die Gleichnisse Jesu, 3. Aufl. 1910, 1.

3 C. H. Dodd, The Parables of the Kingdom, 1961, 20: „a singularly complete and convincing picture of life in a small provincial town".

4 R. Bultmann, Die Geschichte der synoptischen Tradition, 9. Aufl. 1979, 217 f.

5 G. Bornkamm, Jesus von Nazareth, 12. Aufl. 1980, 64.

6 Vgl. u. a. J. Schniewind, Das Evangelium nach Markus, 6. Aufl. 1952, 77 („Form der Groteske"); N. Perrin, Was lehrte Jesus wirklich? Rekonstruktion und Deutung, 1967, 105 („Extravaganz"); Chr. A. Bugge, Die Hauptparabeln Jesu, Bd. 1 und 2, 1903 („Paradoxe" Bd. 1, 16 ff und „paradoxale Gleichnisse" u. a. Bd. 1, 61 ff); und bes. P. Ricoeur, Biblische Hermeneutik, in: Harnisch, Gleichnisforschung (s. nächste Anm.) 248–339; speziell: 324–329: Extravaganz in den Gleichnissen.

7 L. Ragaz, Die Gleichnisse Jesu, 1971, 8; ähnlich radikal charakterisiert J. D. Crossan, In Parables. The Challenge of the Historical Jesus, 1973, die Gleichnisse Jesu; vgl. da bes. 53 ff: Parables of Reversal = Gleichnisse der Verkehrung, deren „metaphorische Herausforderung" darin liegt, daß sie „die gänzliche, radikale, wechselseitige Umkehrung des üblichen menschlichen Urteils, selbst: bzw. gerade auch des religiösen Urteils" in Szene setzen, „eine Umkehrung, durch die sich das Reich seinen Weg in die menschliche Wahrnehmung verschafft." (Übersetzung nach W. Harnisch [Hrsg.], Die neutestamentliche Gleichnisforschung im Horizont von Hermeneutik und Literaturwissenschaft, 1982, 147).

8 Vgl. E. Linnemann, Gleichnisse Jesu. Einführung und Ausle-

164

gung, 7. Aufl. 1978, 36 – im Anschluß an I. K. Madsen, Die Parabeln der Evangelien und die heutige Psychologie, 1936, passim.

9 Vgl. Madsen, Parabeln 82 f.

10 Linnemann, Gleichnisse 36.

## II Die Texte

1 Vgl. M. Krämer, Das Rätsel der Parabel vom ungerechten Verwalter Lk 16,1–13. Auslegungsgeschichte – Umfang – Sinn. Eine Diskussion der Probleme und Lösungsvorschläge der Verwalterparabel von den Vätern bis heute, 1972, 4.

2 Mit einem doppelten Betrug rechnet auch J. Jeremias, Die Gleichnisse Jesu, 8. Aufl. 1970, 180. Gelegentlich versucht man, das Verhalten des Verwalters als rechtens zu erklären, – und damit die Anstößigkeit der Geschichte zu beseitigen. Das tut z.B. H. J. Degenhardt, der für V 2 nicht Unterschlagung, sondern lediglich inkompetente Amtsführung, für V 5–7 im Anschluß an Derrett nicht Urkundenfälschung, sondern (positiv!) Erlaß von Wucherzinsen voraussetzt: vgl. ders., Lukas – Evangelist der Armen. Besitz und Besitzverzicht in den lukanischen Schriften. Eine traditions- und redaktionsgeschichtliche Untersuchung, 1965, 115 ff. Jeremias' Feststellung, wonach die „verschiedenen Versuche einer ‚Ehrenrettung‘ des ungerechten Haushalters ... sämtlich mißglückt" sind (Gleichnisse 181 Anm. 2), bleibt auch hier gültig!

3 Es liegt also das Echtheitskriterium der Unähnlichkeit bzw. Unableitbarkeit (Kontingenz) vor, vgl. Bultmann, Geschichte 222 und das Ergänzungsheft dazu, bearb. von G. Theißen und Ph. Vielhauer, 4. Aufl. 1971, 11.

4 Vgl. Jeremias, Gleichnisse 43.

5 A. Jülicher, Die Gleichnisreden Jesu, Bd. II, 1910, 509; ähnlich Krämer, Rätsel 163 und Degenhardt, Lukas 119.

6 Der Ausdruck „Söhne/Kinder des Lichts" begegnet nur hier in der synoptischen Tradition, im übrigen Schrifttum des NT noch Joh 12,36; 1. Thess 5,5 und Eph 5,8; häufig dagegen in den Texten von Qumran und in der Gnosis, vgl. H. Conzelmann, in: ThW IX 302 ff, bes. 318 ff und 344 ff.

7 Vgl. Jeremias, Gleichnisse 43 f; skeptisch Degenhardt, Lukas 120.

8 Vgl. dazu Jeremias, Gleichnisse 43 Anm. 4.

9 Die „Freunde" sind entweder 1. die Almosonempfänger (Degenhardt, Lukas 123; L. J. Topel, On the Injustice of the Unjust

Steward Lk 16,1–13, in: CBQ 37, 1975, 220 Anm. 22) oder 2. *die personifizierten Almosen*, die bei Gott als Fürsprecher agieren (F. E. Williams, Is Almsgiving the Point of the „Unjust Steward"?, in: JBL 83, 1964, 295 mit Verweis auf rabbinische Parallelen) oder 3. *die Engel* als Umschreibung für Gott (Jeremias, Gleichnisse 43 Anm. 3). In jedem Fall verweist die 3. Pers. plur. in V 9b umschreibend auf Gott, d.h. Gott gewährt das ewige Heil (vgl. Degenhardt, Lukas 123; Jeremias, Gleichnisse 43).

10  J. D. Crossan, Parables 109 macht eindrücklich darauf aufmerksam, wie unlogisch es ist, den Haushalter zum Helfer der Armen und Almosengeber zu machen, einerlei, ob jener beim Schuldenerlassen seinen Herrn ein zweites Mal betrügt oder nur die eigenen Wucherzinsen rückgängig macht.

11  Vgl. Jeremias, Gleichnisse 44 gegen Jülicher, Gleichnisreden II, 512 und Krämer, Rätsel 219 ff, die in V 10 ff eine Ausgestaltung von V 9 sehen, wobei sie „treu sein" mit Almosengeben/ Mammon-wohltätig-verwenden gleichsetzen: das wirkt konstruiert, ein Versuch, nachträglich verschiedene Stufen der Arbeit am Text zu harmonisieren. Auch Degenhardt, Lukas 127, wehrt sich gegen die Einsicht, daß der Verwalter in V 10 ff zur negativen Kontrastfigur wird; das sei „sehr fraglich" – kein Wunder, wenn man ihn vorher auf Biegen und Brechen entkriminalisiert hat (s.o. Anm. 2).

12  Vgl. 2. Tim 2,15; Eph 1,13; Kol 1,5; weitere Belege bei Krämer, Rätsel 214. Das „Wahre" kann auch eschatologisch verstanden werden, so Jülicher, Gleichnisreden II, 508; vgl. auch Krämer, Rätsel 220.

13  Zur „Haushalterschaft" der Bischöfe und Presbyter ohne Gewinnsucht, im Dienst am wahren Wort vgl. 1. Kor 4,1 f; 1. Tim 3,1 ff; 5,17 ff; 6,3 ff; Tit 1,6–9; 1. Petr 4,10; 5,1–4.

14  J. P. Hebel, Kalendergeschichten, hier zitiert nach: W. Sommer, Der menschliche Gott J. P. Hebels. Die Theologie Johann Peter Hebels, 1972, 65 f.

15  Ob mit „der Herr", der in V 8a das befremdliche Lob ausspricht, der reiche Arbeitgeber des Haushalters oder Jesus gemeint ist, läßt sich definitiv nicht entscheiden. Im ersteren Fall gehörte V 8a noch in die Erzählung, im zweiten wäre V 8a als referierender Hinweis auf Jesu abschließende Wertung der soeben erzählten Geschichte zu lesen. Beide Deutungen sind möglich. Für *Schluß der Erzählung mit V 7* plädieren: Jülicher, Gleichnisreden II, 504; Jeremias, Gleichnisse 42 f; Bultmann, Geschichte 190; N. Perrin, Jesus 126; Crossan, Parables 109; für *Schluß mit V 8a*: D. O. Via, Die Gleichnisse Jesu. Ihre

literarische und existentiale Dimension, 1970, 147; vgl. auch Krämer, Rätsel 140ff; 169ff; Degenhardt, Lukas 116f. – So oder so geht es um das Lob eines Schurken, egal, ob Jesus dieses Lob einer Gleichnisfigur in den Mund legt oder selbst formuliert. Und: beide Varianten sind gut und gern auf Jesus zurückzuführen: ihm sind sie zuzutrauen, der überliefernden Gemeinde nicht, – die hatte, wie V 8b–13 zeigen, ihre Schwierigkeiten mit der anstößigen Pointe des Gleichnisses und hätte diese sicher nicht selbst geschaffen.

16 Jeremias, Gleichnisse 181. Die Mehrzahl der Forscher spricht sich für diese Deutung aus; gelegentliche andere Auffassungen, denen die Differenzierung zwischen der verwerflichen Tat und der imponierenden Weise ihrer Ausführung (kluges entschlossenes Zupacken) zu „abstrakt" erscheint, können nicht überzeugen. Wer die Ungerechtigkeit des Haushalters für die Sachhälfte retten will, gerät in Schwierigkeiten: Degenhardt (Lukas 113ff) und E. Kamlah z.B. verstehen die Parabel „moralisch" als Aufforderung an die religiöse Führungsschicht, die Gesetzeslasten des Volkes zu verringern; die Kriminalität des Verwalters gerät dabei allerdings völlig aus dem Blick, und auch die Frage, wie denn die skrupulös um Einhaltung des Gesetzes bemühten Pharisäer im skrupellosen Betrüger ein Vorbild finden können, wird nicht bedacht. Kamlahs Prämisse, wonach alle Knechtsgleichnisse am gleichen Strang ziehen und in gleicher Weise gedeutet sein wollen, da schon die Stoffwahl das Thema vorgebe und „also auch seine Sachproblematik" bestimme, scheitert an Lk 16,1ff (gegen E. Kamlah, Die Parabel vom ungerechten Verwalter [Lk 16,1ff] im Rahmen der Knechtsgleichnisse, in: Abraham unser Vater, FS O. Michel, 1963, 277ff, bes. 283). Überzeugend dagegen Crossan, Parables 105.

17 Vgl. Jülicher, Gleichnisreden I,70 u.ö.

18 Vgl. u.a. Via, Gleichnisse 25; H.-J. Klauck, Allegorie und Allegorese in synoptischen Gleichnistexten, 1978, passim, bes. 354.

19 Das beweist ungewollt letztlich auch H. Weder, Die Gleichnisse Jesu als Metaphern. Traditions- und redaktionsgeschichtliche Analysen und Interpretationen, 1978, obwohl er sich im Anschluß an E. Jüngel gegen die „Radikalität des aristotelischen Ansatzes" (19) bei Jülicher wehrt; er schreibt der Metapher im Gegensatz zu Jülicher keine bloß rhetorische oder gar verhüllende Funktion zu, sondern: sie hat dichterische sinnstiftende Kraft (63f)! Die Suche nach dem einen tertium comparationis wird in der Theorie gänzlich verworfen (65), in der praktischen Exegese nicht nur unseres Textes zeigt sich dann

allerdings, daß dieses Postulat nicht durchzuhalten ist, jedenfalls nicht bei den anstößigen Gleichnissen. Weder betont nämlich, daß der Verwalter in Lk 16,1ff nicht metaphorisch auszudeuten sei, wie es etwa bei Kamlah geschieht, „da an seinem Verhalten *ausschließlich* seine Einstellung zur Zukunft von Interesse sei (265 Anm. 113), d.h. das Gleichnis vom Haushalter wird ganz im Sinne Jülichers interpretiert (262ff); bei Mt 13,44 (138ff) wird die Anstößigkeit des Bildes nicht berücksichtigt, – und der metaphorische Verweis, den Weder in Lk 18,1ff erblicken will (267ff), wirkt überaus konstruiert (s.u. Anm. 129).

20 Zur Unterscheidung von Gleichnis und Parabel vgl. Jülicher, Gleichnisreden I, 80ff und 92ff, aufgenommen bei Bultmann, Geschichte 184ff. – Wir benutzen „Gleichnis" hier nicht nur als formgeschichtlich festgelegten Terminus im Unterschied zur Parabel, sondern biblischem Sprachgebrauch entsprechend auch im Sinne eines Oberbegriffs, unter den sich alle bildhaften Erzählformen subsumieren lassen.

21 Vgl. z.B. Via, Gleichnisse 27, der im Anschluß an A. T. Cadoux fast karikierend einwendet, daß im Horizont der Frage nach dem einen tertium comparationis das Bild als solches nicht ernst genug genommen werde: ... Reduzierung der Gleichnisse zu „bildhaft angeordneten Platitüden, die durch unnötige Ornamente verschleiert werden".

22 Vgl. Jeremias, Gleichnisse Kap. II (Von der Urkirche zu Jesus zurück!), bes. 39ff. 113.

23 Dieser Text ist in der exegetischen Forschung viel diskutiert und nach wie vor besonders umstritten; unser Anmerkungs-Teil ist hier deshalb recht ausführlich: notwendige „Fachsimpelei", mit Geduld zu genießen oder den Autoren großzügig zu verzeihen!

24 Vgl. Weder, Gleichnisse 148 Anm. 4.

25 Jülicher, Gleichnisreden I, 162; etwas vorsichtiger Gleichnisreden II, 406: „Es könnte eine Gleichnisrede Jesu von den bösen Weinbergpächtern ... existiert haben; ein Versuch sie zu rekonstruieren, ist aussichtslos."

26 Jülicher, Gleichnisreden I, 116; vgl. auch Gleichnisreden II, 402f. Mangelnde Realitätsnähe wird u.a. auch von folgenden Forschern behauptet, die alle mit Gemeindebildung rechnen: W. G. Kümmel, Das Gleichnis von den bösen Weingärtnern (Mk 12,1–9), in: Heilsgeschehen und Geschichte (hrsg. von E. Grässer/O. Merk/A. Fritz), 1965, 210; E. Haenchen, Der Weg Jesu, 1966, 399; J. Gnilka, Das Evangelium nach Markus, 2. Teilband, 1979, 145.

27 Jülicher, Gleichnisreden II, 406. Den polemischen Ton nehmen als Indiz für Gemeindebildung u.a. noch: O. H. Steck,
Israel und das gewaltsame Geschick der Propheten, 1967, 269
Anm. 3 und Gnilka, Markus, 2. Teilband 148f. Vgl. auch
J. Blank, Die Sendung des Sohnes, in: Neues Testament und
Kirche, FS R. Schnackenburg (hrsg. v. J. Gnilka), 1974, bes. 18f
u. 39, und Bultmann, Geschichte 191 u. 215f, vorsichtiger 222.
28 C. H. Dodd, Parables 93ff; Jeremias, Gleichnisse 67ff.
29 Vgl. E. Bammel, Das Gleichnis von den bösen Winzern (Mk
12,1–9) und das jüdische Erbrecht, in: RIDA 6, 1959, 11ff; J. D.
M. Derrett, Fresh Light on the Parable of the Wicked Vinedressers, in: RIDA 10, 1963, 11ff; M. Hengel, Das Gleichnis von den
Weingärtnern Mc 12,1–12 im Lichte der Zenonpapyri und der
rabbinischen Gleichnisse, in: ZNW 59, 1968, 1ff.
30 Hengel, Gleichnis 23f.
31 Vgl. Bammel, Gleichnis 14f und Derrett, Wicked Vinedressers
28f: „'Arisim were known to try to convert their tenure into
ownership dishonestly. Owners were always afraid of this. The
reason was the Jewish law of adverse possession ... the basic
rule is that a claimant, who claims by a reasonable (even if
false) title, is owner in law if he has enjoyed the produce for
three successive harvests. Thus one who had had three harvests could prima facie claim the full ownership of the usu-
fruct, and it is a small step from this to claiming that he was full
owner." Wie die rechtlichen Spekulationen der Winzer/Päch-
ter im einzelnen ausgesehen haben mögen, ist allerdings im
Grunde ohne Belang. Hengels Kritik an Derrett: „So interessant die Ausführungen sind, so lesen sie doch in das Gleichnis
Vorgänge hinein, die darin nicht angedeutet sind, sie können
jedoch das Milieu charakterisieren, in dem dieses Gleichnis
erzählt wurde." (Gleichnis 11 Anm. 41), ist sicher berechtigt.
Wichtiger für das Verständnis des Gleichnisses ist, daß in den
Zenonpapyri von analogen Fällen berichtet wird, so z.B. von
den Verhandlungen der Agenten des Apollonius mit seinen
aufsässigen Pächtern, wobei jene sich „erstaunlich kompro-
mißbereit" zeigen (Hengel, Gleichnis 15 Anm. 55b; zum Ganzen vgl. 11ff).
32 Vgl. Hengel, Gleichnis 25ff.
33 Vgl. ebd. 30f und Derrett, Wicked Vinedressers 31.
34 Vgl. Crossan, Parables 33f. Die Zählung der Th-Logien folgt
der von K. Aland übernommenen, vgl. ders., Synopsis Quat-
tuor Evangeliorum, 1964, 517ff. – Die Frage nach dem literarischen und traditionsgeschichtlichen „Verhältnis" von Th-
Evangelium und Synoptikern ist nach wie vor strittig. Gewich-

tige Gründe sprechen jedoch für die Unabhängigkeit des Th,
vgl. dazu Ph. Vielhauer, Geschichte der urchristlichen Literatur, 1975, 627f; C. H. Montefiore, A Comparison of the Gospel
according to Thomas and of the Synoptic Gospels, in: NTS 7,
1960/61, 220ff sowie T. Schramm, Der Markus-Stoff bei Lukas,
1971, 9ff; O. Betz/T. Schramm, Perlenlied und Thomas-Evangelium, 1985, bes. 81ff.

35 Vgl. hierzu bereits die Ausführungen bei Schramm, Markus-
Stoff 150ff. In der Regel wird allerdings anstatt mit einer von
Lk benutzten Nebenüberlieferung mit bewußter luk Redakti-
onstätigkeit gerechnet. Eine solche Annahme ist jedoch insofern problematisch, als sie impliziert, daß Lk mit seiner Neuer-
zählung dem Text wieder ursprünglichere Gestalt gegeben
haben müßte. Mit seinem Verzicht beispielsweise, den Herrn
des Weinbergs mehrere Knechte gleichzeitig absenden zu
lassen (so Mk 12,5b; vgl. dann Mt 21,34.36), hätte sich Lk
bewußt der in der pluralischen Formulierung beschlossenen
Verdeutlichung auf die Propheten begeben und somit entalle-
gorisiert. Eine solche rückläufige Tendenz ist aber kaum wahrscheinlich zu machen, wenn man nicht grundsätzlich die bisherigen Erkenntnisse hinsichtlich der Gesetzmäßigkeiten, die
bei der mündlichen und schriftlichen Weitergabe eines Textes
walteten, in Frage stellen möchte (zum Umformungsgesetz der
Allegorisierung vgl. bes. Jeremias, Gleichnisse 64ff und 113).
Mit einer Zweitfassung der Winzergeschichte hinter Lk rech-
nete im übrigen schon A. T. Cadoux, The Parables of Jesus,
1930, 40f. Auch Bammel, Gleichnis 12 Anm. 6 sowie M. Black,
The Parables as Allegory, in: BJRL 42, 1960, 280 und S. Peder-
sen, Zum Problem der vaticinia ex eventu, in: StTh 19, 1965,
172 treten für eine bei Lk erhaltene ältere Gleichnisversion
ein; Jeremias, Gleichnisse 69f entscheidet sich nicht. Bemer-
kenswert auch J. A. T. Robinson, The Parable of the Wicked
Husbandmen, in: NTS 21, 1975, 461, der es für unmöglich hält,
die Version des Lk als sekundäre Bearbeitung der Mk-Fassung
zu verstehen.

36 Benutzung der LXX allein ist kein hinreichendes Argument,
vgl. Hengel, Gleichnis 19, aber es gibt weitere Gesichtspunkte,
s. Text!

37 Stellvertretend für viele andere Kümmel, Gleichnis 208.

38 Peschs Argument, daß die detaillierte Beschreibung als Hinweis auf hohe Investitionen seitens des Besitzers auch in Mk
12,1ff für den weiteren Erzählverlauf unbedingt notwendig
sei, da sonst die wiederholten Bemühungen um das Eintreiben der Frucht unmotiviert erschienen, kann nicht überzeu-

gen: Es ist doch nur selbstverständlich, daß der Mann sein Eigentum nicht ohne Weiteres aufgibt! (Vgl. R. Pesch, Das Markusevangelium, 2. Teil, 1977, 215).

39 Vgl. dazu im einzelnen Schramm, Markus-Stoff 151 Anm. 2 und 156 ff.

40 Vgl. Robinson, Parable 446 Anm. 1.

41 Dem zweiten Sklaven widerfährt das bekanntlich schwer zu deutende Geschick des „kephaliousthai" = „in capite vulneraverunt" (?), vgl. Klauck, Allegorie 294 Anm. 42.

42 Vgl. Jeremias, Gleichnisse 69 Anm. 3, pointiert auch Robinson, Parable 446.

43 Vgl. die Rückübersetzung bei R. Kasser, L'Evangile selon Thomas, 1961, 91 f; Klaucks Einwand, Allegorie 292, gegen die Ursprünglichkeit des Lk-Textes an dieser Stelle berücksichtigt nicht, daß zwischen „primitiver" Vorlage und nachträglicher Bearbeitung derselben unterschieden werden muß.

44 Vgl. Schramm, Markus-Stoff 79 ff und 161 f; s. auch Black, Parables 280 f Anm. 1.

45 Vgl. H. Preisker, in: ThW II, 331.

46 E. Hirsch, zit. nach Bammel, Gleichnis 11 Anm. 3.

47 Vgl. dazu weiter Schramm, Markus-Stoff 162.

48 Gegen Klauck, Allegorie 289 Anm. 13.

49 Die varia lectio bei Mt, die den Wortlaut in der mk Reihenfolge kennt, ist quantitativ und qualitativ zu schlecht bezeugt, um Anspruch auf Ursprünglichkeit zu haben, gegen Klauck, Allegorie 290. – Daß damit die von Lk benutzte Überlieferungsvariante ihrerseits ein sekundäres Motiv enthält, braucht nicht zu befremden; es wäre eher verwunderlich, wenn nicht auch sie Spuren von Bearbeitung aufwiese.

50 Septuaginta-Einfluß läßt sich allerdings an dieser Stelle nicht eindeutig nachweisen, gegen Jeremias, Gleichnisse 72; richtig Robinson, Parable 449.

51 Vgl. Jülicher, Gleichnisreden II, 394; Pesch, Markusevangelium 220.

52 Vgl. Crossan, Parables 90; Hengel argumentiert inkonsequent, wenn er zunächst von dem „durchaus nicht so unsinnig" erscheinenden „Verzicht des ortsfremden Grundbesitzers auf sofortige Rechtshilfe bzw. eigenes gewaltsames Eingreifen" sowie von seiner „Notlage" (Gleichnis 27 f) spricht, dann aber unvermutet folgert: „Der abscheuliche Frevel der Pächter muß das unerbittliche Strafgericht des Besitzers herausfordern. Auch hier wird die Bildseite in keiner Weise durchbrochen" (ebd. 31).

53 Vgl. Schramm, Markus-Stoff 164 f.

54 Daß Mt das Gleichnis als Bußruf verstanden wissen will, wird durch die Korrespondenz von V 34 mit V 43 deutlich und durch den wörtlichen Anklang an Mt 3,2 und 4,17 unterstrichen. Mt macht so anspielungsreich klar, daß Israel dem Ruf nicht gefolgt ist.

55 Darüber besteht in der Forschung ein relativer Konsens, vgl. schon Jülicher, Gleichnisreden II, 405; dann u.a. Jeremias, Gleichnisse 71 f.

56 Vgl. J. Jeremias, in: ThW IV, 275.

57 Vgl. auch Crossan, Parables 93.

58 Vgl. nur Bornkamm, Jesus 62.

59 H. Frankemölle, Hat Jesus sich selbst verkündet?, in: BiLe 13, 1972, 200.

60 Zum Folgenden vgl. Bultmann, Geschichte 203 ff.

61 Ebd. 205.

62 Gegen Kümmel, Gleichnis 212 und Gnilka, Markus 145, die sich auf Grund des Fehlens dieses Hinweises gegen eine realistische Deutung vor dem zeitgeschichtlich-politisch-sozialen Hintergrund aussprechen.

63 Jülicher, Gleichnisreden II, 394.

64 Zu dieser Deutung von Mk 12,1 ff, die ich bereits 1966 in meiner Dissertation vorgetragen habe (vgl. Schramm, Markus-Stoff 167 ff Anm. 2), gelangt unabhängig auch Crossan (Parables 86 ff, vgl. auch schon ders., The Parable of the Wicked Husbandmen, in: JBL 90, 1971, 451 ff). Er geht allerdings nur von der Priorität der Th-Fassung aus und rechnet nicht mit einer auch bei Lk erkennbaren älteren Gleichnisversion; dennoch – die Ermittlung des ursprünglichen Sinnes ist treffend: „... Jesus is telling a most disedifiying and immoral story ... it is more likely that he was doing this than that he was rather awkwardly allegorizing his own death ... It is a deliberately shocking story of successful murder. ... It tells of some people who recognized their situation, saw their opportunity, and acted resolutely upon it. ..." (Parables 96) –
Die übrigen in der Forschung vorgeschlagenen Deutungen können nicht überzeugen; sie sind durchweg inkonsequent oder tragen neue Gedanken in den Text ein. Hier ein kurzer Überblick: In der Regel wird das Winzergleichnis mehr oder minder entsprechend seiner urkirchlichen Rezeption gedeutet; d.h. es wird zwar nicht im speziell israelpolemischen Sinn verstanden, doch wird der Gerichtsgedanke beibehalten: In der Geschichte warne Jesus die Verantwortlichen Israels davor, die Stimme Gottes zu mißachten, die zuletzt durch ihn, den eschatologischen Gesandten hörbar werde. Mk 12,1 ff

stellt nach diesen Interpretationen also das schärfste aller jesuanischen Gerichtsgleichnisse dar, eine Geschichte, die infolge ihrer ganz und gar polemischen Absicht als einmalig in der Jesusverkündigung zu gelten habe (vgl. u.a. Jeremias, Gleichnisse 74; Hengel, Gleichnis 38; Linnemann, Gleichnisse 30 Anm. c, die alle die Einzigartigkeit dieses Gleichnisses innerhalb der Verkündigung Jesu betonen). Ein solches Verständnis wäre zwingend nur, wenn der Gerichtsgedanke Mk 12,9 parr zum ursprünglichen Gleichnis gehörte; das aber ist offensichtlich nicht der Fall. Nicht nur die urchristliche Tradition, sondern auch die gegenwärtige Auslegung tut sich schwer damit, eine „Mordgeschichte" ohne den Hinweis auf die Bestrafung der Übeltäter enden zu lassen, vgl. D. O. Via, Parable and Example Story. A Literary-Structuralist Approach, in: Semeia 1, 1974, 124; Hengel, Gleichnis 31.

Die Schwierigkeit, vom Gerichtsgedanken abzusehen, zeigt sich besonders bei Jeremias, der auf der einen Seite den Abschluß des Gleichnisses richtig mit V 8 bestimmt, auf der anderen aber stark von V 9 her deutet. Sein interpretierendes „Hütet euch, auch den letzten Gottesboten abzuweisen" (Gleichnisse 74) ist der Parabel, wenn sie ohne Gerichtsansage schließt, eigentlich nicht zu entnehmen. Daß Jeremias V 9 im Blick hat, wird überdeutlich, wenn es an späterer Stelle in seinem Gleichnisbuch zu Mk 12,1 ff heißt: „Gott hat unbegreifliche Geduld geübt ... jetzt wird er Pacht und Rechenschaft fordern, und die letzte Generation wird die aufgehäufte Schuld büßen müssen." (167) Das scheint uns eine eindeutige Paraphrase zu sein zu dem vorher als sekundär erkannten „Kommen wird er und die Weinbauern töten und den Weinberg anderen geben." Eine ähnliche Spannung begegnet bei Robinson, Parable, der das Gleichnis ebenfalls richtig mit V 8 enden läßt (vgl. 449), die Erbspekulation der Winzer aber als unrealistisch bezeichnet, weil „immediately proved wrong by the events" (448; = V 9!) Auch Klaucks Deutung, die zweifellos darin einen gewissen Vorzug besitzt, daß sie das Gleichnis in unmittelbaren Zusammenhang mit der Basileiaverkündigung Jesu setzen will, paßt nicht zum ursprünglichen Text. Nach Klauck macht das Gleichnis eine Aussage über Gott, „der seine Basileia durchsetzen wird, auch wenn seine Boten scheitern" (Allegorie 309).

Das Thema der sich mit Sicherheit durchsetzenden Gottesherrschaft begegnet ja auch in vielen anderen Gleichnissen Jesu (vgl. nur Mk 4,30 ff parr; Mt 13,33 par), so daß eine solche Aussage weniger einmalig wäre als die in den oben angeführten polemischen Deutungen. Doch es stellt sich die Frage, wo Klauck seinen Gedanken vom Sieg Gottes im Text verankert findet, wenn, wie ja auch er richtig feststellt, V 8 das letzte Wort ist. Die hoffnungsvolle Spekulation des Besitzers „Vielleicht werden sie meinen Sohn achten" erweist sich doch gerade als nichtig! Verrät sich hier nicht eine nachösterliche Sicht, welche weiß, daß der Tod Jesu zugleich eine Verheißung in sich birgt – mit anderen Worten: wird hier nicht die triumphale Note, die die Urkirche mit V 10f sekundär an die Parabel anschließt, in den Text selbst hineingelesen? Das einzige Argument Klaucks für die Annahme, daß die Geschichte eine Aussage über den ungebrochenen Herrschaftsanspruch Gottes mache, ist die formale Beobachtung über die zentrale Rolle des Weinbergbesitzers (scil. Gottes). Als zentral hat diese Figur nach Klauck deshalb zu gelten, weil sie die Handlungsfolge auslöst (vgl. 294 u. 309). Doch auch in der Geschichte vom ungerechten Verwalter (Lk 16,1ff) setzt die Handlung mit der Entlassung des Haushalters durch seinen Herrn ein und ist allein von ihr her motiviert – dennoch ist der Herr in dieser Parabel sicher nicht die Hauptperson. Wer die zentrale Rolle in Mk 12,1ff innehat, läßt sich durch eine rein formale Betrachtung gar nicht bestimmen, da ein ständiger Perspektivenwechsel vorliegt.

Den geschilderten Deutungsvorschlägen ist gemein, daß sie das Gleichnis mehr oder minder allegorisch auslegen; Einzelzüge und Einzelfiguren verweisen auf Gottes Geschichte mit der Welt (Boten = Propheten, Sohn = Jesus etc.). Dies ist nicht an sich problematisch, denn, wie oben gesagt, die Strenge des Jülicher'schen tertium-comparationis-Ansatzes ist wohl zu Recht hinterfragt worden. Immerhin bleiben Kümmels Worte im Blick auf die Gestalt des Sohnes im Gleichnis und die Möglichkeit eines christologischen Verständnisses von Bedeutung: „Kein Jude konnte sich . . ., wenn er in unserem Gleichnis von der Sendung und Tötung des ‚Sohnes' hörte, dadurch veranlaßt sehen, an die Sendung des Messias zu denken und eine Vorhersage der Tötung des Messias Jesus herauszuhören." (Kümmel, Gleichnis 216).

Die allegorisierenden Deutungen behaupten allerdings auch nicht, daß „Sohn Gottes" eine jüdische Messiasbezeichnung ist, sondern lösen das Problem damit, daß der Sohnesbegriff hier angeblich keine messianisch-christologischen Implikationen berge, sondern lediglich auf den besonderen eschatologischen Vollmachtsanspruch Jesu hinweise (vgl. u.a. Hengel, Gleichnis 38; Klauck, Allegorie 309; Via, Gleichnisse 129;

Pesch, Markusevangelium 218). Dies wäre möglich, doch ist mit einer solchen Deutung zugleich impliziert, daß – da die Parabel ja pointiert mit der Ermordung des bevollmächtigten Sohnes endet – Jesus hier seinen Anspruch und sein Geschick zum Zielpunkt der ganzen Aussage gemacht hat. Eine solche Selbstdarstellung wäre für ihn jedoch höchst ungewöhnlich; Jesus redet eben nicht von sich, sondern von der Basileia. Dieser Einwand ist auch gegen Weder, Gleichnisse 157, geltend zu machen; richtig gegen versteckte (so Weder) oder ausdrückliche Allegorisierung Crossan, Parables 88 f.

Kurz: die allegorisierenden Deutungen vermögen nicht zu überzeugen; unsere Interpretation dagegen, die im Sinne A. Jülichers mit nur einem tertium comparationis rechnet, kann vier gute Gründe für sich in Anspruch nehmen: 1. Es wird kein neuer Gedanke in die Geschichte eingetragen. 2. Die Parabel wird unabhängig von ihrem jetzigen Kontext in den Evangelien interpretiert. 3. Sie fällt mit ihrer Aussage nicht als einmalig aus der Verkündigung Jesu heraus, sondern fügt sich gut als Variation eines auch sonst belegten Aspektes in diese ein (vgl. Lk 16,1 ff; Mt 5,25 f). 4. Auch die Konstitution des Bildes, genauer: die Wahl unmoralischer Protagonisten, die in einem Punkt als vorbildlich gelten sollen, begegnet nicht nur hier! – Schade, daß W. Harnisch bei der Besprechung von Crossans – und damit auch unserer – Auslegung schreibt, sie mute „phantastisch an" (ders., Die Metapher als heuristisches Prinzip, in: Verkündigung und Forschung, Beihefte zur EvTh, Heft 1, 1979, 64); das ist natürlich kein Argument, ebensowenig wie Weders Ablehnung ohne Begründung (Gleichnisse 158 Anm. 51).

65  Vgl. dazu W. P. Eckert/N. P. Levinson/M. Stöhr (Hrsg.), Antijudaismus im Neuen Testament?, 1967, passim.

66  Zit. nach K. H. Rengstorf/S. Kortzfleisch (Hrsg.), Kirche und Synagoge, Bd. I, 1968, 73.

67  H. Kessler, zit. nach S. Schulz, Q – die Spruchquelle der Evangelisten, 1972, 344.

68  Vgl. dazu P. Hoffmann, Studien zur Theologie der Logienquelle, 2. Aufl. 1975, 164 f.180; Steck, Israel 54 und 230 ff; Schulz, Spruchquelle 349 f Anm. 194; D. Lührmann, Die Redaktion der Logienquelle, 1969, 97 f.

69  Vgl. Pes. rabb. 126–129a; zit. nach H. J. Schoeps, Die jüdischen Prophetenmorde, in: Aus frühchristlicher Zeit, 1950, 137.

70  Steck, Israel 79. Zum Folgenden vgl. ebd. bes. 64 ff; 184 ff; 218 ff; zum Wortfeldbestand der dtr Prophetengeschick-Aussage vgl. außerdem bes. 19; 62 ff; 73; 79; 161.

71 Gegen Steck, Israel 102, bes. Anm. 1, der ohne Begründung meint, in der Gemeindebildung Mk 12,1ff liege die generelle Prophetengeschick-Vorstellung „aufgegliedert" vor.

72 Vgl. Steck, Israel 104 Anm. 5; 273 Anm. 1; 299, bes. Anm. 4.

73 Vgl. auch Barn 5,11: „Also kam der Sohn Gottes deshalb ins Fleisch, daß er das Vollmaß der Sünden derer zusammen-fasse, die *seine* Propheten in den Tod verfolgten."

74 W. Trilling, Zur Überlieferungsgeschichte des Gleichnisses vom Hochzeitsmahl Mt 22,1–14, BZ NF 4, 1960, 263.

75 Zur futurischen Bedeutung von Mt 21,31 vgl. Jeremias, Gleich-nisse 125 Anm. 5 (im Blick auf die ursprüngliche Parabel Jesu, aber: Mt deutet nicht anders).

76 Vgl. dazu Jeremias, Gleichnisse 64ff. Sicher waren nicht alle Gleichnisse Jesu in ihrer Urform von impliziter Allegorie/von allegorischen Zügen völlig frei, aber: die Tendenz zu allegori-scher Verdeutlichung und einer entsprechenden Auslegung ist ein Movens der Überlieferung!

77 Vgl. Jeremias, Gleichnisse 99ff; Linnemann, Gleichnisse 25f. 103.

78 Jeremias, Gleichnisse 197.

79 Ebd.

80 Gern nimmt man an, es handle sich um einen „*armen* Tagelöh-ner" (so u.a. Jeremias, Gleichnisse 197; Linnemann, Gleich-nisse 104.169); der Erzähler sagt das aber gerade nicht, im Gegenteil: er beschreibt den Finder als einen Menschen, der aus eigener Kraft den Kaufpreis für den Acker aufbringen kann, also will er unsere Sympathie nicht nach dem beliebten Schema anderer Schatzgeschichten lenken, die den Finder, sofern sie ihn erfolgreich sein lassen, als sehr arm (bzw. „very good. ... very generous, very nice, or, indeed, very smart") darstellen, und den bisherigen Eigner des Schatzes als sehr reich (bzw. „very evil, ... very mean, very greedy, or, indeed, very stupid"). Vgl. J. D. Crossan, Findung is the first Act. Trove Folktales and Jesus' Treasure Parable, 1979, 85.

81 Das Mt 13,44 verwandte Logion Th-Ev 109 bleibt hier unbe-rücksichtigt, da es sich dabei entweder um eine unter dem Einfluß einer jüdischen Parallele verwilderte Fassung (so u.a. Jeremias, Gleichnisse 28f) oder, wahrscheinlicher, um eine gnostische Variation jenes jüdischen Gleichnisses handelt, das dann in der ins Th-Ev einmündenden Tradition Jesu Schatzgleichnis ersetzt hätte (so die ansprechende Vermutung bei Crossan, Finding 106).

82 Jeremias, Gleichnisse 89ff.

83 Während Logion 109 mit Sicherheit als sekundäre Variante

eingestuft werden muß (s. Anm. 81), kann Logion 7,6 für sich in Anspruch nehmen, die Stimme Jesu besser und genauer bewahrt zu haben als die kanonische Parallele Mt 13,45f, vgl. dazu Jeremias, Gleichnisse 198; C.-H. Hunzinger, Unbekannte Gleichnisse Jesu aus dem Thomas-Evangelium, in: Judentum – Urchristentum – Kirche, FS für J. Jeremias, 1960, 209–220.

84 Jeremias, Gleichnisse 197.

85 So Crossan, Finding 102f, der beide Gleichnisse für authentisch hält, richtig sieht, daß Mt 13,44 durch die Verbindung mit 13,45f in seiner Wirkung gedämpft wird, und vermutet, „that only their present juxtaposition and especially the muting of the treasure story by the pearl parable explains Matthew's willingness to retain the former tale at all."

86 So u.a. Jeremias, Gleichnisse 197f und J. D. M. Derrett, Law in the New Testament: The Treasure in the Field (Mt. XIII,44), in: ZNW 54, 1963, 31–42 (vgl. unten Kap. IV Anm. 96 und 97) – wobei zu bedenken ist: „Formalrechtlich korrekt" ist noch lange nicht moralisch! Dazu ein Beispiel aus unseren Tagen: Herr A. verkauft sein herrliches Landhaus an Familie B., ohne zu sagen, was er sehr wohl, der gutgläubige Käufer aber nicht weiß: 200 m weiter wird demnächst eine Autobahn gebaut. Herr A. hat formalrechtlich korrekt gehandelt, dabei seinen Kopf clever aus der Schlinge materieller und sonstiger Einbußen gezogen, – moralisch aber war das nicht!

87 Das Matthäus-Evangelium, in: Die Schriften des Neuen Testaments neu übersetzt und für die Gegenwart erklärt, hrsg. von Joh. Weiß, Erster Bd., 2. Aufl. 1907, 336.

88 Das Evangelium nach Matthäus, 5. Aufl. 1950, 173.

89 Crossan, Finding 73ff; 84ff; vgl. bes. 87: „We are given no reason to be against the field's owner and for the treasure's finder and therefore his wily deception of the owner is quite anomalous in treasure tradition." und 91 (gegen Derrett): „If the treasure belongs to the finder, buying the land is unnecessary. But, if the treasure does not belong to the finder, buying the land is unjust." – Vgl. auch Linnemann, Gleichnisse, einerseits 104: „Alle Bemühungen, das Verhalten des Schatzfinders moralisch zu bewerten oder an der Rechtslage zu messen, sind müßig. Daß es moralisch nicht hundertprozentig einwandfrei ist, spielt ebensowenig eine Rolle wie die Frage, ob der Finder ‚formalrechtlich korrekt handelt' oder nicht. Es ist Regie des Erzählers, daß der Finder den Schatz nicht einfach an sich nimmt, sondern wieder eingräbt, um ihn zusammen mit dem Acker zu erwerben." – andererseits 106: „Nur ein Narr könnte hoffen, ein zweites Mal in seinem Leben solch

einen Schatz zu finden, . . . Wer da nicht zugreift, ist ein Narr, dem selbst dann, wenn es Brei regnet, noch der Löffel fehlt. In dieser Lage ist man in der Tat bereit, *bedenkenlos* alles einzusetzen, wenn es nötig ist." (Sperrung von mir)

90 Crossan, Finding 112 f.
91 Crossan, Finding 102 ff.
92 Ebd. 45 ff.
93 Ebd. 81 ff.
94 (H. L. Strack-) P. Billerbeck, Kommentar zum Neuen Testament aus Talmud und Midrasch, Bd. I, 1922, 674.
95 Zitiert bei Billerbeck, a.a.O. 674, vgl. Crossan, Finding 62 f.
96 Vgl. Billerbeck, a.a.O. 674 und Crossan, Finding 68 f.
97 Zitiert nach: Flavius Philostratus, Apollonius von Tyana. Aus dem Griechischen übersetzt und erläutert von Eduard Baltzer, 1883, Neudruck 1970, 98 f (= Buch II, 38); vgl. dazu Crossan, Finding 69 f.
98 Ebd. 275 f (= Buch VI, 39).
99 Jeremias, Gleichnisse 28; vgl. Crossan, Finding 65 f.
100 Deut. Rabbah III, 3; hier zitiert nach: Die Stimme vom Sinai. Ein rabbinisches Lesebuch zu den zehn Geboten, hrsg. von J. J. Petuchowski, 1981, 109; vgl. auch die Parallele p. Bab. mes. 28c, zitiert bei Madsen, Parabeln 148.
101 Vgl. u.a. Jülicher, Gleichnisreden II, 585: „Anstachelung der Seinen zu voller Opferfreudigkeit" und Dodd, Parables 85: „the idea of great sacrifices for a worthy end".
102 E. Jüngel, Paulus und Jesus. Eine Untersuchung zur Präzisierung der Frage nach dem Ursprung der Christologie, 2. Aufl. 1964, 143; ähnlich Weder, Gleichnisse 140 Anm. 215; vgl. aber auch Linnemann, Gleichnisse 106.
103 In dem als Makarismus formulierten Logion Th 103 ist das Wort vom Dieb zu einem Aufruf geworden, die mögliche Einbruchstelle zu bewachen zwecks Abwehr der Räuber.
104 Vgl. nur A. Smitmans, Das Gleichnis vom Dieb, in: Wort Gottes in der Zeit, FS K. H. Schelkle, hrsg. von H. Feld und J. Nolte, 1973, 48 und 52; W. Harnisch, Eschatologische Existenz, 1973, 85.
105 Vgl. Jülicher, Gleichnisreden II, 144; Jeremias, Gleichnisse 46; Smitmans, Dieb 48 ff; bes. ausführlich Harnisch, Existenz 89 ff.
106 Jülicher, Gleichnisreden II, 138; vgl. auch Dodd, Parables 125 f; Smitmans, Dieb 56 Anm. 62; Harnisch, Existenz 90; D. Flusser, Die rabbinischen Gleichnisse und der Gleichniserzähler Jesus, 1. Teil: Das Wesen der Gleichnisse, 1981, 88.
107 Vgl. Harnisch, Existenz 90 ff.
108 Vgl. Jeremias, Gleichnisse 47.

109 Vermutlich gehen die Mt-Lk-Differenzen, auch die im Text nicht genannten unerheblichen sprachlichen Unterschiede, auf unterschiedliche Tradition zurück, vgl. Smitmans, Dieb 46 ff. Lk selbst hätte den Wachsamkeitsgedanken schwerlich von sich aus getilgt (vgl. Lk 12,37!); weil aber auch Th 21 ihn kennt, ist es unwahrscheinlich, daß Mt ihn eigenständig hinzugefügt hat.

110 Vgl. dazu Betz/Schramm, Perlenlied 91 ff.

111 Vgl. Dodd, Parables 126: „The Kingdom of God has come – unexpectedly, uncalculably – and Israel was taken by surprise", der diese, von ihm selbst wieder verworfene Deutungsmöglichkeit allerdings im Sinne eines Gerichtswortes über Israel verstehen will. – Meistens wird Lk 12,39 als Droh- und Mahnwort Jesu aufgefaßt, vgl. nur Jeremias, Gleichnisse 46: „. . . die Katastrophe steht vor der Tür . . . Rüstet euch, bald ist es zu spät"; ähnlich schon Jülicher, Gleichnisreden II, 144; vgl. auch Smitmans, Dieb 55 f. Der Gedanke des Sich-Rüstens kann dem Bild aber nicht entnommen werden, Diebe pflegen überraschend zu kommen; deshalb ist ja auch der angefügte Aufruf zur Wachsamkeit (Lk 12,40 und Mt 24,44) als sekundär zu streichen; keiner der genannten Forscher hält ihn für ursprünglich; wer aber lediglich den Parusiegedanken durch den der eschatologischen Krise auswechselt, hat den ursprünglichen Sinn des Wortes noch nicht gefunden! Richtig – gegen Jeremias – Harnisch, Existenz 88 sowie Linnemann, Gleichnisse 142 Anm. 26: „Ein Einbruch ist ein in jeder Beziehung unvorhersehbares Ereignis, sowohl in seinem ‚wann' als auch in seinem ‚daß'. Das Gleichnis vom Einbrecher hat seinen Vergleichspunkt in der Unmöglichkeit, Vorsorge zu treffen. Es ist unmöglich, daß Jesus mit diesem Wort sagen wollte: ‚Rüstet euch, bald ist es zu spät!'"

112 C.-H. Hunzinger, Gleichnisse 212.

113 Ebd. 217; Jeremias, Gleichnisse 195 f, bes. Anm. 7 und E. Haenchen, Die Botschaft des Thomas-Evangeliums, 1961, 59 f, bes. Anm. 85, die das Gleichnis als Aufruf zur Selbstprüfung und als Warnung vor unbedachter Nachfolge deuten, wenden gegen Hunzinger ein, daß das Motiv des Probierens nicht auf Gott passe. Aber dies Argument ist nicht stichhaltig, denn die Anstößigkeit der Gleichnisfigur läßt darauf schließen, daß es nur ein tertium comparationis gibt; insofern kann und darf gerade nicht jeder Zug „passen". Daß der Attentäter sich prüft, ist als rein bildliches Element zu verstehen, das nur dazu dient, den Gedanken der unbezweifelbaren Aussicht auf Erfolg, eben das tertium, *vorzubereiten* und klar herauszustellen.

114 Direkte Parallelen zu Th 98 in der Sache sind, wie Hunzinger, Gleichnisse 212 ff gezeigt hat, die Gleichnisse Jesu vom Turmbau (Lk 14,28–30) und vom Kriegführen (Lk 14,31 f); interessante Seitenstücke dazu finden sich bei Philo und Epictet, vgl. Jülicher, Gleichnisreden II, 206 und 214.

115 Die Übersetzung von V 7b ist strittig; vgl. dazu Linnemann, Gleichnisse 185 f Anm. 13.

116 So u. a. Jeremias, Gleichnisse 153; Linnemann, Gleichnisse 126; andere wollen den Satz wörtlich nehmen: die Formulierung meine wirkliche, möglicherweise unberechenbare Handgreiflichkeiten: so u. a. W. Harnisch, Die Ironie als Stilmittel in Gleichnissen Jesu, EvTh 32, 1972, 421–436, bes. 432 und W. Bindemann, Die Parabel vom ungerechten Richter, in: Theologische Versuche XIII, hrsg. v. J. Rogge und G. Schille, 1983, 91–97, bes. 94.

117 Gegen Linnemann, Gleichnisse 186 f Anm. 14. Linnemanns Deutungsvorschläge für das ursprüngliche Gleichnis, die sie zu Recht wieder verwirft, gehen zu stark von der Figur der bittenden Witwe aus: 1. „Ermahnung zur Beharrlichkeit im Gebet"; 2. „Mahnung zur beharrlichen Bitte um den Anbruch der Gottesherrschaft"; 3. „Ansage der Erfüllung für die so beharrlich Bittenden". Wenn dagegen Ernst gemacht wird mit der Einsicht, daß der Richter die Zentralfigur der Parabel ist, ergibt sich eine Sachaussage, die durchaus in die Verkündigung Jesu paßt!

118 Gegen Jeremias, Gleichnisse 155, der V 8b zum ursprünglichen Gleichnis rechnet.

119 Vgl. Jeremias, Gleichnisse 153.

120 Die Abgrenzung ist umstritten: W. G. Kümmel z. B., Die Naherwartung in der Verkündigung Jesu, in: Heilsgeschehen und Geschichte, hrsg. von E. Grässer u. a., 1965, 461 f, rechnet mit Abschluß in V 8a; Jeremias zählt sogar V 8b zum ursprünglichen Bestand (s. o. Anm. 118); Weder, Gleichnisse 268 f, geht von V 2–7 aus, während u. a. Jülicher, Gleichnisreden II, 288 f und Bultmann, Geschichte 189, nur V 2–5 für echt halten. Vgl. jetzt neben W. Bindemann, a. Anm. 116 a. O. (V 2–5 und 6) H. Paulsen, Die Witwe und der Richter (Lk 18,1–8), in: ThGl 74, 1984, 13–39, bes. 20: V 2–5.

121 Vgl. Linnemann, Gleichnisse 186 Anm. 14.

122 Vgl. Bultmann, Geschichte 189.

123 Das Zeitmotiv ("in Bälde") läßt sich schwerlich aus der Parabel ableiten. So schlägt denn auch die im Konjunktiv formulierte rhetorische Frage V 7a, sobald das Zeitmoment ins Spiel kommt, um in eine echte, selbständige Frage: in V 7b („er

zögert") begegnet unvermutet ein Indikativ. Vgl. dazu Paulsen, a. Anm. 120 a.O. 29ff.

124 So auch Bindemann, Parabel 93.

125 Vgl. dazu Jeremias, Gleichnisse 19.

126 Vgl. Jeremias, Gleichnisse 156f, der diese Deutung allerdings durch den Gedanken ergänzt, daß Jesus seinen Jüngern Erlösung aus ihrer Angst verspreche. Das ist aber wieder zu sehr von der Figur der Witwe her gedacht; es stößt sich mit der richtigen Feststellung, daß die erzählte Geschichte „auf die Gestalt des Richters ausgerichtet ist" (ebd. 156).

127 Harnisch, Ironie 432.

128 So m.M.n. überzeugend Bindemann, Parabel 93f.

129 Auch hier bewährt sich also Jülichers These von dem einen tertium comparationis, – gegen Weder, Gleichnisse 270f, der wenig überzeugend in der „Selbstherrlichkeit des Richters" einen metaphorischen Verweis auf die „Freiheit Gottes" sehen will.

130 Im Unterschied zu den bisher erörterten anstößigen Gleichnissen läßt Lk 18,2–5 und 6 die „vorbildliche Stärke" des unmoralischen Helden nicht in dessen kriminellem Handeln aufleuchten, sondern als Revision desselben: der ungerechte Richter nimmt Abstand von seiner üblichen Praxis, weil das im vorliegenden Fall für ihn opportuner ist!

131 J. P. Hebel, Kalendergeschichten, o.J., 127–129, Zitat 128 (vgl. weiter dazu Kap. III 5).


## III Parallelen

1 J. Jeremias, Neutestamentliche Theologie I: Die Verkündigung Jesu, 1971, 38f.

2 Jeremias, Gleichnisse 8.

3 Jeremias, Theologie 38f.

4 K. Berger, Materialien zu Form und Überlieferungsgeschichte neutestamentlicher Gleichnisse, in: Nov Test XV, 1973, 1–37, bes. 1.

5 Vgl. Jeremias, Gleichnisse 8 und A. Jülicher, Die Gleichnisreden Jesu, I (= Erster Teil), 2. Aufl. 1899, 168f.

6 P. Fiebig, Die Gleichnisreden Jesu im Lichte der rabbinischen Gleichnisse des neutestamentlichen Zeitalters, 1912, 124f.

7 Jeremias, Theologie 39.

8 P. Fiebig, Altjüdische Gleichnisse und die Gleichnisse Jesu, 1904, 113.

9  G. Fohrer, Art. Gleichnis und Parabel II 1., in: RGG³ II, 1615 f.

10  Vgl. dazu Berger, Materialien 10; die „Angaben darüber, daß das Lamm aß, trank und auf seinem Schoße schlief, haben ihre Entsprechung in den Worten des Uria in XI,11 (essen, trinken und bei meinem Weibe schlafen . . .), mit denen dieser das Verhalten gegenüber seiner Frau beschreibt". Inhaltlich gesehen handelt es sich bei der Nathanparabel nach Berger „um ein Stück weisheitlicher Standesethik".

11  Bill., vgl. den Index IV,2: 1232 f; von der Mehrfachzitierung einzelner Gleichnisse einmal abgesehen – ca. 450!

12  I. Ziegler, Die Königsgleichnisse des Midrasch, beleuchtet durch die römische Kaiserzeit, 1903; auch in diesem Werk werden viele Gleichnisse mehrfach zitiert, insgesamt in 11 Kapiteln 935 Gleichnisse.

13  Vgl. a) Altjüdische Gleichnisse (= AG; 53 Texte); b) Gleichnisreden (29 Texte).

14  Vgl. J. B. Bauer, Gleichnisse Jesu und Gleichnisse der Rabbinen, Theologisch-praktische Quartalschrift 119, 1971, 297–307, bes. 298 mit Anm. 7. Vgl. auch R. M. Johnston, The Study of Rabbinic Parables: Some Preliminary Observations, in: SBL Seminar Papers, Missoula, Mt: Scholars Press, 1976, 337–357, bes. 342: Die rabbinischen Gleichnisse haben in der Regel folgende Form: (1) illustrand; (2) connection; (3) illustrative story; (4) connection; (5) application of illustration to illustrand; (6) connection; (7) biblical citation(s). // „The illustrand may be a biblical verse to be explained and/or a moral problem to be solved but this overall format locates such illustrative stories within a well-defined context of normative tradition." (So im Referat Crossan, Finding 54 f).

15  Joh. Hempel, Jahwegleichnisse der israelitischen Propheten, ZAW 24, 1924, 74–104; diesem Aufsatz sind die hier genannten Belege entnommen.

16  Ebd. 86.

17  Das hat Jülicher, Gleichnisreden I, 172 an den rabbinischen Gleichnissen besonders kritisiert; das Gebrechen der meisten von ihnen sei, „daß sie gern alles ähnlich machen möchten, daß sie bei der Erfindung und Gestaltung falsche Ansprüche an ihren Stoff stellen und der Phantasie ein unerträgliches Joch aufladen; was sie erdichten, soll ein fremder Fall resp. Vorgang sein und zugleich ein Abklatsch des vorliegenden. Wer zuviel will, erreicht immer zu wenig."

18  Vgl. M. Buber, Des Baal-Schem-Tow Unterweisung im Umgang mit Gott, 2. Aufl. 1970; ders., Die chassidischen Bücher, 1927; ders., Die Erzählungen der Chassidim, 1949.

19 Vgl. Buber, Erzählungen 15 ff. – Daß M. Buber, dem wir hier folgen, sein durchaus eigenes Bild vom Chassidismus hat, ist uns bewußt, kann aber im Zusammenhang mit den in diesem Buch aufgenommenen chassidischen Geschichten außer Betracht bleiben; vgl. im übrigen R. Schatz-Uffenheimer, Die Stellung des Menschen zu Gott und Welt in Bubers Darstellung des Chassidismus, in: P. A. Schilpp/M. Friedman (Hrsg.), Martin Buber, 1963, 275–302.

20 Vgl. u. a. Erzählungen 272 (Die Pferde); 386 f (Sussja und die Vögel); 534 (Auf dem Jahrmarkt); 664 (Mit den Tieren); Bücher 329 (Die Tiere); ebd. 467 f (Die Vogelsprache).

21 Vgl. u. a. Bücher 22 ff, bes. 24: „Denn wenn man einen Baum abhaut vor seiner Zeit, ist es, als hätte man eine Seele gemordet.“

22 Vgl. Unterweisung 29.

23 Vgl. u. a. Erzählungen 273. 313. 533; Bücher 26 f. 425 f. 608. 612.

24 Ein Wort des „großen Maggid“ Dow Bär von Mesritsch, vgl. Buber, Unterweisung 108; Bücher 333 ff; Erzählungen 35 ff. 193 ff. – Vgl. auch Unterweisung 34: *Von den heiligen Funken:* In allem, was in der Welt ist, wohnen heilige Funken, kein Ding ist ihrer ledig. Auch in den Handlungen des Menschen, ja sogar in der Sünde, die ein Mensch tut, wohnen Funken der Herrlichkeit Gottes. Und was sind das für Funken, die in der Sünde wohnen? Es ist die Umkehr. In der Stunde, wo du ob der Sünde Umkehr tust, hebst du die Funken, die in ihr waren, in die obere Welt. – Unterweisung 84: Die Einwohnende Herrlichkeit waltet von oben bis unten, bis zum Rand aller Stufen. Das ist das Geheimnis des Wortes „Und du belebst sie alle“. Sogar wenn der Mensch eine Sünde tut, auch dann ist die Herrlichkeit darein gekleidet, denn ohne sie hätte er nicht die Kraft, ein Glied zu bewegen. Und dies ist das Exil der Herrlichkeit Gottes. – Ja, die Schechina läßt sich allerorten nieder, auch im Dirnenhaus (vgl. Buber, Erzählungen 735); deshalb gibt es auch keinen Grund, daß der Gerechte sich über den Bösen erhebe, wie sehr schön im Gleichnis „Die Landhäuser“ (ebd. 230) erläutert wird:
Rabbi Pinchas sprach: „Gottes Verhältnis zu den Bösen ist dem eines Fürsten zu vergleichen, der außer seinen herrlichen Palästen auch allerhand winzige versteckte Landhäuser in Wäldern und Dörfern besitzt, die er zuweilen aufsucht, um zu jagen oder sich zu erholen. Die Würde der Paläste ist nicht größer als die solch einer gelegentlichen Behausung; denn der Aspekt dieser ist nicht wie der Aspekt jener, und was dieses Geringe wirkt, kann jenes Wichtige nicht wirken. So auch der

Gerechte: wie groß auch sein Wert und sein Dienst ist, er kann nicht wirken, was der Böse in einer Stunde wirkt, da er betet und etwas zu Ehren Gottes tut und Gott, der die Welten des Wirrsals beobachtet, sich an ihm erfreut. Darum erhebe der Gerechte sich nicht über den Bösen." – „Der Hochmut ist schwerer als alle Sünde. Denn allen Sündigen gilt das Wort Gottes von sich: der inmitten ihrer Unreinheiten wohnt. Von den Hochmütigen aber spricht Gott, wie unsere Weisen lehren: Ich und er können nicht zusammen in der Welt weilen." (Unterweisung 96, vgl. auch Bücher XIX: Gott ist „definiert" als der, „der bei ihnen wohnt inmitten ihrer Makel", vgl. auch die Parallele Erzählungen 158 – und dazu Leviticus 16,16.

25 Buber, Erzählungen 254.

26 Ebd. 202; vgl. auch ebd. 201: Der starke Dieb!

27 Ebd. 532.

28 Vgl. „Der Chalat" (Buber, Erzählungen 528–530) und „Nach dem Tod" (ebd. 545). – Rabbi Mosche Löb von Sasow ist einer der großen Liebenden unter den chassidischen Lehrern. „Die Gabe der helfenden Liebe, die Rabbi Schmelke in ihm erweckte, hat sich in seiner Seele zu einer sogar in dem an Liebenden reichen Chassidismus außergewöhnlichen Vollkommenheit entfaltet. In seinem Liebeseifer zu Menschen und Tieren lebt eine strömende Spontaneität; die Paradoxie jenes Imperativs der Nächstenliebe – man soll lieben: kann man denn sollend lieben? – scheint hier ausgelöscht. Und doch gibt es Widerstände; auch dem Sasower widerfährt es, daß er einen boshaften, einen selbstsicheren, einen weltverstörenden Menschen nicht von selber liebt. Aber eben davon pflegte ja sein Lehrer zu sprechen: daß man jede Seele lieben soll, weil sie ein Teil Gottes ist; vielmehr, daß man gar nicht umhin kann, eine Seele zu lieben, wenn man erst wahrhaft inneward, daß sie ein Teil Gottes ist. Und so liebt der Sasower die Wesen immer vollkommener: weil er mit der Liebe zu Gott Ernst macht. Gerade an seinen Widerständen und Überwindungen erschließt sich uns der rechtmäßige Sinn jenes Imperativs." (Buber, Erzählungen 74f).

29 Buber, Erzählungen 538f; vgl. auch „Der Widersacher" ebd. 666: „Denn wer großen Brand der Feindschaft hat, kann zu Gott entbrennen; wessen Widerwille aber kalt ist, dem ist der Weg verschlossen."

30 Buber, Erzählungen 477; s. auch Bücher 34 („Zwischen Menschen", wenn man so will, eine „moralische" Variante zum „fröhlichen Sünder": „Es gibt Menschen, die leiden furchtbare Not und können nicht erzählen, was in ihrem Herzen ist, und

sie gehen einher, voll der Not. Kommt ihnen da einer entgegen mit lachendem Angesicht, er vermag sie zu beleben mit seiner Freude. Und das ist kein geringes Ding: einen Menschen beleben."); dazu paßt auch die Szene auf dem Marktplatz von Lapet, wo Elia – von Rabbi Baruka befragt – nur von zwei Menschen „unter all diesen Menschenmassen" sagt: „Diese beiden werden Anteil an der kommenden Welt haben." Auf Barukas Frage „Was ist denn euer Beruf?" antworten sie: „Wir sind Clowns. Wenn wir jemanden sehen, der traurig ist, dann erheitern wir ihn. Wenn wir zwei Menschen sehen, die sich zanken, versuchen wir, sie wieder zu versöhnen." Nach b. Ta'anith 22a, bei: J. J. Petuchowski, Es lehrten unsere Meister . . . Rabbinische Geschichten, 1979, 136; vgl. weiter I. B. Singer, Die Gefilde des Himmels. Eine Geschichte vom Baalschem Tow, 1982, 97: „Der Baalschem hatte einmal gesagt, daß eine mit Inbrunst begangene Sünde besser sei als eine halbherzig geleistete gute Tat."

31  E. Wiesel, Was die Tore des Himmels öffnet. Geschichten chassidischer Meister, 1981, 118.

32  Ein Wort des Rabbi Nachman, vgl. Buber, Bücher 34; vgl. auch ebd. 16 und ders., Erzählungen 42 f (zu Rabbi Michals „Lehren vom bösen Trieb als Helfer").

33  Buber, Erzählungen 272.

33a Vgl. Jeremias, Gleichnisse 181, der davon ausgeht, daß Jesus mit dem Gleichnis vom Haushalter „an einen konkreten Vorfall, der ihm mit Entrüstung erzählt worden sein wird", anknüpft. „Er hat ihn absichtlich als Beispiel gewählt, weil er bei Hörern, die den Vorfall noch nicht kannten, doppelter Aufmerksamkeit sicher sein konnte. Die Zuhörer erwarten, daß Jesus mit einem Wort scharfer Mißbilligung schließen wird. Es trifft sie völlig unerwartet, daß Jesus stattdessen – den Betrüger lobt. Ihr seid empört? Lernt daraus! . . ."

34  Herodot, Buch II, 121; vgl. dazu den Kommentar von H. Stein, Bd. I, 2. Aufl. 1864, 133 f Anm. 19 mit Hinweis auf Variationen, bes. Pausanias, Perihegesis IX,37,5; eine Fundgrube zu dem Stoff ist das schöne Buch von J. Meier, Die mittelniederdeutsche Verserzählung „De deif van Brugge", 1970, bes. Kapitel III: „Der Dieb von Brügge" / Die Beziehungen zu den anderen Bearbeitungen des Stoffes / Die literarische Stellung der mittelniederdeutschen Bearbeitung / Die Darbietung des Stoffes in der mittelniederdeutschen Bearbeitung. Ins Neuhochdeutsche übertragen wurde der Text von U. Pretzel, in: Deutsche Erzählungen des Mittelalters, 1971, 215–226; der „Dieb von Brügge" wird am Ende wie der ungerechte Verwalter um sei-

ner Klugheit und Kühnheit willen gelobt und belohnt, vgl. dazu Meier, a.a.O. 70ff, der in diesem Zusammenhang auch August Graf von Platen, Der Schatz des Rhampsinit. Ein Lustspiel in 5 Akten (1824), zitiert:
Die frische Kraft, von der mein Busen voll,
Weiß nun, wohin sie sich verschwenden soll.
Zwar Schätze sind vielleicht kein großes Glück;
Doch scheint das größte mir ein Wagestück.
Es scheint, gespornt von diesem heißen Trieb,
Ein idealisch Wesen mir ein Dieb.
Interessant noch dies: die Rezeptionsgeschichte des „Diebs von Brügge" ist von ähnlichen Mißverständnissen und moralischen Bedenken begleitet, wie wir sie für Jesu anstößige Gleichnisse beobachten konnten: H. Jellinghaus trifft „in seiner zuerst 1893 erschienenen ‚Geschichte der mittelniederdeutschen Literatur' die recht verblüffende Feststellung..., daß im ‚Dieb von Brügge' der ‚Ehebruch gefeiert' und der ‚Diebstahl geadelt' werde," und bekräftigt diese Einschätzung in späteren Auflagen mit dem Zusatz ‚hochdekadent'; vgl. dazu Meyer, a.a.O. 7 und 72.

35 Märchen und Geschichten aus dem Morgenland, hrsg. von C. Narciss, 1966, 65f (FiBü 715).

36 Ebd. 67–70.

37 Tausendundeine Nacht, Heidelberg/München 1961, Bd. 3, 653ff (Die Neunhundertachtzehnte Nacht ff); vgl. als Variation das türkische Märchen „Der Polizeiinspektor", in: Türkische Volksmärchen, hrsg. von F. N. Boratav, 1974, 297–308, bes. 307: „Ein Bravo dem Mädchen!... Ich werde sie nicht bestrafen."

38 Ebd. Bd. 3, 669ff (Die Neunhundertsechsundzwanzigste Nacht ff).

39 E. S. von Kampfhoevener, Anatolische Hirtenerzählungen (rororo 4317), 99–107.

40 J. W. Goethe, Sämtliche Werke (Artemis-Gedenkausgabe in 18 Bänden, dtv-Dünndruck, 1977) Bd. 3, 454f.

41 Vgl. J. P. Hebel, Kalendergeschichten, München o.J. (auf der Grundlage der Ausgabe „Schwänke des Hebel'schen Rheinländischen Hausfreundes [1808–1831] mit allen spaßhaften Geschichten vom Zundelfrieder, Roten Dieter und Heiner", Stuttgart 1839) – 10–12: Der schlaue Husar/42–45: Die drei Diebe / 51–53: Böser Markt / 75–77: Der Heiner und der Brassenheimer Müller / 78–80: Der falsche Edelstein / 89f: Wie der Zundelfrieder eines Tages aus dem Zuchthaus entwich und glücklich über die Grenzen kam / 108f: Der Lehrjunge / 114–118: Wie sich der Zundelfrieder beritten gemacht

hat / 127–129: Die Probe /134–136: List gegen List / 150f: Wie
der Zundelfrieder Soldat wurde / 169–175: Wie der Zundelfrieder im Pferdehandel Unterricht gab / 185 f: Der vorteilhafte
Roßhandel / 202–209: Die Jungfer Base aus Amerika / 216–219:
Wie der Zundelfrieder fast Tochtermann geworden wäre /
227–229: Wie der Zundelfrieder eine Lektion im Fischeschie-
ßen gab / 247–250: Neue Art, ein Roß zu verkaufen / 284–286:
Wie der Zundelfrieder und der Zundelheiner dem Roten
Dieter wieder einmal einen Besuch abstatteten /290–293: Der
dreifache Rote Dieter / 300–302: Der Vertrag /313–315: Der
Einspruch / 347: Zwei honette Kaufleute.

42 E. Bloch, Nachwort zu Hebels Schatzkästlein (1965), in: Literarische Aufsätze, stw 480, 1984, 172–183, aus dem Abschnitt
„Gesinnung", ebd. 179–181.

## IV Picareske Verwandte

1 Via, Gleichnisse 149f.

2 W. van der Will, Pikaro heute. Metamorphosen des Schelms
bei Thomas Mann, Döblin, Brecht, Grass, 1967, 31.

3 J. Corominas, Das Wort picaro, in: H. Heidenreich (Hrsg.),
Pikarische Welt. Schriften zum europäischen Schelmenroman,
1969, 256; zur Ableitung des Wortes vgl. den gesamten Aufsatz
255–266.

4 Vgl. ebd. 255.

5 Vgl. A. A. Parker, Literature and the Delinquent. The Picaresque Novel in Spain and Europe 1599–1753, 1967, 4. Die französische Provinz „Pikardie" ist vermutlich nur sekundär mit
dem Wort „picaro" in Verbindung gebracht worden, vgl. Corominas, picaro 255 und 263 f.

6 W. Schumann, Wiederkehr der Schelme, in: PMLA 81, 1966,
471.

7 Vgl. die entsprechende Charakteristik des modernen amerikanischen Picaro Augie March bei Saul Bellow, The Adventures of Augie March, 1966, Wiederabdr. 1979, 45 f.

8 B. Schleussner, Der neopikareske Roman. Pikareske Elemente
in der Struktur moderner englischer Romane 1950–1960, 1969,
34.

9 F. W. Chandler, The Literature of Roguery, Bd. I, 1907, Wiederabdr. 1958, 2 (hier zitiert nach der Übersetzung in: Heidenreich, Welt 2).

10 Übersetzt nach Joyce Cary, The Horse's Mouth, 1948, Wiederabdr. 1961, 187.

11  Thomas Mann, Das erzählerische Werk, Bd. 10: Bekenntnisse des Hochstaplers Felix Krull, 1975, 118. – Die Einstellung des Picaro zur Gesellschaft wird am besten von R. Alter, Rogue's Progress. Studies in the Picaresque Novel, 1964, beschrieben, vgl. ebd. 5. 8 und 109; vgl. auch R. B. Heilman, Variationen über das Pikareske (Felix Krull), in: Heidenreich, Welt 280 sowie W. M. Frohock, The Idea of the Picaresque, in: Yearbook of Comparative and General Literature 16, 1967, 45.

12  Zit. nach S. Miller, The Picaresque Novel, 1967, 149 Anm. 78.

13  Gegen Schumann, Wiederkehr 473 f.

14  Ebd. 475; zum politisch-sozialen Hintergrund vgl. am ausführlichsten Schleussner, Roman 56 ff und A. Castro, Perspektive des Schelmenromans, in: Heidenreich, Welt 119 ff.

15  „Realismus" soll hier als allgemeiner stiltypologischer Begriff aufgefaßt werden, nicht in seinem literaturwissenschaftlich engen Sinn (= gemeineuropäische Reaktion auf die Romantik im 19. Jahrhundert).

16  Castro, Perspektive, in: Heidenreich, Welt 123; zur plebejischen Umorientierung der Literatur vgl. auch J. Ortega y Gasset, Die originelle Schelmerei des Schelmenromans, in: Heidenreich, Welt 8 ff.

17  In Spanien erscheinen nach Lazarillo noch: Guzmán de Alfarache von Mateo Alemán (1599–1604) und Historia de la Vida del Buscon (1626) von Francisco de Queveda y Villegas. Die erste französische Picareske (Alain René Lesage, Histoire de Gil Blas de Santillane (1715) hat ebenfalls noch spanisches „Setting".

18  So bezieht sich z. B. Shakespeare eindeutig auf Lazarillo in „Viel Lärm um nichts", Akt II, Szene 1: „Oho, Ihr seid ja wie der blinde Mann. Der Junge stahl euch euer Essen, und Ihr schlagt den Pfeiler."

19  Übs. nach: Thomas Nashe, The Unfortunate Traveller, or the Life of Jack Wilton, in: ders., The Unfortunate Traveller and Other Works (hrsg. und eingel. von J. B. Steane), 1972, Wiederabdr. 1978, 255.

20  Übs. nach ebd. 270.

21  Man beachte, daß in dieser Zeit auch ein Shakespeare seinen Gloucester auf der Bühne, also vor aller Augen, blenden läßt; dies nur als Beispiel für den Geschmack der Zeit, vgl. König Lear, Akt III, Szene 7.

22  Zur literarischen Verbindung von Picareske und Kriminalroman vgl. Chandler, Roguery Bd. I, 5 (vgl. die Übersetzung in: Heidenreich, Welt 5) und Bd. II, 524 ff.

23  Vgl. Alter, Rogue's Progress 107 f.

24 Übs. nach Joyce Cary, Herself Surprised, 1955, 7.

25 Übs. nach ebd. 204 f.

26 Kindlers Literatur-Lexikon, Art.: Tortilla Flat, in: Hauptwerke der amerikanischen Literatur. Darstellungen und Interpretationen, 1975, 262.

27 Die bekannteste, umwerfend komische Neopicareske ist wohl das englische Werk *Lucky Jim* (1954; dt. Glück für Jim) von Kingsley Amis.

28 Vgl. die Differenzierung bei Schleussner, Roman 71 ff. Andere Neopicaresken seien hier nur kurz erwähnt: John Waine, Hurry on Down (1953); James Patrick Donleavy, The Ginger Man (1955); Iris Murdoch, Under the Net (1945) (England). In Amerika sind neben Bellows Augie March noch Jerome D. Salinger, The Catcher in the Rye (1951) und Jack Kerouac, On the Road (1957) dem picaresken Erbe verpflichtet.

29 R. B. Heilman, Variationen 279 (Sperrungen hinzugefügt).

30 Ebd. 279.

31 Ebd. 278 f.

32 So ein Umschreibungsversuch für „picaro" aus dem Jahre 1801 (vgl. die Einleitung zu Heidenreich, Welt XIII).

33 Nashe, Unfortunate Traveller 265.

34 Ebd. 269.

35 Übs. nach D. Defoe, Moll Flanders, 1961, 208.

36 Übs. nach ebd. 255.

37 Übs. nach ebd. 206.

38 Gut erkannt auch von J. D. Crossan, Structuralist Analysis and the Parables of Jesus. A Reply to D. O. Via, Jr., „Parable and Example Story: A Literary-Structuralist Approach", in: Semeia 1, 1974, 207 f.

39 Übs. nach Cary, Herself Surprised 7.

40 Übs. nach ebd. 7.

41 John Steinbeck, Tortilla Flat, 1950, Wiederabdr. 1973, 29.

42 Ebd. 116.

43 Übs. nach ebd. 64.

44 Übs. nach ebd. 70.

45 Alter, Rogue's Progress 91: „He affirms through his adventures at least one significant moral value: the courage of self-reliance, of human ingenuity."

46 Frohock, Idea 52.

47 C. Guillén, Zur Frage der Begriffsbestimmung des Pikaresken, in: Heidenreich, Welt 380.

48 Zum Verständnis der Begrifflichkeit „komisch"/„tragisch" und deren existentialer Bedeutsamkeit vgl. Via, Gleichnisse, bes. 46 f; 96 f und 101.

49  Daß Via diese Parabel zu den tragischen rechnet, liegt daran, daß er V 9 für ursprünglich hält, vgl. ebd. 128 ff.
50  Steinbeck, Tortilla Flat 52.
51  Übs. nach Alter, Rogue's Progress 57 und 68.
52  Defoe, Moll Flanders 187.
53  Übs. nach Cary, Herself Surprised 81.
54  Zit. nach v. d. Will, Pikaro 25.
55  Übs. nach Cary, Horse's Mouth 44.
56  Ebd. 375.
57  Cary, Herself Surprised 212.
58  Ebd. 87.
59  Ebd. 186.
60  Ebd. 155.
61  Zum Beweis dafür, daß sich der Picaro-Diener niemals abhängig oder unterlegen fühlt, vgl. das Zitat aus Lesages Gil Blas, das R. Alter, Die Unkorrumpierbarkeit des pikaresken Helden (= Kap. II aus Rogue's Progress) bespricht, in: Heidenreich, Welt 460. – Das Freiheitsmotiv wird auch von O. Seidlin, Pikareske Züge im Werk Thomas Manns, in: Germanisch-Romanische Monatsschrift 36, 1955, 27 ff als wesentliches Element der Picaresken erkannt und schön entfaltet; vgl. bes. ebd. 35 f zu Felix Krulls Spiel mit der Militärbehörde.
62  Ortega y Gasset, Schelmerei, in: Heidenreich, Welt 14.
63  Vgl. z. B. Amis, Lucky Jim 61 ff und 99.
64  C. Guillén, Begriffsbestimmung, in: Heidenreich, Welt 396.
65  Vgl. hier wieder bes. Amis, Lucky Jim 38.
66  v. d. Will, Pikaro 29.
67  Ebd. 72.
68  D. Gooding, Daniel Defoe's Moll Flanders (Monarch Notes), 1965, 76: „Repent! ... once you have the cash in hand."
69  Akt III, Szene 3.
70  So der Rat von Pablos Vater in El Buscón; vgl. Miller, Picaresque Novel 141 Anm. 33.
71  v. d. Will, Pikaro 30.
72  Buber, Erzählungen 158; vgl. dazu oben Kapitel III 2, bes. Anm. 24.
73  A. Kettle, In Defence of „Moll Flanders", in: J. Butt (Hrsg.), Of Books and Humankind. Essays and Poems Presented to Bonamy Dobrée, 1964, 61 f; ähnlich differenzierend auch J. Watt, The Rise of the Novel. Studies in Defoe, Richardson and Fielding, 1972, repr. 1981, 148.
74  Vgl. Chandler, Roguery Bd. II, 289.
75  Ebd. 292.
76  Übs. nach Defoe, Moll Flanders 317.

77 Übs. nach ebd. 29.

78 Übs. nach ebd. 32.

79 Parker, Delinquent 105.

80 Übs. nach Defoe, Moll Flanders 312 f; auch Alter, Rogue's Progress 54, hebt diese Szene hervor, um zu demonstrieren, „how little guilt Moll really feels over her thefts".

81 A. Kettle, An Introduction to the English Novel, Bd. I, 2. Aufl. 1967, Wiederabdr. 1976, 53; zum Problem vgl. weiter Ch. J. Whitbourn, Moral Ambiguity in the Spanish Picaresque Tradition, in: dies. (Hrsg.), Knaves and Swindlers. Essays on the Picaresque Novel in Europe, 1974, 1 ff sowie die „Introduction" zu diesem Buch.

82 Übs. nach Parker, Delinquent 105 (Parker selbst ist nicht dieser Auffassung, verweist aber auf entsprechende Interpretationsansätze, ebd. 178 Anm. 10); vgl. auch Gooding, Moll Flanders 80. Zur Kritik an Versuchen, Moll Flanders ironisch zu verstehen, vgl. bes. Watt, Rise 132 f.

83 Vgl. Watt, Rise, bes. 127 f; Alter, Rogue's Progress, bes. 48–57; Gooding, Moll Flanders 81 f.

84 Vgl. Gooding, Moll Flanders 71: „a case of Defoe writing effectively in spite of himself".

85 Vgl. Watt, Rise 129: „. . . having once donned the colours of the crime, he plays to win".

86 So z.B. B. Fitzgerald, Daniel Defoe. A Study in Conflict, 1955; vgl. dazu die kurze Charakteristik in Gooding, Moll Flanders 80 f und Miller, Picaresque Novel 122: „In writing the ending, Defoe's imagination was probably caught between his personal picaresque experience and his well-learned lessons of religion . . .".

87 Übs. nach Alter, Rogue's Progress 113 und 117.

88 Vgl. Jülicher, Gleichnisreden II, 508; Krämer, Rätsel 220.

89 Übs. nach D. R. Fletcher, The Riddle of the Unjust Steward: Is Irony the Key?, in: JBL 82, 1963, 29.

90 „The ability to recognize irony is one of the surest tests of intelligence and sophistication." (C. H. Holman, A Handbook to Literature, 3. Aufl. 1975, 279).

91 Vgl. G. Schwarz, „. . . lobte den betrügerischen Verwalter"? (Lk 16,8), BZ NF 18, 1974, 94 f.

92 Übs. nach Edgar Allan Poe, The Masque of the Red Death, in: ders., Selected Writings, hrsg. von D. Galloway, o.J., 260.

93 Zum Folgenden vgl. J. D. M. Derrett, Fresh Light on St. Luke XVI, NTS 7, 1960/61, 198 ff; ders., Treasure 31 ff; ders., Law in the New Testament: The Parable of the Unjust Judge, NTS 18, 1971/72, 178 ff.

94 Übs. nach Derrett, St. Luke XVI 216.

95 Übs. nach ebd. 217; auch K.-G. Essig, Anmerkungen zur Bildebene des Gleichnisses vom ungerechten Verwalter (Lk 16,1 ff), in: Die Auslegung Gottes durch Jesus, FS H. Braun, 1983 (als Manuskript erschienen), 116–141, kann mit seinen ausführlichen juristischen Überlegungen zur Unschuld des Haushalters nicht überzeugen; sein Ergebnis, wonach dem Haushalter erst sekundär das Attribut „ungerecht" angehängt worden sei, ist grotesk; „eine Tradentenschicht, die nicht genau mit den juristischen Finessen der Transaktion vertraut war", habe „diese Qualifizierung dazugefügt" (129). Der Aufsatz erhellt nicht das Problem des Gleichnisses Jesu, sondern offenbart die Rezeptionsprobleme des Exegeten.

96 Für Derretts Auslegung, Treasure 41, ist es wichtig, daß der Schatzfinder seinen Fund vor dem Ackererwerb nicht von seiner ursprünglichen Position entfernt, um ihn dann kurzfristig bis zum Kauf „wieder" zu vergraben (so die meisten Ausleger); damit wäre der Schatz nämlich bekannt und müßte beim Kauf mitbezahlt werden.

97 Übs. nach ebd. 37 Anm. 22.

98 Übs. nach Derrett, Unjust Judge 187.

99 Übs. nach ebd. 190.

100 Übs. nach Nashe, Unfortunate Traveller, Einleitung: J. B. Steane, 31.

101 Übs. nach Chandler, Roguery, Bd. II, 524 ff; zur Verbindung von Picareske und Kriminalgeschichte vgl. auch J. Symons, Bloody Murder. From the Detective Story to the Crime Novel: A History, 1974, 13 ff, bes. 15. Die enge Verbundenheit von Picareske und Detektivgeschichte zeigt sich im übrigen noch heute daran, daß in manchen Romanen mehr Interesse für die Motive des Kriminellen gezeigt wird, für die Umstände, die ihn dazu veranlaßten, die Tat zu begehen, als für die Aufdeckung des Verbrechens als solchem. Auch der von Edgar Allan Poe, dem „Vater der detective story" erdachte Held Dupin ähnelt in so vielen Zügen den morbiden, halbkriminellen Protagonisten der Poe'schen Horrorgeschichten, daß der geistige Hintergrund der Kriminalliteratur deutlich wird. Damit ist natürlich nicht behauptet, daß die Poe'schen Tales of Horror etwa Picaresken seien, eine solche Annahme wäre absurd. Aber immerhin werden hier Geschichten aus der Perspektive von Kriminellen erzählt, die zwar nicht gerade zur Bewunderung anregen, aber doch die Sympathie des Lesers erlangen können.

102 Vgl. Kindler Literatur-Lexikon, Tortilla Flat 262.

103 John Steinbeck, My Short Novels, in: E. W. Tedlock Jr./C. V. Wicker (Hrsg.), Steinbeck and His Critics. A Record of Twenty-Five-Years, 1957, 39 („... this was almost more encouragement than I could stand.").

104 Übs. nach Steinbeck, Tortilla Flat 10.

105 Übs. nach ebd. 21.

106 Übs. nach ebd. 60.

107 Übs. nach ebd. 59.

108 Vgl. Kindler Literatur-Lexikon, Tortilla Flat 262.

109 Vgl. ebd. 262.

110 Vgl. Steinbeck, Novels, in: Tedlock/Wicker, Steinbeck 39.

111 Auch diese Reaktion: Mitleid mit dem „armen", „verdorbenen" Picaro ist nicht singulär! Stuart Miller, Picaresque Novel, trägt diese Einstellung an die gesamte Gattung des Picaresken heran. Er spricht vom Picaro als von einem „disordered literary character", der ein „inner chaos that so many people feel" reflektiere (43 f), und weiter heißt es bei ihm: „... we respond with anxiety and sympathy to the total chaos of the protean picaro" (72).

112 Dieses Vorwort findet sich meines Wissens nur in der Modern Library Edition (1937) dieses Romans. Deshalb hier der Original-Wortlaut: „When this book was written, it did not occur to me that paisanos were curious or quaint, dispossessed or underdoggish. They are people whom I know and like, people who merge successfully with their habitat. In men this is called philosophy and it is a fine thing.
Had I known that these stories and these people would be considered quaint,I think I never should have written them. I remember a little boy, a school friend. We called him the pjojo, and he was a nice, kind, brown little boy. He had no mother or father – only an elder sister whom we loved and admired. We called her,with a great deal of respect, a hoor-lady. She had the reddest cheeks in town, and she made tomato sandwiches for us sometimes. Now in the little house where the pjojo and his sister the hoor-lady lived, the faucet at the sink was broken off. A wooden plug had been pounded into the pipe to keep it from leaking. The water for cooking and drinking was drawn from the toilet. There was a tin dipper on the floor to get it out. When the water was low, you simply flushed the toilet and there was a new supply. No one was allowed to use this toilet as a toilet. Once when we sequestered a colony of pollywogs in the bowl, the hoor-lady gave us hell and then flushed them down the sewer.
Perhaps this is shocking. It doesn't seem so to me. Perhaps it is

quaint – God help it. I have been subjected to decency for a long time, and still I can't think of the hoor-lady as (that nastiest of words) a prostitute, nor of pjojo's many uncles, those jolly men who sometimes gave us nickels, as her clients. All of this gets around to the point that this is not an introduction, but a conclusion. I wrote these stories because they were true stories and because I liked them. But literary slummers have taken these people up with the vulgarity of duchesses who are amused and sorry for a peasantry. These stories are out, and I cannot recall them. But I shall never again subject to the vulgar touch of the decent these good people of laughter and kindness, of honest lusts and direct eyes, of courtesy beyond politeness. If I have done them harm by telling a few of their stories, I am sorry. It will not happen again."

113 Vgl. Kindler Literatur-Lexikon, Tortilla Flat 262.
114 J. W. Beach, John Steinbeck: Journeyman Artist, in: Tedlock/ Wicker, Steinbeck 87: „This disclaimer it is impossible to take at its face value."
115 Vgl. Tedlock/Wicker, Steinbeck, Introduction XXII.
116 Übs. nach L. R. Gibbs, John Steinbeck: Moralist, in: Tedlock/ Wicker, Steinbeck 94 f.
117 Übs. nach ebd. 96 f.
118 Übs. nach W. French, John Steinbeck, 1961, 56 ff; zwar konzediert French in der überarbeiteten zweiten Auflage seiner Studie (1975), daß der Roman auch „as a conventional picaresque attack on respectable morality" gelesen werden könne, setzt sich aber selber davon ab und möchte Tortilla Flat weiterhin als „the tragical history of the defeat of Natural man" (ebd. 74) verstehen.
119 Via, Gleichnisse 151 f.
120 Vgl. Heilman, Variationen, in: Heidenreich, Welt 285.
121 Ebd. 288.
122 Übs. nach Cary, Horse's Mouth 375.
123 Übs. nach Gibbs, Steinbeck, in: Tedlock/Wicker, Steinbeck 94.
124 Übs. nach Alter, Rogue's Progress 95.
125 Übs. nach Steinbeck, Tortilla Flat 71.
126 Übs. nach ebd. 170.
127 Übs. nach ebd. 181.


V *Gottes-Herrschaft im Spiegel der anstößigen Gleichnisse Jesu*

1 Das gilt auch für die Texte, die nicht durch eine entsprechende Einleitung als „Gottesreichsgleichnisse" ausgewiesen sind

und sich damit nicht direkt als Explikation dieser „Vorstellung" ausgeben, denn: „Die moderne Exegese der Gleichnisse Jesu hat als Tatsache herausgestellt, daß ihr ‚Sitz im Leben Jesu' seine Eschatologie ist; sie haben es alle mit der Gottesherrschaft zu tun." Perrin, Jesus 87.

2 Dabei benutze ich Formulierungen aus einer früheren Darstellung des Sachverhalts, vgl. E. Otto/T. Schramm, Fest und Freude, 1977, 95 ff.

3 Vgl. Jeremias, Theologie 192.

4 W. G. Kümmel, Verheißung und Erfüllung. Untersuchungen zur eschatologischen Verkündigung Jesu, 3. Aufl. 1956, 13 ff; vgl. auch R. Schnackenburg, Gottes Herrschaft und Reich. Eine biblisch-theologische Studie, 4. Aufl. 1965, bes. 135 ff.

5 Bultmann, Geschichte 174.

6 Perrin, Jesus 64 ff.

7 E. Käsemann, Das Problem des historischen Jesus, in: ders., Exegetische Versuche und Besinnungen I, 1964, 210 f.

8 Käsemann, ebd. 211.

9 Vgl. Kümmel, Verheißung 26 ff; Schnackenburg, Gottes Herrschaft 92–94.

10 Jeremias, Theologie 108.

11 J. Becker, Johannes der Täufer und Jesus von Nazareth, 1972, 82.

12 D. Flusser, Jesus, 1968, 87.

13 Vgl. dazu den ausführlichen Nachweis bei Perrin, Jesus 52 ff; s. auch Jüngel, Paulus 176–181.

14 Jeremias, Gleichnisse 43 Anm. 1.

14a Vgl. Jüngel, Paulus 159: „Jesus wollte also mit der Parabel *nicht* drohen, sondern aus der Drohung des Gerichts *herausrufen*." Es „dominiert die Verheißung, nicht die Drohung, die Zuversicht, nicht die Unerbittlichkeit. Dieser positive Zug der Parabel verschärft jedoch den Zwang zur Entscheidung."

15 P. Hoffmann/V. Eid, Jesus von Nazareth und eine christliche Moral, 2. Aufl. 1976, 43.

16 Vgl. dazu den Abschnitt „Freude der Buße" in: Otto/Schramm, Fest 109–123.

17 Vgl. ebd. 123–127: „Fest" der Nachfolge!

18 Vgl. Via, Gleichnisse 96 f; auch 46 f und 101; Mk 12,1–9 (!) wird von Via selbst allerdings, eben wegen V 9, der ihm als ursprünglich gilt, zu den tragischen Gleichnissen gerechnet; Lk 18, 1 ff wird nicht behandelt.

19 Vgl. Kümmel, Verheißung 145.

20 Hoffmann/Eid, Jesus von Nazareth 53.

21 Ebd. 55.

22 Vgl. dazu W. Schrage, Barmen II und das Neue Testament, in: Zum politischen Auftrag der christlichen Gemeinde/Barmen II, 1974, 127–171, bes. 141: „Ein Gleichnis wie das vom Schatz im Acker und der Perle (Mt 13,44–46) zeigt, daß durch das Finden des Schatzes und der Perle die sittliche Entscheidung überhaupt erst ihren Sinn und ihre Motivation findet, *die Gottesherrschaft evoziert also selbst das ihr adäquate Verhalten.*" (Unterstreichung von mir) Vgl. auch Jüngel, Paulus 145: „Es hieße ... beide Gleichnisse gründlich mißverstehen, wenn man den Mehr-Wert des Schatzes bzw. der Perle als das das Verhalten der Finder auslösende Moment ignoriert und damit die *Aktivität* der beiden Finder pointiert. In Wirklichkeit ist das Verhalten der glücklichen Finder so sehr von dem Mehr des Gefundenen her dirigiert, daß das scheinbar *passive* Element (das Gefundene) zum *activum* wird, demgegenüber das sich mit Selbstverständlichkeit und Notwendigkeit ergebende Verhalten der Finder, also das scheinbar *aktive* Element, nur als das jenem *activum* entsprechende *passivum* bestimmt werden kann ..."

23 Dodd, Parables 126, der diese, von ihm selbst im Weiteren wieder verworfene Deutungsmöglichkeit allerdings nur im Sinne eines Gerichtswortes über Israel verstehen will.

24 Bornkamm, Jesus 74.

25 So liest und deutet – ganz analog zu Mt 13,44–46 – Hunzinger das Gleichnis vom großen Fisch aus dem ThEv (Logion 8), vgl. ders., Gleichnisse 219, bes. Anm. 44.

26 Hunzinger, ebd. 216.

27 Vgl. dazu den Abschnitt „Gelassene Zuversicht", in: Otto/Schramm, Fest 127–130.

28 Perrin, Jesus 168.

29 Hoffmann/Eid, Jesus 64.

30 G. Klein, „Reich Gottes" als biblischer Zentralbegriff, EvTh 30, 1970, 642–670, Zitat 670.

VI *Unmoralische Helden in der Verkündigung Jesu – wo und warum?*

1 M. F. Quintilianus, Institutionis oratoriae libri XII, hrsg. und übers. von H. Rahn, Bd. I, 1972; Bd. II, 1975; Zitat: inst. orat. VIII, 3, 72 (ebd. II 180/181): Praeclare vero ad inferendam rebus lucem repertae sunt similitudines ...

2 M. F. Quintilianus, inst. orat. VIII, 3, 73: quo in genere id est praecipue custodiendum, ne id, quod similitudinis gratia adscivimus, aut obscurum sit aut ignotum: debet enim quod

inlustrandae alterius rei gratia adsumitur, ipsum esse clarius eo, quod inluminat. (ebd. II 180/181).

3 Vgl. nur A. Lindemann, Zur Gleichnisinterpretation im Thomas-Evangelium, ZNW 71, 1980, 214–243; zu Logion 65/66 ebd. 234–238; zu Logion 98 ebd. 220–222.

4 H. R. Jauß, Literaturgeschichte als Provokation, es 418, 1974, 174f.

5 Ebd. 175.

6 Linnemann, Gleichnisse 30.

7 So u. a. A. T. Cadoux, zitiert bei Dodd, Parables 26f.

8 So u. a. Degenhardt, Kamlah und Derrett, vgl. oben Kap. II Anm. 16 (S. 167).

9 So kennzeichnet Bugge, Hauptparabeln I, 17, die Intention der von ihm sogen. „Paradoxen" Jesu, vgl. oben Kapitel I Anm. 6.

10 Ein solcher Hörerkreis ist für Jesus, den „Freund von Zöllnern und Sündern" (Mt 11,19 par) mit Sicherheit nachzuweisen; die in ihrem gesellschaftlichen Status mit Räubern und Gewalttätigen gleichgesetzten Zöllner und ehemalige Zeloten (vgl. Lk 6,15; Act 1,13) gehören zu seinen Anhängern, und: die Hinwendung zu Deklassierten aller Art (Frauen, Besessene, Aussätzige, Samaritaner, Heiden) ist typisch für das Auftreten des historischen Jesus, – ohne daß damit seine Offenheit für alle, auch die pharisäischen Gesetzestreuen, eingeschränkt sein wollte. Vgl. dazu P. Fiedler, Jesus und die Sünder, 1976, 97 ff, bes. 136 ff; 152 ff („Jesu anstößiger Umgang") mit Verweis auf die schöne Parallele: Rabbi Seira (ebd. 153).
„Einige sittenlose Gesellen lebten in der Nachbarschaft von Rabbi Seira. Er befreundete sich aber mit ihnen, um sie so zur Umkehr zu bewegen. *Unsere Meister wurden darüber ärgerlich.* Als die Seele Rabbi Seiras zur Ruhe einging, sagten sie (= die Sünder): Bis heute war der Kleine mit den verbrannten Schenkeln da, der für uns um Erbarmen flehte. Jetzt aber – wer fleht für uns um Erbarmen? Sie bewegten es in ihrem Herzen und taten Umkehr."

11 Vgl. Jeremias, Gleichnisse 29 ff.

12 Joh. Weiß, Mt-Ev 336 zu Mt 13,44.

13 Ders., ebd. 309 zu Mt 10,16 und unter Verweis auf Lk 16,1 ff.

14 B. Brecht, Kurze Beschreibung einer neuen Technik der Schauspielkunst, die einen Verfremdungseffekt hervorbringt, in: Ges. Werke, 1967, Bd. 15, 356.

15 Vgl. dazu nur W. Harnisch, Die Gleichniserzählungen Jesu, 1985, bes. § 1–3, speziell § 3.4: Die erzählerische Extravaganz der Parabel.

16 „Den Hörern Jesu war von der Schrift her (Ez 31; Dan 4) der

hohe Baum als Bild für die Weltmacht geläufig, und das kleine Stück Sauerteig, das den ganzen Teig durchsäuert, war ihnen von der Passa-Haggada her als Sinnbild der Bosheit und Schlechtigkeit vertraut. Jesus hat die Kühnheit, beiden Vergleichen eine entgegengesetzte Anwendung zu geben. So ist's – nicht mit der Macht des Bösen, sondern mit der königlichen Macht Gottes!" (Jeremias, Gleichnisse 148f).

17 Falls Jesus mit diesem Gleichnis an die Geschichte vom reichen Zöllner Bar Ma'jan und vom armen Schriftgelehrten anknüpfen sollte, ist der Gastgeber „als ein Zöllner zu denken, der es zu Geld gebracht hat und der die Einladung veranstaltet, weil er endlich von den alteingesessenen Kreisen gesellschaftlich für voll genommen werden möchte. Aber sie weisen ihm wie auf Verabredung alle die kalte Schulter und sagen mit den fadenscheinigsten Ausreden ab. Da läßt er in seinem Ärger die Bettler ins Haus rufen, um den Honoratioren der Stadt zu zeigen, daß er nicht auf sie angewiesen ist und nichts mehr mit ihnen zu tun haben will." Jesus hätte dann auch in diesem Fall „nicht das mindeste Bedenken gehabt, ... zur Veranschaulichung des Zornes und der Güte Gottes das Verhalten eines Zöllners zu wählen. Daß dessen Motiv genau so wenig selbstlos und edel ist wie dasjenige des Richters, der sich aus Bequemlichkeit einer Querulantin entledigt ..., hat Jesus nicht nur nicht gestört, sondern eher in der Wahl seiner Beispiele bestärkt. Denn so gewinnt ja der Schluß (V 24) erst seine unerhörte Wucht." (Jeremias, Gleichnisse 178f).

18 „Allereinfachste Sätze, die den V-Effekt anwenden, sind Sätze mit „nicht – sondern" (er sagte nicht „kommt herein", sondern „geht weiter". Er freute sich nicht, sondern er ärgerte sich). Da bestand eine Erwartung, gerechtfertigt durch Erfahrung, aber sie wurde enttäuscht. Man hätte glauben sollen, daß ..., aber man hätte es nicht glauben sollen." B. Brecht, a. Anm. 14 a.O. 356.

19 Perrin, Jesus 112.

20 Vgl. R. Haas, Theorie und Praxis der Interpretation, 1977, 63 (hier insbesondere auf die metaphorischen Schichten von Gedichten bezogen, aber der Gedanke ist natürlich ausweitbar).

21 Das gilt auch für Jesus-Geschichten, z.B. Joh 8,2–11 (Auch ich verurteile dich nicht. Geh und sündige von jetzt an nicht mehr!)

22 Vgl. dazu Jeremias, Theologie § 14,3 (146–150): Die von Gott trennende Frömmigkeit; Zitate ebd. 150.

23 K. Niederwimmer, Jesus, 1968, 66; vgl. dazu auch oben Kapitel

III Anm. 24 und W. D. Schnurre, Der Schattenfotograf, 1978, 473f: ... „Wie aber kann ich *wissend* gerecht sein? Ich kann doch nur *hoffen*, ich bin es." – „Es macht das Wesen der Gerechtigkeit aus, daß man sich ihr nur *nähern* kann, ohne sie je zu erreichen. ..."

24 Vgl. dazu Kapitel IV 119ff; vgl. auch R. Musil, Der Mann ohne Eigenschaften, 1970, 735: „... in jedem Minus steckt ein Plus. ..." – „In allem Minus ein Plus?" – „In allem Schlechten etwas Gutes. Oder wenigstens in vielem Schlechtem. Gewöhnlich steckt in einer menschlichen Minusvariante eine nicht erkannte Plusvariante ..."

25 G. Theißen, Soziologie der Jesusbewegung, 1977, 76.

26 Crossan, In Parables 33; vgl. zum Ganzen ebd. 80–83: Parable and Ethics.

27 Im vollen Wortlaut oben Kapitel III Anm. 24 zitiert.

28 Womit wieder auf die relative Sonderstellung dieses Textes in der Reihe der anstößigen Gleichnisse verwiesen ist, vgl. oben Kapitel II Anm. 130.

29 Vgl. E. Biser, Die Gleichnisse Jesu, 1965, 108 (zu Lk 16,1ff).

30 Biser, Gleichnisse 66; 163f; 68.

31 In seinem originellen Essay zum Gleichnis vom Samariter läßt C. Amery den Räuberhauptmann sagen: „Ich will nicht behaupten, daß ich etwas kapiert hätte – jedenfalls nicht viel. Einen Satz habe ich mir gemerkt, sinngemäß. Der hieß: Wer sein Leben riskiert, der gewinnt es, und wer es erhalten will, der verliert's. Das Ganze klingt zunächst wie Rabulistik, wie diese Pilpuls, die die Schriftgelehrten ausknobeln, – dabei ist es für jemand wie mich die einleuchtendste Sache von der Welt. Wenn ich nichts mehr riskiere, dann verende ich, ganz schlicht. Ich bin gezwungen, tapfer zu sein. Natürlich, Leute, die sich's im Gesetz oder mit dem Gesetz gerichtet haben, werden das nie begreifen. Sie melken das Gesetz wie eine Kuh und leben davon. Und wer ihnen das Gesetz madig macht, den können sie nicht leiden, so wenig, daß sie ihn schnellstens am Galgen hochziehen werden.", in: Der barmherzige Samariter, hrsg. von W. Jens, 1973, 19–28, Zitat: 27f.

32 S. oben Kapitel III Anm. 30.


*VII Pflichtmoral und „Moral der Leidenschaft"*

1 D. Mieth, Moral und Erfahrung, 1977, 73.

2 Im Anschluß an Mieths schöne Erschließung der Musil-Texte, a.a.O. 72–77 (= Einige Hinweise R. Musils) und 86–88 (die

199

Geschichte vom Dieb und der Kommentar dazu); die Zitate im Zitat entstammen: R. Musil, Der Mann ohne Eigenschaften, 1970, 821f; 823f; 1124; 187f.

3  Mieth, a.a.O. 87f.
4  Ebd.
5  Vgl. oben Kapitel I 1 und III 2.

# Abkürzungen

| | |
|---|---|
| AT | Altes Testament (Abkürzungen der einzelnen Bücher des AT nach den Loccumer Richtlinien) |
| Barn | Barnabasbrief |
| BiLe | Bibel und Leben |
| Bill | Billerbeck (vgl. Kap. II Anm. 94) |
| BJRL | Bulletin of the John Rylands Library |
| BZ | Biblische Zeitschrift |
| CBQ | Catholic Biblical Quarterly |
| Dtn | Deuteronomium (= 5. Buch Mose) |
| dtr | deuteronomistisch |
| EvTh | Evangelische Theologie |
| f | und der folgende Vers bzw. die folgende Seite |
| ff | und die folgenden Verse bzw. Seiten |
| FS | Festschrift |
| JBL | Journal of Biblical Literature |
| LXX | Septuaginta (= Griechische Übersetzung des AT) |
| NF | Neue Folge |
| NovTest | Novum Testamentum |
| NT | Neues Testament (Abkürzungen der einzelnen Bücher des NT nach den Loccumer Richtlinien) |
| NTS | New Testament Studies |
| par | und die synoptische Parallele |
| parr | und die synoptischen Parallelen |
| PMLA | Publications of the Modern Language Association of America |
| RIDA | Revue internationale des droits de l'antiquité |
| StTh | Studia Theologica |
| Th | Thomas |
| Th-Ev | Thomasevangelium |
| ThGl | Theologie und Glaube |
| ThW | Theologisches Wörterbuch zum NT |
| V | Vers |
| ZAW | Zeitschrift für die alttestamentliche Wissenschaft |
| ZNW | Zeitschrift für die neutestamentliche Wissenschaft |
| ZThK | Zeitschrift für Theologie und Kirche |

# Namenregister

Die Zahlenangaben hinter den Namen beziehen sich auf den Anmerkungsteil; genannt sind jeweils nur das Kapitel und die Anmerkung, dazu (in Klammern) die Seite, die eine Arbeit des entsprechenden Autors bzw. der entsprechenden Autorin mit vollen bibliographischen Angaben nachweist.

Wolfgang Harnisch
# Die Gleichniserzählungen Jesu

Eine hermeneutische Einführung. (UTB 1343). 1985. 332 Seiten, Kunststoff

In einer Grundsatzbetrachtung und in fünf paradigmatischen Gleichnisauslegungen führt der Verfasser in moderne Einsichten und Anregungen der Gleichnisforschung ein. Sein Entwurf einer neuen Sprachlehre der gesamten Gleichnisverkündigung Jesu ist zugleich der Versuch, den Leser – nicht nur Theologen, sondern auch literarisch Interessierte – an der Interpretation zu beteiligen.

*Inhalt:* Das Interesse der Untersuchung / Die erzählerische Eigenart der Gleichnisrede Jesu / Zur Typisierung der Formen / Das metaphorische Wesen der Parabel Jesu / Exegetische Paradigmen: 1. Das Erscheinen der Liebe, 2. Das Versprechen der Hoffnung, 3. Das Fest der Freiheit, 4. Das Geschenk der Zeit, 5. Der Zufall der Liebe / Hermeneutische Bilanz im Spiegel einer Parabel über die Parabel: Das sagenhafte Drüben.

Hans Weder
# Die Gleichnisse Jesu als Metaphern

Traditions- und redaktionsgeschichtliche Analysen und Interpretationen (Forschungen zur Religion und Literatur des Alten und Neuen Testaments, Band 120). 3., durchgesehene Auflage 1984. 312 Seiten, kartonierte Studienausgabe und Leinen

„Wenn das Denken sich bemüht, die Beziehung zwischen dem historischen Jesus und dem kerygmatischen Christus als *ein Verhältnis* zu begreifen, dann mag es gelingen, die unselige *Alternative* zwischen beiden aufzubrechen. Das ist das Hauptinteresse dieser Arbeit."
(Hans Weder, Aus dem Vorwort)

„Der Ansatz der Gleichnisdeutung vom Wesen der Metapher her ist ein wirklicher Fortschritt. Sie schaltet leichter subjektive Elemente bei der Interpretation aus. Vor allem aber läßt sie das Gleichnis als Gleichnis zu seinem Recht kommen."                    *Ordenskorrespondenz*

„Hier wird eine Theologie sichtbar, die klar an ihrem Gegenstand bleibt und gerade so der Wissenschaftlichkeit gerecht wird und der Praxis sowie der Verkündigung in hervorragendem Maß dient."
*Kirchenblatt für die reformierte Schweiz*

**Vandenhoeck & Ruprecht · Göttingen und Zürich**

Maria-Sybilla Heister
## Frauen in der biblischen Glaubensgeschichte

2., durchges. Auflage 1986. 226 Seiten, kart.

„Es ist Maria-Sybilla Heister in ansprechender und überzeugender Weise gelungen, auf die in der ganzen biblischen Glaubensgeschichte immer wieder durchscheinende Fülle des Menschseins als Mann und Frau aufmerksam zu machen, die eine hierarchische Über- und Unterordnung und alle menschlichen Unterdrückungsformen ausschließt."

*Deutsches Pfarrerblatt*

„Vieles an diesem Werk ist neu durch die detaillierte Zusammenstellung exegetischer und historischer Erkenntnisse ...
Das Buch läßt sich auch sehr gut als Nachschlagewerk zum Thema ‚Frauen und die Bibel' gebrauchen." *Christine Nöthiger*


Susanne Heine
## Frauen der frühen Christenheit

Zur historischen Kritik einer feministischen Theologie. 1986.
194 Seiten, kart.

Die feministische Theologie, so jung sie ist, hat eine Fülle von Thesen und Positionen entwickelt; was aber bisher fehlte, war eine kritische Zusammenschau des Materials, die es erlaubt, wirkliche Ergebnisse von Produkten eines Wunschdenkens zu unterscheiden. Dieser Aufgabe stellt sich Susanne Heine und bietet in einem ersten Schritt eine kleine Geschichte des Urchristentums unter dem Aspekt des Interesses an den Frauen. Sie zeichnet das differenzierte Bild eines Wechselprozesses zwischen dem Anspruch der Gleichheit von Mann und Frau „in Christus" und dem Widerstand der sozialen Realitäten. Dabei müssen überraschende Einsichten zur Kenntnis genommen werden.
Die Verfasserin gibt methodisch konsequent Rechenschaft davon, *wie* die Geschichte der frühen christlichen Frauen rekonstruiert werden kann, ohne daß nun Frauen das tun, was sie zu Recht einer von Männern bestimmten Theologie vorwerfen: nämlich der Geschichte zu unterstellen, daß sie Erwartungen von heute legitimiert.


Vandenhoeck & Ruprecht · Göttingen und Zürich